DIGITALER JOURNALISMUS

Bernd Oswald

DIGITALER JOURNALISMUS

Ein Handbuch für Recherche,
Produktion und Vermarktung

MIDAS VERLAG

Digitaler Journalismus

© 2019 Midas Management Verlag AG
ISBN 978-3-03876-516-5

auch als E-Book erhältlich
ISBN 978-3-03876-529-5

Bernd Oswald:
Digitaler Journalismus – Ein Handbuch für Recherche,
Produktion und Vermarktung.
Zürich: Midas Management Verlag AG

Lektorat: Claudia Koch
Korrektorat: Kathrin Lichtenberg
Layout: Ulrich Borstelmann
Cover: Medienkeller, Anne Keller
Druck und Bindung: CPI, Leck

Die deutsche Nationalbibliothek verzeichnet diese Publikation in der Deutschen Nationalbibliografie. Detaillierte bibliografische Daten sind im Internet abrufbar unter www.dnb.de

Midas Management Verlag AG, Dunantstrasse 3, CH 8044 Zürich
kontakt@midas.ch, www.midas.ch, Social Media @midasverlag

Alle Rechte vorbehalten. Die Verwendung der Texte und Bilder, auch auszugsweise, ist ohne schriftliche Zustimmung des Verlages urheberrechtswidrig und strafbar. Dies gilt insbesondere für die Vervielfältigung, Übersetzung oder die Verwendung in Seminarunterlagen und elektronischen Systemen.

INHALT

Vorwort		6
Grußwort von Prof. Markus Kaiser		8
1	**Berufsbild Journalist**	11
2	**Recherchieren**	15
	2.1 Themen finden	16
	2.2 Recherchefragen formulieren	23
	2.3 Recherche in sozialen Netzwerken	26
	2.4 Suchmaschinen effizient nutzen	37
	2.5 Digitale Detektivarbeit: überprüfen und verifizieren	47
	2.6 Datenjournalismus: Recherchetechnik des 21. Jahrhunderts	61
3	**Multimedial produzieren**	85
	3.1 Konzeption	85
	3.2 Allzweckwaffe Smartphone	91
	3.3 Video-Dreh	99
	3.4 Video-Schnitt	107
	3.5 Live-Journalismus	115
	3.6 360-Grad-Videos	127
	3.7 Web-Reportagen: Wie man Geschichten multimedial erzählt	136
	3.8 Soziale Netzwerke: Storytelling mit Storys	149
4	**Vermarkten**	157
	4.1 Wie man Aufmerksamkeit gewinnt: Geh dahin, wo die Nutzer sind	157
	4.2 Moderieren, kommunizieren, ansprechbar sein: Wie man eine Community aufbaut	189
Ausblick		201
Danksagung		203
Der Autor		205
Literatur- und Quellenverzeichnis		206
Stichwortverzeichnis		211

Vorwort

Journalist ist ein Traumberuf. Nie zuvor gab es so viele Möglichkeiten, Geschichten zu erzählen. Mit neuen Werkzeugen. Auf neuen Kanälen. Mit diesen Chancen sind aber auch Gefahren verbunden. Zu viel zu wollen. Sich zu verzetteln. Ursache für beide Phänomene ist die Digitalisierung. Sie hat unseren Beruf technischer, transparenter und interaktiver gemacht. Der digitale Journalismus wird dabei immer weniger als eigenständige Disziplin gesehen, sondern zunehmend als Querschnittskompetenz, die sich durch alle Bereiche des journalistischen Arbeitens zieht: von der Recherche über die Produktion bis hin zum Vertrieb.

Mit dem Journalismus ändert sich auch die Journalistenausbildung, die dabei naturgemäß etwas hinterherhinkt. Als ich 1996 meine Redakteursausbildung an der Deutschen Journalistenschule begann, steckte das Internet noch in den Kinderschuhen. Der Online-Journalismus auch. Eine spezielle Online-Journalistenausbildung gab es noch gar nicht. Seit acht Jahren bin ich selbst als Trainer für digitalen Journalismus tätig, inzwischen sind mehrere hundert Seminartage zusammengekommen. An einigen bin ich gefragt worden, welche Lehrbücher für digitalen Journalismus ich empfehlen könne oder ob ich selbst etwas dazu geschrieben hätte. Der (deutschsprachige) Markt für Lehrbücher für digitalen Journalismus war und ist noch immer ziemlich überschaubar. Oft werden nur einzelne Aspekte betrachtet. Handbücher, die alle relevanten Aspekte nicht nur theoretisch, sondern auch praktisch zusammenfassen, gibt es so gut wie gar nicht.

Deswegen habe ich mein Handbuch für digitalen Journalismus als praktischen Ratgeber konzipiert. Dieser wendet sich in erster Linie an Journalisten, die ihre digitalen Kompetenzen ausbauen wollen: Das können Berufsanfänger genauso sein wie erfahrene Journalisten, die bislang vor allem für die klassischen Medien Zeitung, Zeitschrift, Radio oder Fernsehen gearbeitet haben. Darüber hinaus fühlen sich möglicherweise auch Bürgerjournalisten, Blogger oder Kollegen aus der Öffentlichkeitsarbeit angesprochen.

Mein Buch ist in fünf Kapitel gegliedert.

Im ersten Kapitel reflektiere ich den fundamentalen Wandel, dem das journalistische Berufsbild unterworfen ist: Klassische Kompetenzen wie die Recherche bekommen neue digitale Komponenten, neue Kompetenzen wie Moderieren oder multimediales Produzieren kommen hinzu.

Im zweiten Kapitel zwei geht es um den Kern des journalistischen Handwerks: die Recherche, speziell die Online-Recherche.

Kapitel drei erklärt darauf aufbauend, wie man seine Rechercheergebnisse in geeignete digitale Formate gießt. Der Fokus liegt dabei auf audiovisuellen Formaten, speziell Video-Spielarten.

Das vierte Kapitel ist schließlich der Frage gewidmet, wie Journalisten ihr Werk heute vermarkten. Journalismus muss viel stärker als früher darum kämpfen, sein Publikum zu finden. Nicht nur auf den eigenen digitalen Kanälen, sondern auch in sozialen Netzwerken und Suchmaschinen. Außerdem müssen Journalisten den Austausch mit ihrem Publikum suchen: Die Frage, wie man sich eine Community aufbaut, wird ebenfalls im vierten Kapitel behandelt.

Kapitel fünf wagt schließlich einen kurzen Blick in die Zukunft und zählt einige (technische) Innovationen auf, die den Journalismus vermutlich beeinflussen werden.

Der digitale Journalismus ändert sich rasant, darum kann dieses Buch nur eine Bestandsaufnahme sein. Ich plane jedoch regelmäßige Aktualisierungen und nehme dafür gerne Ihre Anregungen auf, wie ich dieses Lehrbuch noch nützlicher gestalten kann.

München, im Juni 2019

Bernd Oswald

Grußwort von Prof. Markus Kaiser

Medien sind die Speerspitze der Digitalisierung. Kaum eine Branche wurde so radikal vom digitalen Wandel erwischt wie die Medien. Bisher schien das Riepl'sche Gesetz, dass kein neues Medium ein altes verdrängt, immer zu gelten. Das Radio hat die Zeitung nicht ersetzt, das Fernsehen nicht das Radio, das digitale Internet (bisher) nicht die analogen Medien. Wie die Medienwelt in den nächsten fünf, ja sogar nur zwei Jahren aussehen wird, darüber lässt sich zwar spekulieren, präzise und mit Sicherheit voraussagen lässt sich diese Entwicklung aber nicht. In jedem Fall greift die Digitalisierung tief in den journalistischen Produktionsprozess ein. Drei Trends im digitalen Journalismus stehen stellvertretend für diese Entwicklung:

1. Bewegtbild spielt eine zunehmend bedeutende Rolle. YouTube gilt nach Google als zweitgrößte Suchmaschine der Welt. Viele Nutzer ziehen kurze Videos längeren Texten vor. Emotionen und Bewegung lassen sich über ein Video eben besser transportieren, auch Erklärvideos sind voll im Trend. Der Bewegtbild-Boom hat dazu geführt, dass Journalisten mehr Videos produzieren. Dazu braucht man nicht mehr unbedingt große Fernseh- bzw. Videokameras. Häufig genügt dafür ein Smartphone mit Zusatzequipment wie einem Stativ und einem externen Mikrofon. Drohnen ermöglichen Aufnahmen aus bislang unbekannten Perspektiven, das Spektrum wird abgerundet durch 360-Grad-Kameras, von denen manche sogar live streamen können. Bernd Oswald befasst sich im dritten Kapitel seines „Handbuchs für digitalen Journalismus" mit all diesen Video-Facetten.

2. Die Leser, Hörer, Zuschauer wollen heute nicht mehr in einer passiven Konsumentenhaltung verharren: Immer häufiger wollen sie mitreden, sich einbringen, manchmal auch Journalisten mit Hinweisen unterstützen. Besonders auf Social-Media-Kanälen wie Facebook, Instagram oder Snapchat können Rezipienten zu Informanten werden. Aber auch auf Blogs, Websites und sonstigen digitalen Produkten werden die User heute stärker eingebunden als

im Analog-Zeitalter, in dem der Leserbrief in der Zeitung und die Ted-Abstimmung bei „Wetten dass ...?" fast die einzigen Möglichkeiten der Beteiligung waren. Der Journalist wird damit vom bloßen Sender immer mehr zum Kommunikationsmanager, der dem User auf Augenhöhe begegnet. Deshalb ist es wichtig zu wissen, wie man sich als Medienmarke eine Community aufbaut. Genau darum geht es im vierten Kapitel dieses Buches.

3. Der Wettlauf um die erste Nachricht, das erste Bild, das erste Video wird immer härter, weil professionelle Journalisten immer häufiger nicht nur im Wettstreit untereinander stehen, sondern auch mit Usern, die twittern oder gar auf Facebook live streamen. Um hier mithalten zu können, verschmilzt die Recherche zeitlich immer mehr mit der Produktion. Nicht erst in der Redaktion wird der Text geschrieben, das Video geschnitten oder das Foto bearbeitet, sondern immer häufiger direkt am Ort des Geschehens. Zum Mobile Reporting braucht der Journalist in der Regel nicht mehr als sein Smartphone. Wie man sich als Journalist qualitativ vom „normalen" Smartphone-User abhebt, arbeitet Bernd Oswald in Kapitel 3 seines Lehrbuches sorgfältig heraus.

Bislang gibt es keinen allseits akzeptierten Kanon, wie eine digitaljournalistische Ausbildung an Akademien, Hochschulen und Universitäten bzw. in einem Volontariat aussehen soll. Zu schnell wandeln sich heute die Anforderungen an digitale Journalisten, das Berufsbild differenziert sich immer stärker aus: Das Spektrum reicht vom Nachrichtenredakteur über Social-Media-Betreuer, Videojournalisten, Suchmaschinenoptimierer, Fact Checker, Community-Manager, Datenjournalisten bis hin zum Dramaturgen für Multimedia-Storys, um nur einige Beispiele zu nennen, um die es auch in diesem Buch geht. Natürlich muss nicht jeder Journalist all das beherrschen, vor allem muss nicht jeder alles gleichzeitig machen. Aber jeder Journalist sollte wissen, welche Aufbereitung bei welchem Thema, in welcher Situation und für welchen Kanal am besten passt.

Nützliche Tipps und Ratschläge dafür finden alle fortbildungswilligen Journalisten in diesem Buch. Bernd Oswalds „Handbuch für digitalen Journalismus" ist das erste deutschsprachige Lehrbuch, das die journalistischen Teilbereiche Recherche, Produktion und Publikation konsequent unter digitalen Vorzeichen beleuchtet: anschaulich, verständlich und praxisnah.

Viel Spaß und Erfolg bei der Lektüre!

Prof. Markus Kaiser

(Professor für Medieninnovationen und digitalen Journalismus an der Technischen Hochschule Nürnberg, Buchautor von „Innovation in den Medien" und „Transforming Media", Berater und Medienvernetzer)

Kapitel 1
Berufsbild Journalist

Revolution ist ein großes Wort, ein sehr großes sogar. Doch das, was seit einigen Jahren im Journalismus passiert, ist zweifellos eine Revolution. Die Digitalisierung pflügt das Berufsbild um und es ist noch immer nicht abzusehen, wie lange das noch dauern wird. Jahrzehntelang kontrollierten Journalisten den Informationsfluss: Wer wahrgenommen werden wollte, musste es in die Medien schaffen. Und wer das schaffte und wer nicht, darüber entschieden die Journalisten: Jahrzehntelang waren sie die Schleusenwärter, die Gatekeeper der Information. Mit dem, was sie für berichtenswert hielten, prägten die Massenmedien maßgeblich das Weltbild ihrer Leser, Hörer und Zuschauer, die nur wenige Informationsalternativen hatten. Wer es nicht in die Massenmedien schaffte, hatte so gut wie keine Chance, vom Publikum wahrgenommen zu werden.

Journalisten hatten damals eine doppelte Monopolstellung: zum einen beim Zugang zu Informationsquellen, zum anderen bei der Veröffentlichung dieser Informationen. Um Nachrichten unters Publikum bringen zu können, war eine teure technische Infrastruktur notwendig: im Printsektor Druckereien samt Vertrieb, bei Radio und Fernsehen Studios und Sendemasten. Jedes Medium für sich erreichte ein kleineres oder größeres Publikum, die Kommunikationswissenschaftler sprachen von einer *one-to-many-Kommunikation*. Wobei der Kommunikationsbegriff irreführend war: Die Massenmedien waren der Sender, das Publikum die Empfänger, eine Rückmeldung oder ein Dialog fand so gut wie nicht statt, schon gar nicht öffentlich sichtbar. Unter den Massenmedien gab es eine Reihe von Leitmedien: die Fernsehsender ARD und ZDF, die Magazine Der Spiegel sowie Stern und Tageszeitungen wie Bild, Süddeutsche Zeitung oder Frankfurter Allgemeine Zeitung.

Mit der Verbreitung des Internets, speziell des Social Web, haben sich die medialen Spielregeln grundlegend geändert. Heute kann jeder Mensch, der Zugang zum Netz hat, selbst publizieren: auf eigenen Websites, in Blogs, in sozialen Netzwerken oder in Communities – um nur die Spitze des Eisberges zu nennen. Mehrere Milliarden Menschen nutzen das Netz, um sich per

Blogpost, Podcast, Bild, Video oder Mischformen daraus mitzuteilen. Aus dem Medienkonsumenten ist der „Prosument" geworden, der nicht nur konsumiert, sondern selbst Inhalte produziert: *user generated content*.

Diese Inhaltsexplosion erschwert den klassischen Massenmedien den Kampf um die Aufmerksamkeit der Nutzer. Das Internet ist ein riesiger Kommunikationsraum, in dem die journalistischen Botschaften nur eine kleine Nische ausmachen. Es gibt Millionen anderer Gesprächsteilnehmer, private wie professionelle, mit ganz unterschiedlichen Motiven und Interessen. Sie alle verbreiten ihre eigenen Botschaften. Viele hinterfragen die Berichterstattung von Massenmedien, widersprechen ihr oder verfälschen sie sogar. Auf diese Art verlieren die Massenmedien einen Großteil ihrer Deutungshoheit. Insofern hat sich das Leitbild der Massenkommunikation radikal gewandelt: Die *one-to-many-Kommunikation* ist von einer *many-to-many-Kommunikation* abgelöst worden. Sowohl bei der Beschaffung als auch bei der Verbreitung von Information haben Journalisten ihr Monopol verloren. Sie sind ihre Rolle als Schleusenwärter oder *Gatekeeper* los, die den Informationsfluss der Gesellschaft steuern. Wenn man im Bild bleiben will, betreiben Journalisten im digitalen Zeitalter eher *Gatewatching*: Sie beobachten, was es an Gesprächen gibt, und greifen die interessantesten Themen in ihrer Berichterstattung auf.

Digitaler Journalismus – ein immerwährender Prozess
Einer der größten Unterschiede zwischen Online- und Offline-Journalismus ist die Produktionsweise. Zeitungen, Magazine, Radio- und Fernsehsendungen arbeiten alle nach dem Prinzip des Redaktionsschlusses: Bis zu einer bestimmten Uhrzeit muss ein Beitrag fertig sein, damit er gedruckt bzw. gesendet werden kann. So funktionieren linear aufgebaute Produkte. Das Internet kennt hingegen keinen Redaktionsschluss: *Online is always*. Ein in sich geschlossenes Produkt gibt es im digitalen Journalismus, speziell im tagesaktuellen, nicht mehr: Artikel werden mehrmals aktualisiert, Bildergalerien und Linksammlungen wachsen mit zunehmendem Kenntnisstand. Die Website, auf der diese Darstellungsformen ausgespielt werden, sieht alle fünf Minuten anders aus, sie ist ständig im Fluss. Darüber hinaus gibt es einen klaren Trend zu **Live-Journalismus**, sei es in Form von textbasierten Tickern oder als Videostream. Was früher den Fernsehsendern vorbehalten war, kann heute jedes Smartphone. Die Möglichkeit zur ständigen Aktualisierung bedeutet auch, dass es immer seltener Geschichten mit klar definiertem Ende gibt. War Journalismus früher ein Produkt, so ist er heute – vor allem online – immer mehr ein Prozess.

Recherche, Produktion und Vermarktung verschwimmen

Wenn sich die Rahmenbedingungen so radikal ändern, muss sich das auch auf den journalistischen Arbeitsablauf auswirken. Journalismus besteht im Wesentlichen aus Recherche, Produktion und Veröffentlichung – damals wie heute. Allerdings hat sich auch jede dieser drei Teildisziplinen stark verändert. Vor allem sind die Grenzen dazwischen verschwommen.

Recherche: Dadurch, dass heute jeder im Netz veröffentlichen kann, ist es zu einer Informationsexplosion gekommen. Natürlich ist nur ein Bruchteil davon journalistisch relevant, aber genau diese wenigen relevanten und spannenden Inhalte müssen Journalisten herausfiltern können. Damit ihnen das gelingt, müssen sie soziale Netzwerke im Auge haben und gut vernetzt sein. Und so manches spannende Thema entpuppt sich bei genauerem Hinsehen als haltloses Gerücht, Falschinformation oder bewusste Lüge. Vor diesem Hintergrund ist das Überprüfen von Informationen noch wichtiger geworden.

Das gilt auch für (strukturierte) Daten: Statistiken und Studien sind allgegenwärtig, bei der Interpretation sind statistische Kenntnisse mehr denn je gefragt. Die brauchen Journalisten auch, wenn sie noch einen Schritt weiter gehen und für ihre Recherchen selbst Daten erheben und von einer Website auslesen. Datenjournalismus ist eine zentrale Recherchetechnik im 21. Jahrhundert.

Produktion: Digitaler Journalismus verfügt über nie da gewesene Produktionsmöglichkeiten. Er vereint die bisherigen Mediengattungen in sich und kann sich in Text und Bild (Zeitungen und Magazine), Ton (Radio) und Video (Fernsehen) ausprägen. Meist kombiniert er diese Formate sogar, oft so, dass eine ganz neue Form mit neuem Mehrwert für den Nutzer entsteht. Dem digitalen Journalisten stehen so viele multimediale Werkzeuge zur Verfügung wie nie zuvor, mit denen er ein intensiveres Nutzungserlebnis kreieren kann, das mehrere Sinne anspricht. Speziell audiovisuelle Inhalte wie Videos, O-Töne, Karten oder interaktive Grafiken spielen hier eine große Rolle. Natürlich beherrscht nicht jeder Journalist alle diese Werkzeuge und schon gar nicht gleich gut. Umso wichtiger ist die Fähigkeit, zu entscheiden, welches Thema in welcher Form wann auf welchem Kanal für wen produziert wird, und dann die jeweiligen Experten mit der Produktion zu beauftragen bzw. sich mit ihnen zusammenzutun. Mehr als je zuvor ist im digitalen Journalismus Teamwork gefragt.

Vermarktung: Die Frage „Wie erreiche ich heute mein Publikum bzw. meine Nutzer" ist mit die schwierigste im digitalen Journalismus. Mediennutzung ist heute sehr komplex. Journalismus muss online mit unzähligen anderen Angeboten und Nutzerinteressen konkurrieren: Kommunikation, Spielen, Musik hören, Videos schauen, Fotos und Videos aufnehmen und bearbeiten, Einkaufen, Bankgeschäfte, Suchanfragen, um nur ein paar Beispiele zu nennen. Journalismus kann immer weniger damit rechnen, dass seine Nutzer zu ihm kommen, er muss dahin gehen, wo die Nutzer sind: in die sozialen Netzwerke, in die Messenger, in die Suchmaschinen. Das funktioniert aber nicht, indem man für ein Thema einen Inhalt generiert und diesen in alle Kanäle ausspielt. Wer auf den genannten Kanälen Erfolg haben will, muss seine Formate entsprechend anpassen, was die Auswahl, Aufbereitung und Intonation des Themas betrifft. Ja, das ist aufwendig, braucht Ressourcen und muss natürlich auch finanziert werden.

Wer seine Nutzer in diesen Kanälen erreicht hat, muss damit rechnen, dass er auch ein Feedback auf seine Inhalte bekommt. Er sollte sogar froh darüber sein, denn das zeigt, dass sich die Nutzer mit den journalistischen Inhalten auseinandersetzen. Vielleicht nicht immer in Form von Lobeshymnen. Auch wenn es mal Kritik hagelt: Journalisten müssen lernen, damit umzugehen und Anregungen für ihre Arbeit daraus zu ziehen. Idealerweise institutionalisieren Journalisten bzw. Redaktionen diesen Nutzerdialog, indem sie eine Community aufbauen. Das ist die neue Form der Leser-Marken-Bindung. Für Journalisten kann sie zwei Vorteile bringen: zum einen Hinweise für oder sogar Mithilfe bei einer Recherche, zum anderen Reichweite, indem Community-Mitglieder Beiträge im Netz teilen.

Die drei Disziplinen Recherche, Produktion und Vermarktung bilden auch den Leitfaden für dieses Handbuch. In den folgenden Kapiteln gebe ich konkrete Tipps, wie man die neuen Anforderungen in der Praxis bewältigt.

Kapitel 2
Recherchieren

Eine gründliche Recherche ist das A und O im Journalismus. Das ist auch im Digitalzeitalter so. Im Internet tun sich ganz neue Möglichkeiten für die Recherche auf, die die Journalisten aber auch vor neue Herausforderungen stellen. Dieses Kapitel geht der Frage nach, welches Handwerkszeug Journalisten für die Recherche im Netz brauchen.

Journalisten haben in einer demokratischen Gesellschaft eine wichtige Rolle: Sie stellen Öffentlichkeit her und tragen zur Meinungsbildung bei. Das ist eine sehr verantwortungsvolle Aufgabe. Um ihr gerecht zu werden, müssen Journalisten ihre Informationen sorgfältig recherchieren: sammeln, einordnen und überprüfen. Angesichts der enormen Quellenvielfalt im Netz ist diese Aufgabe unübersichtlicher und anspruchsvoller geworden. Auf der anderen Seite ist das Netz eine ausgezeichnete Fundgrube für neue Themen und Fortsetzungen von Dauerbrenner-Themen. Und viele Dokumente, die man für die Recherche benötigt, stehen online.

Im Wesentlichen besteht die Recherche aus vier Schritten:

1. Themen finden
2. Recherchefragen formulieren
3. Antworten auf diese Fragen suchen
4. Recherchematerial überprüfen

Schauen wir uns diese Schritte einmal genauer an.

2.1 Themen finden

Die meisten Journalisten haben ein mehr oder weniger großes Spezialgebiet. Dafür müssen sie sich auf dem Laufenden halten. Es gibt viele klassische Möglichkeiten für Journalisten, um Themen zu finden. Hier nur ein paar Beispiele, ohne Anspruch auf Vollständigkeit:

- Gespräche mit Bürgern, Lesern, Kollegen
- Veranstaltungen, speziell, wenn dort Fragen offen bleiben
- Konkurrenzbeobachtung
- Pressemitteilungen
- Meldungen von Nachrichtenagenturen
- Themenkalender mit geplanten Ereignissen und Jubiläen

All das hat auch weiter seine Berechtigung, zum Teil findet es auch online statt.

Aggregatoren und redaktionelle Angebote
Ein praktischer Weg, um auf dem Laufenden zu bleiben, sind Aggregatoren: Dienste bzw. Programme, die Informationen sammeln und kategorisieren. Das erfolgt meistens maschinell durch Algorithmen, manchmal mit der Möglichkeit, persönliche (Themen-)Präferenzen anzugeben.

Reine Aggregatoren
Rivva ist einer der bekanntesten Aggregatoren in Deutschland. Rivva filtert das Social Web nach meistempfohlenen Artikeln und debattierten Themen in den Kategorien Politik, Medien und Technologie, Wirtschaft, Kultur, Leben, Wissen, Recht und Video. Dabei zeigt der Dienst nur den Namen der Quelle und den Titel des Beitrags an. Wer darauf klickt, landet direkt beim Artikel. Gut geeignet, um einen schnellen Überblick zu bekommen, was im Netz los ist.

10.000 Flies analysiert, welche Artikel auf Facebook und Twitter am häufigsten geteilt wurden. Tendenziell tauchen mehr Boulevard-Themen in den Top 50 auf als bei Rivva. 10.000 Flies eignet sich gut, um zu sehen, worüber das deutsche Netz so spricht.

Nuzzel sammelt die Links, welche die Accounts, denen man auf Twitter folgt, in den letzten 1, 2, 4, 8 oder 24 Stunden am häufigsten geteilt haben. Man kann sich das entweder auf der Nuzzel-Seite anschauen oder sich jeden Tag zu einer gewünschten Uhrzeit als „News Digest" per E-Mail schicken lassen. Auch eine Benachrichtigung via Facebook Messenger ist möglich. Nuzzel ist deutlich persönlicher und meist auch spezifischer als Rivva und 10.000 flies. Durch die Accounts, denen man folgt, kann man indirekt thematische Schwerpunkte setzen.

Das Karriere-Netzwerk *Xing* bietet mehr als 20 Branchen-Newsletter an: Wirtschaft&Management, Ingenieurwesen, Baugewerbe, Pharma&Medizintechnik, Transport&Logistik und Medien, um nur ein paar Beispiele zu nennen. Jeden Morgen gegen 8 Uhr trudeln fünf, sechs Artikelempfehlungen in einer Mail ein. Darüber hinaus bietet Xing die Möglichkeit, Fachmedien, Themen-Seiten, Branchen-Insidern, Pressespiegeln oder sogenannten „Klartext"-Debatten zu folgen. Hier ist wirklich für jede Branche was dabei.

Personalisierbare Aggregatoren
Für einen schnellen Überblick, was in der Welt los ist, eignet sich *Google News* sehr gut. Hier bekommt man die aktuellsten Schlagzeilen, geordnet nach den Bereichen International, Deutschland, Wirtschaft, Wissen&Technik, Unterhaltung, Sport und Gesundheit. Darüber hinaus kann man eine Stadt angeben, um Nachrichten aus dieser Region angezeigt zu bekommen. Wer die Kategorie „Ihre Interessen" ausfüllt, bekommt ebenfalls personalisierte Nachrichten. Man kann außerdem bevorzugte Quellen auswählen und unliebsame Quellen blockieren.

Flipboard ist eine der beliebtesten Apps, um sich sein ganz persönliches Magazin zusammenzustellen. Zum einen bietet Flipboard mehr als 20 Kanäle an: Von Politik über Unterhaltung, Auto, Wissenschaft bis hin zu Startups und Promi ist alles dabei. Man kann diesen Kanälen folgen und erhält dann jederzeit aktuelle Meldungen aus diesen Bereichen. Zum anderen bietet Flipboard die Möglichkeit, die gängigsten sozialen Netzwerke zu verknüpfen. Das wiederum erlaubt es, Personen aus diesen Networks zu folgen, sofern sie ebenfalls auf Flipboard sind. Im Endeffekt entsteht für jede Quelle, der man folgt, eine Kachel. Wenn man darauf tippt, kann man wunderbar durch alle News dieser Quelle blättern und sie auch direkt von dort aus teilen: entweder in die sozialen Netzwerke oder in ein eigenes Flipboard-Magazin, dem wiederum andere Nutzer folgen können. In der App macht das am meisten Spaß, es gibt inzwischen aber auch eine Desktop-Version.

Medium bietet ähnlich wie Flipboard verschiedene Kanäle an, denen man folgen kann. Wenn man seine Twitter- und Facebook-Accounts verknüpft, ermittelt Medium, wer von den Personen, denen man auf diesen Netzwerken folgt, ebenfalls auf Medium ist. Dann kann man sich auch dort vernetzen, denn Medium ist vor allem eine Blogplattform, auf der viele Influencer veröffentlichen. Der Vorteil: Man hat hier von vornherein eine größere Reichweite als bei einem eigenen Blog, für den man sich ein Publikum erst einmal erarbeiten muss. Ähnlich wie bei Nuzzel bekommt man täglich eine „Daily Digest" genannte Mail mit einem Best-Of-Medium: Empfehlungen aus dem eigenen Netzwerk, Empfehlungen der Medium-Redaktion und wichtige Storys aus den Kanälen, denen man folgt.

Beim Nachrichten-Aggregator *Newstral* lautet das Motto „Vergleichen, was die Presse schreibt". Mit Presse sind die größten und bekanntesten deutschen Medien und Blogs gemeint. Praktisch sind die Filtermöglichkeiten nach Region, Personen oder Themen (Technik, Wirtschaft, Sport, Auto, Kunst). Außerdem kann man gezielt nach Artikeln, Quellen, Personen, Orten und Organisationen suchen.

RSS-Reader
Wer seinen Nachrichtenfluss komplett personalisieren will, sollte mit RSS-Feeds arbeiten. Ein RSS-Feed funktioniert wie eine Push-Nachricht: Immer wenn es auf einer Website einen neuen Beitrag gibt, wird er den Abonnenten des Feeds automatisch angezeigt. Wer RSS-Feeds nutzt, braucht nicht mehr verschiedene Seiten anzusurfen, um zu sehen, ob es etwas Neues gibt. Die Geschichten kommen automatisch zum Leser.

RSS-Feeds lassen sich auf drei Arten abonnieren: in einem Browser als „dynamische Lesezeichen", in einem E-Mail-Programm oder aber in einem speziellen RSS-Reader. Bei den RSS-Readern unterscheidet man wiederum zwischen lokal installierten Programmen und webbasierten RSS-Readern. Letztere, wie zum Beispiel *Inoreader* oder *Feedly*, sind am praktischsten, weil man sie von jedem mit dem Netz verbundenen Rechner aus nutzen kann. Einige RSS-Reader bieten auch die Möglichkeit, Feeds in thematischen Ordnern zu sortieren. Auch eine Suchfunktion ist meistens an Bord, erweiterte Suchen sind oft ein Premium-Feature.

Das Nonplusultra in Sachen Personalisierbarkeit sind Dashboards wie *Netvibes*. Mit dem Dienst aus Frankreich können Nutzer eine ganz persönliche Startseite bauen. Die Auswahl an Quellen ist riesig: Netvibes bietet Tausende Apps aus Kategorien wie Nachrichten, Wirtschaft, Sport, Technologie, Lifestyle oder Musik an. Auch alle gängigen sozialen Netzwerke kann man verknüpfen, RSS-Feeds sowieso.

Welche Kombination von automatischen und personalisierbaren Aggregatoren am besten ist, muss jeder selbst herausfinden. Mit den oben genannten Tools und Techniken entsteht aber schnell ein dichtes Bild der Themen, die die eigene Branche bzw. das eigene Netzwerk umtreiben.

Redaktionell betreute Newsletter
Nicht jeder will sich allein auf automatische Linkempfehlungen verlassen. Gerade Journalisten geben viel auf das Urteil ihrer Kollegen. Und viele Journalisten versuchen sich einen Namen zu machen, indem sie gute Links sammeln und als Newsletter anbieten. Newsletter sind fast so alt wie das Netz und haben immer ihre Ups and Downs gehabt, seit etwa 2014 erfreuen sie sich wieder größerer Beliebtheit. Das liegt daran, dass viele Journalisten, aber auch Unternehmen mehr Mühe darauf verwenden, nützliche und/oder unterhaltsame Newsletter zu erstellen.

Wer einen allgemeinen Nachrichtenüberblick will, ist bei der *Krautreporter Morgenpost* gut aufgehoben. Jeweils ein Autor destilliert aus der Flut des Netzes die drei Themen des Tages. Der Clou an der Morgenpost: Der Autor fasst die Ereignisse in eigenen Worten zusammen, stellt sie in den Kontext und spannt einen Bogen zu verschiedenen Aspekten des Themas. Die einzelnen Aspekte werden mit der Quelle verlinkt. Neben den Hintergründen zu den Nachrichten gibt es noch ein buntes „Fundstück des Tages" und ein bisschen Eigenwerbung: „Neu bei Krautreporter".

Ebenfalls einen Nachrichtenüberblick gibt die Süddeutsche Zeitung, die morgens und abends ihren „*Espresso*" genannten Newsletter verschickt. Der Fokus des von wechselnden Newsdesk-Mitarbeitern erstellten Newsletters liegt naturgemäß auf Links zur eigenen Website. Dennoch ist der Newsletter ein nützliches Tool, um einen kompakten Nachrichtenüberblick zu bekommen. Die Morgen-Version gibt nicht nur einen Überblick, was wichtig ist, sondern auch, was wichtig wird. Zur Auflockerung wird unter dem Namen „Frühstücksflocke" noch eine unterhaltsame Geschichte beigemischt. Die Abend-Version fasst die wichtigsten Artikel des Tages zusammen, empfiehlt eine kostenpflichtige SZ-Plus-Geschichte und verlinkt die drei am häufigsten empfohlenen Artikel des Tages.

Natürlich gibt es auch jede Menge Newsletter mit engerem thematischen Fokus. Durch hohe Fachexpertise zeichnet sich das *Social Media Watchblog* von Martin Fehrensen und Kollegen aus. In dem mehrmals wöchentlich erscheinenden Briefing präsentiert das Team die besten Links zu allen relevanten Entwicklungen im Kosmos von Facebook, Instagram, Snapchat, Twitter, YouTube und Co. Dabei ordnet das Social Media Watchblog die Links stärker als andere Newsletter in einen größeren Zusammenhang ein.

Kuratieren und Navigieren
Newsletter wie die Krautreporter-Morgenpost oder der Social-Media-Watchblog mit handverlesenen Linkempfehlungen zählen zu einer neuen Nische im Journalismus, dem sogenannten Kuratieren. Darum wechsle ich für diesen Exkurs die Perspektive vom Konsumenten zum Produzenten. Die Rolle des Kurators erweitert das journalistische Berufsbild, auch wenn kaum jemand hauptberuflich als Kurator tätig ist. Gerade im digitalen Journalismus ist das Kuratieren aber eine gefragte Facette.

Beim journalistischen Kuratieren geht es nicht nur darum, Texte zu empfehlen, sondern sie auch in einen Kontext zu setzen und zu erklären, warum der empfohlene Text wichtig bzw. lesenswert ist. Kurz gesagt: Beim Kuratieren ist der Kontext König.

Kuratieren nimmt Bezug auf den Kurator eines Museums, der die Exponate einer Ausstellung nicht nur auswählt, sondern auch über ihre Anordnung und Präsentation entscheidet. Beide Begriffe gehen auf das lateinische Verb curare zurück: sorgen, sich kümmern.

Insofern ist Kuratieren mehr als Teilen. Das Teilen dreht sich in der Regel um einzelne Links, die oft auch ohne eigenen Kommentar geteilt werden. Die meisten Medien teilen auf ihren Social-Media-Kanälen fast ausschließlich

Links zur eigenen Website. Hier verkommt das Teilen zur Eigenwerbung. Dagegen geht es beim Kuratieren darum, mehrere Sichtweisen und Aspekte eines Themas in einer eigenen Geschichte zusammenzufassen und einzuordnen. Kuratierende Journalisten sammeln also verschiedene Stimmen; die eigene bzw. die des eigenen Hauses ist – wenn überhaupt – nur eine davon.

Wie unterscheidet sich das Berichten vom Kuratieren? Reporter und Autoren recherchieren, sprechen mit Leuten, besuchen den Schauplatz des Geschehens. Sie verarbeiten in ihren Texten und Beiträgen also Primärquellen. In der Regel erheben Autoren mit ihren Texten, vor allem mit Kommentaren und Analysen, einen Deutungsanspruch. Beim Kuratieren ist die Schöpfungshöhe etwas niedriger, denn hier ist der Journalist nicht mehr Autor, sondern eben Kurator. Wenn man so will, ist das Teilen die einfachste Aufgabe, das Kuratieren steht eine Stufe darüber und wird seinerseits von komplett selbst recherchierten Stücken getoppt.

Warum kuratieren?
Natürlich ist das Kuratieren als Tätigkeit nicht komplett neu, nur der Begriff ist vergleichsweise jung, zumindest im journalistischen Kontext. Im Informationszeitalter mit einer immer unübersichtlicheren Zahl an Quellen sind kuratierende Journalisten wichtig. Sie sind sozusagen die Trüffelschweine, die den guten Inhalt im Netz zusammenklauben und moderiert bzw. kommentiert zu einem neuen Paket schnüren. Ich stelle Ihnen drei prominente Beispiele vor:

Bildblog: 6 vor 9
Jeden Morgen um 8.54, also um sechs vor neun, veröffentlicht das Bildblog sechs medienkritische Links. Die Links folgen dem Schema „Überschrift, Quelle, Autor", bevor die Bildblog-Kuratoren einige Zeilen Anmoderation und Einordnung schreiben. „*6 vor 9*" ist zu einer Marke innerhalb der Marke Bildblog geworden und sozusagen der Nestor unter den Kurationsdiensten.

Piqd: Die Rosinenpicker
Im November 2015 ist *piqd.de* an den Start gegangen, anfangs mit 13, mittlerweile sogar mit 20 Kanälen von „Medien und Gesellschaft" (Disclaimer: für diesen piqd-Kanal bin ich selbst tätig) über „Feminismen", „Klima und Wandel" bis hin zu „Zukunft und Arbeit". In jedem Kanal empfehlen zwischen fünf und zehn „Piqer" genannte Experten Texte, die zum Nach- und Weiterdenken anregen: keine reinen Nachrichten, sondern bevorzugt Analysen,

Essays, Hintergrundberichte, auch mal Interviews. Texte, die etwas Nachhall haben. Die Piqer picken also die ihrer Ansicht nach besten Texte heraus, was ihnen das Attribut „Rosinenpicker" eingebracht hat. Die Piqer wählen eine eigene Überschrift und schreiben je nach Gusto eine Anmoderation, die mal kürzer, mal länger ausfällt. Sie soll aber keine reine Inhaltsangabe sein, sondern dem Leser klarmachen, warum es sich lohnt, den empfohlenen Text zu lesen. Manche Textempfehlung liest sich wie eine Rezension. Auf dem Kuratiermarkt sind die Anmoderationen von piqd die ausführlichsten. Damit bei der Fülle der Kanäle kein undurchsichtiger Dschungel entsteht, darf jeder Piqer nur einen Link pro Tag posten. Die Redaktion besteht im Wesentlichen aus Journalisten, die fürs Piqen eine monatliche Pauschale bekommen.

Wie funktioniert Kuratieren?
Ein guter Kurator ist zuvorderst ein Experte auf seinem Gebiet, zum anderen sollte er sehr gut vernetzt sein, damit ihm keines der wichtigen Themen durch die Lappen geht. Zu Beginn dieses Kapitels habe ich zahlreiche Tools für professionelles Informationsmanagement vorgestellt.
Bevor sie mit dem Kuratieren beginnen, sollten Journalisten klar den Rahmen abstecken und sich auf einen speziellen, aber dennoch relevanten Aspekt beschränken. Auch ein klares Zeitfenster, z. B. das Geschehen eines Tages, kann helfen. Wenn es zu unübersichtlich zu werden droht, ist es besser, eine neue Geschichte zu starten. Bei der Quellenauswahl kann es sinnvoller sein, sich speziell auf Tweets oder nur auf Videos zu einem Thema zu beschränken. Für Live-Berichterstattung, bei der die Dimension eines Ereignisses noch nicht absehbar ist, eignen sich Twitter oder ein Live-Blog vermutlich besser.

Das Kuratieren funktioniert in fünf Schritten:

1. Der Journalist erkennt, dass es zu einem Thema eine interessante Diskussion oder Entwicklung gibt, und entscheidet sich, das zu dokumentieren.
2. Der Journalist wählt die interessantes Fundstücke dazu aus. Das können Artikel, Blogbeiträge, Posts aus sozialen Netzwerken, Fotos oder Videos sein.
3. Er bringt diese Fundstücke in eine logische Reihenfolge.
4. Er stellt einen Zusammenhang her, erläutert mit eigenen Worten, warum der einzelne Beitrag wichtig ist, und ergänzt per Text Hintergrundinformationen, die zum Verständnis notwendig sind.

5. Er veröffentlicht die kuratierte Geschichte: als Artikel, in sozialen Netzwerken oder per Newsletter.

Auf diese Weise ist die fertige Auswahl mehr als die Summe der einzelnen Teile, durch die Auswahl und Einordnung entsteht für den Leser, der sich diese Mühe nun sparen kann, ein Mehrwert.

Tools fürs Kuratieren
Natürlich kann man auf jeder Website Links sammeln und kommentieren, dazu sind keine speziellen Tools nötig. Schicker und authentischer wird es aber, wenn man mit Embeds statt mit Links arbeitet.

Hier noch eine Auswahl anderer Tools, die fürs Kuratieren geeignet sind:

- *Scoop.It*
- *Pinterest* (speziell für Fotos)
- *Tumblr*
- *Flipboard*, dort die Magazin-Funktion
- *Tweetdeck*, hier das Collection-Feature
- *Twitter Moments*

2.2 Recherchefragen formulieren

Wer sein Fachgebiet auf einem oder mehreren dieser Kanäle verfolgt, wird automatisch auf neue Themen stoßen, egal, ob es um neue Produkte, Personalien oder Gesetzesänderungen geht. Das Internet macht es einfach, diese Nachrichten direkt von der Quelle zu bekommen: Sei es von der Website eines Unternehmens, Politikers, Sportlers oder einer Organisation. Oder von einem zugehörigen Social-Media-Auftritt. Solche Nachrichten kann man im ersten Schritt einfach nur vermelden. Relevant wird Journalismus aber immer dann, wenn er in die Tiefe geht. Wenn er Aussagen hinterfragt. Oft lassen offizielle Verlautbarungen ja einiges offen oder klammern unbequeme Aspekte komplett aus. Handwerklich guter Journalismus strebt stets danach, die **sieben W-Fragen** möglichst präzise und umfassend zu beantworten.

1. Wer? (Absender, Akteur)
Wer sagt etwas? Ist er bekannt bzw. wichtig?

2. Was? (Aussagen, Fakten)
Was sagt der Absender? Worum geht es? Hat die Aussage einen Nachrichtenwert?

3. Wie? (Funktionsweise, Details)
Wie (genau) hat XY etwas gemacht? Wie funktioniert ein neues Produkt?

4. Warum? (Motivation)
Welche Motivation steckt hinter einer Aussage? Welches Interesse verfolgt der Absender damit?

5. Wann? (Zeitpunkt)
Wann ist etwas passiert? Wann soll etwas passieren, wann tritt ein Gesetz in Kraft?

6. Wo? (Ort)
Wo ist etwas passiert? Wo soll etwas passieren, gebaut werden etc.?

7. Woher? (Quelle)
Woher stammt die Information?

Oft konzentrieren sich Journalisten darauf, Probleme und Missstände zu beschreiben. Das kann beim Publikum zu einer Abstumpfung führen. Deswegen ist auch der Blick nach vorn gefragt: Was kann man tun, um das Problem zu lösen? Welche Lösungsvorschläge gibt es? Wie sind sie zu bewerten? Wie haben andere Akteure/Gemeinden/Staaten das Problem gelöst? Gerade der **konstruktive Journalismus** legt viel Wert darauf, lösungsorientiert zu berichten.

Welche Fragen man genau stellt und welches Material man recherchiert, hängt ab von:

- **Zielgruppe**: Habe ich ein breit gefächertes Publikum oder ein Fachpublikum? Welche Fragen würden sich meine Leser bzw. Nutzer stellen? Welche Aspekte sind für sie besonders interessant?

- **Stand des Themas**: Ist es komplett neu? Oder stellen sich Anschlussfragen, ist also das „Wie geht es weiter?" nun wichtiger?
- **Funktion** des Beitrags: Soll er berichten, erklären, erzählen, kommentieren, unterhalten, beraten? Für eine Reportage braucht man andere Informationen als für einen Bericht oder für einen Ratgeber.
- **Publikationskanal**: Für welches Medium berichte ich? Zeitung, Radio, Fernsehen, Online? Gerade bei den drei letztgenannten brauche ich meine Informationen dann nicht nur in Textform, sondern auch Grafiken, Töne, Videos etc. Hier wird aus der Recherche dann oft der Dreh. Die Konzeption und Produktion von multimedialen Beiträgen wird im 3. Kapitel ausführlich behandelt.

Ansprechpartner finden
Wenn die Recherchefragen feststehen, braucht man die Personen bzw. Organisationen, die sie beantworten können. Am besten fragt man sich als Journalist immer: Wer müsste die Antwort auf meine Frage haben? Wer das konkret ist, hängt ganz vom Fokus der Geschichte ab. Für eine Reportage braucht man einen spannenden Protagonisten, der aber nicht prominent sein muss. Im nachrichtlichen Alltag sollte man natürlich immer mit den Personen bzw. Organisationen sprechen, über die man schreibt, und ihnen die Möglichkeit zur Stellungnahme geben. Wer Interessenvertretungen kontaktiert, bringt eine weitere Perspektive – oft auch Konflikt und Widerspruch – in seine Geschichte: Was sagt der Fahrgastverband zur Fahrpreiserhöhung im öffentlichen Nahverkehr? Wie bewertet der Branchenverband Bitkom die neueste Version des Gesetzes zur Vorratsdatenspeicherung?

Im Idealfall ist der Journalist so gut im Bilde, dass ihm auf Anhieb die geeigneten Ansprechpartner einfallen. Ist das nicht der Fall, hilft meistens eine Netzrecherche weiter. Wer über eine Organisation oder ein Unternehmen berichtet, sollte versuchen, auf der jeweiligen Website einen passenden Ansprechpartner zu finden. Am besten die Person, die für die Sache, um die es im Beitrag geht, zuständig ist. Je größer die Firma ist, desto höher die Wahrscheinlichkeit, dass man an einen Pressesprecher verwiesen wird. Dabei sollte man wissen, dass Pressesprecher immer bestrebt sind, ihr Unternehmen in einem möglichst guten Licht dastehen zu lassen. Wenn ein Unternehmen oder eine Organisation mauert oder nicht erreichbar ist, kann man versuchen, sich mit einer Einschätzung durch einen externen Experten zu behelfen.

Wenn Sie ganz am Anfang der Recherche stehen und überlegen, welche Institution oder welcher Interessenverband für Ihre Geschichte relevant wäre, ist die Datenbank von *Oeckl* – Taschenbuch des öffentlichen Lebens – eine gute Adresse. Allerdings braucht man dazu ein Abo, das bei 175 Euro im Jahr beginnt. Oder Sie suchen diese Institutionen mit passenden Stichworten per Suchmaschine. Näheres dazu im Kapitel 2.4.

Wer Ansprechpartner aus der Wissenschaft sucht, ist bei der *Expertendatenbank des Informationsdienstes Wissenschaft* gut aufgehoben. Journalisten können sich kostenlos dafür registrieren.

Funktionsträger und Experten sind vor allem für faktische Stücke wichtig. Manchmal wollen Journalisten ein großes Thema auf eine lokale oder persönliche Ebene herunterbrechen. Gerade bei einer Reportage braucht man dafür Betroffene oder Protagonisten, zum Beispiel die alleinerziehende Mutter aus der Großstadt, die sich die nächste Mieterhöhung um zehn Prozent nicht leisten kann. Protagonisten findet man immer häufiger über eine Recherche in den sozialen Netzwerken. Zum einen kann man einfach seine Facebook-Freunde fragen, ob sie eine entsprechende Person kennen. Oder man sucht nach entsprechenden Gruppen, die es auf Facebook in großer Anzahl gibt. Google hat eine eigenständige *Gruppen-Website*. Für eine Suche nach Diskussions-Foren ist *Boardreader.com* eine sehr nützliche Adresse. Auch eine Mailing-Liste kann sehr hilfreich sein. Da wir hier über digitalen Journalismus reden: Ich empfehle die *Mailing-Liste des National Institute for Computer-Assisted Reporting*. Wenn man ein (technisches) Rechercheproblem hat, bekommt man hier sehr schnell sehr gute Lösungsvorschläge.

2.3 Recherche in sozialen Netzwerken

Facebook, Twitter, Instagram und Co. sind sowohl für die Themenfindung interessant als auch für die konkrete Suche nach Informanten, Augenzeugen oder Beweismaterial in Form von Bildern oder Videos. In sozialen Netzwerken tauschen sich Menschen über das aus, was sie bewegt, mal sachlich, oft auch mit einer gehörigen Portion Emotion. Und weil so viele Menschen soziale Netzwerke nutzen, haben sich unter anderem Politiker, Künstler, Wissenschaftler, Sportler, Unternehmen, Organisationen, Institutionen und Medien

Profile und Seiten zugelegt. Sie haben dort ihre Mitarbeiter, Anhänger, aber auch Kritiker, was soziale Netzwerke zu einem lebendigen Ort macht.

Diskussionen werden heute maßgeblich in sozialen Netzwerken geführt. Wenn man so will, sind soziale Netzwerke virtuelle Stammtische. Hier tauschen sich Menschen über das aus, was sie bewegt, mal sachlich, oft auch mit einer gehörigen Portion Emotion. Und weil so viele Menschen soziale Netzwerke nutzen, haben sich unter anderem Politiker, Künstler, Wissenschaftler, Sportler, Unternehmen, Organisationen, Institutionen und Medien Profile und Seiten zugelegt. Alle haben dort ihre Mitarbeiter, Anhänger, aber auch Kritiker, was soziale Netzwerke zu einem lebendigen Ort macht.

Journalisten sollten diese Accounts natürlich auch auf dem Radar haben. Ein Fußballreporter wird zum Beispiel sowohl die Mannschaft, für die er zuständig ist, im Social Web verfolgen als auch die wichtigsten Spieler und Fangruppen. Neben diesen Quellen sollte man die Nutzer finden, die eine hohe Reputation in der Szene haben: Entweder, weil sie besonders gut informiert oder meinungsstark sind, oder beides.

Themen finden auf Facebook
Facebook ist ganz klar der Branchenprimus unter den sozialen Netzwerken: 2,2 Milliarden Menschen nutzen Facebook mindestens einmal im Monat, 1,45 Milliarden davon sogar täglich – also ein Fünftel der Weltbevölkerung! (Stand: Juni 2018) Diese gigantische Größe zieht natürlich auch prominente Personen, Organisationen und Marken an. Ihnen zu folgen ist zwar leicht, allerdings ist der Facebook-Newsfeed etwas tückisch. Standardmäßig steht er immer auf „Top-Meldungen". Das sind die in Form von Likes, Shares oder Kommentaren beliebtesten Meldungen von Freunden, Seiten oder Gruppen. Außerdem erscheinen dort Inhalte, die man manuell priorisiert hat. Im Reiter „News Feed" kann man im Unterpunkt „Einstellungen bearbeiten" Profile und Seiten auswählen, deren Inhalte zuerst angezeigt werden sollen.
Die zweite News-Feed-Option heißt „Neueste Meldungen": Hier werden die Meldungen von Freunden, Seiten und Gruppen in der Reihenfolge angezeigt, in der sie gepostet wurden.

Trotzdem ist immer noch ein ziemlich hohes Grundrauschen vorhanden, das man kaum sinnvoll reduzieren kann. Leider hat Facebook im November 2016 die nützliche „Interessen"-Funktion abgeschaltet, mit der man seine Facebook-Freunde, aber auch Seiten in thematisch fokussierte Listen sortieren konnte.

Wer Facebook mit einem thematischen Fokus nutzen will, ist in einer **Facebook-Gruppe** am besten aufgehoben. Hier gibt es sowohl thematisch als auch in puncto Sichtbarkeit (öffentlich, privat, geheim) ein riesiges Spektrum: Wie nützlich das für Journalisten ist, hängt stark vom Wissen und Engagement der Teilnehmer ab. Hier sollte jeder für sich klären, ob er die Gruppe nur passiv nutzt und so vorhandene Informationen abgreift oder ob er sich in der Gruppe als Journalist outet und dann gezielt nach Informationen oder Kontakten fragen kann.

Filtermöglichkeiten der Standardsuche
Die Standardsuche von Facebook besteht nur aus einem simplen Suchfeld. Erst in einem zweiten Schritt kann man filtern, in welchem Dateityp der Suchbegriff auftaucht: Beitrag, Person, Fotos, Videos, Seiten, Orte, Gruppen, Apps und Veranstaltungen. Beim Reiter „Alle" stehen weitere Filterfunktionen zur Verfügung, unter anderem das Datum, wer den gesuchten Begriff gepostet hat und ob das in einer Gruppe erfolgt ist.

Mit der Social-Graph-Suche in die Tiefen Facebooks abtauchen
Weitaus mächtiger ist eine Suchfunktion namens Social Graph Search, die man sich wie eine Art Rasterfahndung vorstellen kann. Die Social Graph Search ermöglicht es, alle persönlichen Angaben, Eigenschaften und Vorlieben wie Arbeitgeber, gesprochene Sprachen, Gefällt-mir-Angaben von Seiten, Fotos etc. zu durchsuchen – allerdings nur solche, die öffentlich sind. Jeder Facebook-Nutzer kann ja bei jedem Post einstellen, ob dieser Post und die Inhalte darin öffentlich sichtbar sein sollen oder nicht. Von Haus aus öffentlich sind Name, Nutzername, Facebook-ID, Geschlecht, Sprache, Land, das Profilbild und die eigenen Netzwerke. Die Social-Graph-Suche eignet sich also besonders für die Suche nach Beziehungen zwischen Personen bzw. zwischen Personen und Firmen. Oder um einen Protagonisten mit bestimmten Eigenschaften zu finden, zum Beispiel „Menschen aus Berlin, die schon mal Nordkorea besucht haben". Oder „Personen aus Düsseldorf, die für Air Berlin gearbeitet haben und Verdi-Mitglied sind".

Die Social-Graph-Suche funktioniert mit sogenannten Operatoren:

- Likers: Nutzer, denen eine bestimmte FB-Seite gefällt
- Friends: Freunde von einem FB-Nutzer
- Places visited: besuchte Orte
- photos-by: Fotos von einem Account (analog bei Videos)
- photos-in: Fotos, die an einem bestimmten Ort aufgenommen wurden
- photos-tagged: Fotos, die mit einem bestimmten Schlagwort versehen wurden
- Storys-topic: Posts über ein bestimmtes Thema
- Storys-by: Posts von einem bestimmten Account
- Storys-tagged: Posts, die mit einem bestimmten Schlagwort versehen wurden
- users-religious-view: religiöse Einstellung eines Nutzers
- users-political-view: politische Einstellung eines Nutzers

Weitere Operatoren findet man auf der *Website des britischen Netz-Recherche-Experten Paul Myers*.

Anders als bei Google lassen sich diese Operatoren leider nicht einfach im Suchfeld aneinanderreihen. Man muss stattdessen die Suchanfrage direkt in die passende URL formulieren können. Im Falle der Berliner, die schon mal Nordkorea besucht haben, wäre das:
https://www.facebook.com/search/str/Berlin/pages-named/residents/present/intersect/str/North%20Korea/pages-named/visitors/intersect

Das ist natürlich sehr umständlich und kompliziert. Abhilfe schaffen einige Tools, die solche Suchabfragen in die passende URL „übersetzen". Sehr praktisch ist das *Facebook Open Graph Search Tool* von Michael Buzzell, einem ehemaligen FBI-Mitarbeiter. Sein Facebook-Tool hat er mit einer Vielzahl an Operatoren gefüttert.

Es eignet sich für zwei Suchansätze:

1. Ein bekanntes Facebook-Profil (egal ob persönliches Profil oder Seite) auf bestimmten Content bzw. bestimmte Eigenschaften hin durchsuchen. (Diese Funktion nennt Buzzell „Facebook Profile Search")
2. Anhand von bestimmten Eigenschaften nach Seiten und Profilen suchen, auf die diese Eigenschaften zutreffen („Facebook Profile Locate")

Bekanntes Profil durchsuchen

Beim ersten Ansatz braucht man zuerst die Facebook-ID. Dazu gibt man einfach den Facebook-Namen, z. B. AngelaMerkel in das Feld „FB User Name" ein drückt auf „Go". Dann erhält man die zugehörige numerische Facebook-ID. (Alternativ kann man die ID eines Facebook-Accounts auf der Seite *findmyfbid.com* ermitteln.) Bei Buzzells Tools gibt es auch Felder, in denen man per E-Mail-Adresse oder Telefonnummer checken kann, ob der Inhaber ein Facebook-Profil hat. Die so gewonnene ID kann man in das erste Feld namens „Facebook User Number" kopieren und „populate all" drücken, dann werden alle Suchboxen in der linken Spalte ausgefüllt:

Facebook Profile Search (Must be logged in)			
AngelaMerkel	GO		(Find User Number)
59788447049			
59788447049	GO		(Populate All)
59788447049	GO		(Places Visited)
59788447049	GO		(Recent Places Visited)
59788447049	GO		(Places Checked-In)
59788447049	GO		(Places Liked)
59788447049	GO		(Pages Liked)
59788447049	GO		(Photos By User)
59788447049	GO		(Photos Liked)
59788447049	GO		(Photos Of -Tagged)
59788447049	GO		(Photos Comments)
59788447049	GO		(Photos Interacted)
59788447049	GO		(Photos Interested)
59788447049	GO		(Photos Recommended)
59788447049	GO		(Apps Used)
59788447049	GO		(Videos)
59788447049	GO		(Videos Of User)
59788447049	GO		(Videos Tagged)
59788447049	GO		(Videos By User)
59788447049	GO		(Videos Liked)
59788447049	GO		(Video Comments)
59788447049	GO		(Future Event Invitations)
59788447049	Year	GO	(Events)
59788447049	Year	GO	(Events Created)
59788447049	Year	GO	(Events Invited)
59788447049	Year	GO	(Events Joined)
59788447049	GO		(Posts by User)
59788447049	Year	GO	(Posts by Year)
59788447049	GO		(Posts Tagged)
59788447049	GO		(Posts Liked)
59788447049	GO		(Posts Commented)
59788447049	GO		(Employers)
59788447049	GO		(Reviews)
59788447049	GO		(Groups)
59788447049	GO		(Co-Workers)
59788447049	GO		(Friends)

Nun kann man für jeden einzelnen Operator etwa „Places Checked-In" auf „Go" drücken und erhält die entsprechenden Treffer direkt auf Facebook angezeigt.

Wenn man wissen will, ob und wie sich jemand zu einem bestimmten Thema geäußert hat, trägt man im Bereich „Additional Information" einfach die User-ID und das gesuchte Keyword ein und drückt dann auf „GO".

```
Additional Information:
User Number        Keywords              GO   (Keyword By)
```

Nach Profilen mit bestimmten Eigenschaften suchen
Für den Fall, dass man Personen mit bestimmten Eigenschaften sucht, die man nicht namentlich kennt, eignet sich die zweite Funktion des intel-techniques-Facebook-Tools, die „Locate Target Profile"-Funktion. Hier kann man nach Profilen mit einer oder zwei Eigenschaften suchen:

- People who work at
- People who live in and work at

Die vorhin geschilderte Suchanfrage „Menschen aus Berlin, die schon mal Nordkorea besucht haben" wäre so ein Beispiel.

Wer noch spezifischer suchen will, kann die „Multiple Variables"-Funktion nutzen und sich aus zehn Variablen seine Suchanfrage basteln. Je mehr Variablen, desto geringer wird die Trefferzahl.

Ähnlich arbeitet die Seite *graph.tips* des niederländischen Journalisten-Trainers Henk van Ess. Für die Suche nach einem bestimmten Keyword hat van Ess ein weiteres Tool entwickelt: *whopostedwhat.com*.

Die Social Graph Search ist ein mächtiges Tool, gerade weil so viele Facebook-Nutzer viele Inhalte öffentlich zur Verfügung stellen. Die ausgefeilten Suchmöglichkeiten mögen manche an eine Art Spionage erinnern. Journalisten sollten auf jeden Fall verantwortungsvoll mit ihren Social-Graph-Search-Ergebnissen umgehen.

Twitter – die personalisierbare Nachrichtenagentur

Obwohl Twitter bei Weitem nicht die Reichweite von Facebook hat, ist es eines der wichtigsten sozialen Netzwerke. Das liegt daran, dass hier sehr viele Prominente, aber auch fachlich versierte Meinungsführer aktiv sind. Wer eine wichtige Nachricht oder sogar eine Eilmeldung verbreiten will, greift oft zuerst zu Twitter. Neuigkeiten aller Art verbreiten sich auf Twitter rasend schnell, was auch an der ausgiebigen Nutzung der „Retweet"-Funktion (= Weiterleiten) liegt. Darüber hinaus stecken in den meisten Tweets (zumindest der ambitionierten Twitter-Nutzer) nützliche Links.

Für Journalisten geht es in aller Regel darum, im eigenen Fachgebiet schnell an relevante News zu kommen. Wer Twitter aufmerksam nutzt und kalibriert, kann sich binnen weniger Wochen einen sehr praktischen Themen- und Ereignisradar bauen.

Wie relevant und nützlich Twitter ist, hängt davon ab, welchen Accounts man folgt. Durch diese Abos erweitert man den eigenen Blickwinkel ungemein. Vier Augen sehen mehr als zwei – und erst recht bekommen 100 oder gar 1000 Accounts exponentiell mehr mit als man selbst. Für die eigene Nische sind vor allem die Experten aus der Szene relevant. Es gibt verschiedene Wege, diese Leute auf Twitter zu finden:

- Namen suchen: Eine Handvoll Experten kennt man immer persönlich, die gibt man von Hand in die Twitter-Suche ein, setzt den Filter auf „Personen" und sieht, ob sie dabei sind. Manchmal gibt es auch Fake-Accounts, in der Regel aber meist bei Prominenten. Trotzdem lohnt ein zweiter Blick: Welche Website ist verlinkt, ist auf dieser Website umgekehrt ein Link zu diesem Twitter-Profil? (Weitere Tipps dazu im Abschnitt 2.5 „Digitale Detektivarbeit: überprüfen und verifizieren")
- Wem folgen die Experten? Wenn die Echtheit des Accounts geklärt ist, lohnt ein Blick darauf, wem dieser Account folgt: Da sind oft interessante Profile dabei, die man bisher nicht auf dem Radar hatte.
- Twitter-Empfehlungen: Twitter hat von Haus aus die Funktion „Wem folgen?" an Bord, die auf Basis der eigenen Twitter-Aktivität Vorschläge für interessante Accounts macht. Je länger man dabei ist und je spezifischer man auf Twitter unterwegs ist, desto relevanter sind diese Vorschläge.

Das geht nicht alles von heute auf morgen, aber wer konstant am Ball bleibt, bekommt innerhalb einiger Monate ein nützliches Informantennetz zusammen. Je länger man dabei ist, desto dichter wird dieses Netz, und desto geringer die Gefahr, dass eine branchenrelevante Nachricht durchrutscht.

Listen bringen Ordnung in die Timeline
Wer die obigen Tipps befolgt, hat schnell einige Hundert Einträge in der Rubrik „Folge ich" stehen. Da wird die eigene Timeline schnell unübersichtlich, vor allem, wenn man besonders aktiven Twitterern folgt. Listen sind der beste Weg, um Ordnung in seinen Twitter-Kosmos zu bringen. Mich interessiert zum Beispiel, was Medienjournalisten schreiben und verlinken, deswegen habe ich mehr als 100 Kollegen in einer Liste *„Medienjournalisten"* gesammelt. Bei einem Klick auf diese Liste sehe ich ausschließlich die Tweets dieser Accounts. Ein weiterer Vorteil: Wenn man nicht unendlich vielen Leuten folgen will, kann man sie auch einfach nur zu einer Liste hinzufügen, dann sieht man ihre Tweets – aber eben nur, wenn man die entsprechende Liste aufruft. Wenn man die Liste als privat einstuft, bekommt der andere Account das gar nicht mit. So kann ich leicht verfolgen, was jemand twittert, ohne ihm folgen zu müssen. Wenn man Listen öffentlich macht, können andere sie auch abonnieren. Umgekehrt kann man auch anderen öffentlichen Listen folgen.

Eine Twitter-Erfindung, die Schule gemacht hat, sind die Hashtags. Wer das #-Zeichen vor einen Begriff tippt, verlinkt ihn. Bei einem Klick auf einen „gehashtaggeden" Begriff erhält man nur die Tweets, die dieses Hashtag verwenden. Die Anzahl der Treffer hängt stark davon ab, wie allgemein oder speziell das Hashtag ist. Auf der Ergebnisseite kann man dann zwischen „Top Tweets" (vor allem von wichtigen Accounts oder besonders oft geteilte Tweets) und „Alle Tweets" wählen. Hashtags werden bei fast allen Events wie Konferenzen oder Tagungen verwendet, z. B. rp18 für die re:publica 2018.

Vor allem durch den geschickten Einsatz von Listen und Hashtags wird Twitter zur „personalisierten Nachrichtenagentur", das heißt, man bekommt vor allem Nachrichten und neue Themen aus dem eigenen Fachbereich mit, ohne großes Zutun.

Suche auf Twitter
Im November 2014 hat Twitter seine komplette Datenbank für die Suche geöffnet, es werden also alle Tweets durchsucht (sofern sie nicht geschützt

sind). Die Twitter-Suche funktioniert ebenfalls mit Operatoren, die denen von Google (siehe Kapitel 2.3) sehr ähnlich sind.

- Die schon angesprochenen Hashtags: #journalismus zeigt z. B. alle Tweets an, die dieses Hashtag verwenden.
- Search Phrase: Begriffe, die in Anführungszeichen gesetzt sind, werden exakt in dieser Reihenfolge und Schreibweise gesucht: „This land is your land".
- -: Mit dem Minus-Operator kann man einen Begriff von der Suche ausschließen: „Klimawandel -USA".
- OR: sucht Tweets, die entweder den einen oder den anderen Begriff enthalten: „Evolution OR Revolution".
- From: sucht nach Tweets von bestimmten Accounts, z. B. „from:saschalobo".
- To: sucht nach Tweets, die an einen bestimmten Account gerichtet sind: „to:saschalobo".
- Near: Wenn Tweets mit einer Lokalisierung versehen sind, lassen sie sich über die Near-Funktion finden. „Near:Munich".
- URL: zeigt nur Tweets an, die einen Link zu einer bestimmten URL enthalten: „merkel url:sz.de".
- Since: sucht nach der Schreibweise JJ-MM-TT nach Tweets ab einem bestimmten Zeitpunkt: „Since:2017-01-20".
- Until: das gleiche wie since – nur bis zu einem bestimmten Zeitpunkt. Wenn man nach Tweets in einem bestimmten Zeitraum suchen will, kann man since und until natürlich kombinieren: „merkel url:sz.de since:2017-01-01 until:2017-02-09".
- Filter: erlaubt es nach Tweets mit bestimmten Medientypen zu suchen: „Merkel filter:images".

Twitter bietet unter *https://twitter.com/search-home*# eine Übersicht über die Operatoren.

Natürlich lassen sich diese Operatoren auch kombinieren. Mit ein bisschen Übung hat man sie schnell verinnerlicht und kann sie in verschiedenen Kombinationen direkt in den Twitter-Suchschlitz eingeben.

Wer es bequemer mag, kann die *erweiterte Suche* verwenden. Hier gibt es ein Suchformular, das die Bereiche „Wörter", „Personen", „Orte" und „Daten" mit einbezieht. Im Endeffekt läuft das aber auf das gleiche Suchergebnis hinaus, wie die Suche mit den Operatoren. Es ist eher eine Frage der Gewohnheit und Bequemlichkeit.

Twitters Profi-Tool: Tweetdeck
Tweetdeck ist das Tool für Twitter-Profis. Tweetdeck arbeitet mit sogenannten Spalten (Columns), in denen man sich ganz spezifische Twitter-Inhalte anzeigen lassen kann. Die wichtigsten Features:

- Liste
- Hashtag
- Suchbegriff
- Erwähnungen (wenn der eigene Twitter-Account von einem anderen Account erwähnt wird)
- Mitteilungen (z. B. über neue Follower)
- komplette Timeline
- Twitter-Trends
- Aktivitäten des eigenen Twitter-Netzwerks

Man kann beliebig viele Spalten nebeneinander anordnen. Das sieht dann so aus:

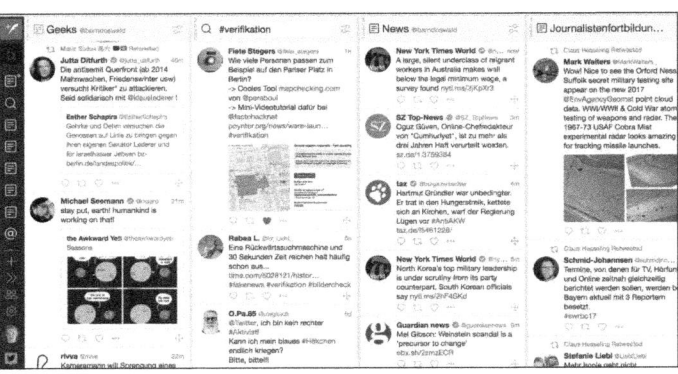

Drei Listen und eine Suche: So sehen die Spalten in Tweetdeck aus.

Ein weiterer großer Tweetdeck-Vorteil ist die Filter-Funktion. Rechts oben kann man in jeder Spalte aus fünf Filterkategorien wählen:

- Content: Hier kann man den Suchbegriff mit oder ohne Hashtag eingeben (natürlich auch mehrere), Suchbegriffe ausschließen, einen Zeitraum ein-

geben, die Sprache auswählen, Retweets ein- oder ausschalten und Tweets nach verschiedenen Medienarten filtern (Bilder, Videos, GIFs, Links etc.).
- Location: Hier gibt man einfach einen Ortsnamen ein und wählt unter Radius den Umkreis zwischen 1 und 100 km aus.
- Users: Hier kann man nach Tweets von bestimmten Nutzern filtern und zusätzlich entscheiden, ob jemand erwähnt wurde.
- Engagements gibt die Option, eine Mindestanzahl von Retweets, Likes und Replies zu setzen.
- Alerts benachrichtigen uns, wenn es einen neuen Tweet gibt, der alle Filterkriterien erfüllt. Das ist natürlich nur bei sehr speziellen Suchen sinnvoll, weil man sonst die ganze Zeit benachrichtigt wird.

In die Twitter-App für Smartphones hat das leider immer noch nicht Einzug gehalten. Aber eine ausgiebige Recherche werden die meisten vermutlich eher am Desktop oder Laptop machen.

Wie viele der Tweetdeck-Funktionen man nutzt, hängt von der vorhandenen Zeit und dem konkreten Informationsbedürfnis ab. Auf jeden Fall lohnt es sich, die Vielzahl an Quellen mithilfe von Tweetdeck zu kanalisieren. Speziell für das „Monitoring", also die Beobachtung eines bestimmten Begriffs, eignet sich Tweetdeck hervorragend.

Social Media Dashboards stellen viele Quellen gleichzeitig dar
Für Twitter gibt es nichts Besseres als Tweetdeck. Wer mehrere soziale Netzwerke gleichzeitig auf dem Radar haben will, kann auf sogenannte Social Media Dashboards zurückgreifen.

Hootsuite ermöglicht Verknüpfungen mit Twitter, Facebook, LinkedIn, WordPress, Instagram und YouTube. Darüber hinaus gibt es zahlreiche (teils kostenpflichtige) Apps etwa für RSS-Feeds, weitere Netzwerke wie storify oder Newsletter-Dienste wie Mailchimp. Für jedes Netzwerk wird ein Tab erstellt und in jedem Tab kann man bis zu zehn Streams genannte Spalten hinzufügen. In meinem Facebook-Tab auf Hootsuite habe ich zum Beispiel Streams für die Timeline, Veranstaltungen, Nachrichten und Erwähnungen. Praktisch: Man kann sowohl für das persönliche Profil als auch für Facebook-Seiten, für die man Admin ist, Streams erstellen. Jeder Stream ist eine Spalte, es werden mehrere Streams nebeneinander angezeigt. Um von einem Stream zum nächsten zu kommen, scrollt man horizontal.

2.4 Suchmaschinen effizient nutzen

Einfach einen Begriff in die Suchmaske eingeben, Return drücken und schauen, was kommt: Bequemer geht es nicht. Aber besser geht es. Viel besser sogar, wenn man mit speziellen Suchbefehlen arbeitet und so ungleich mehr aus Google herausholt. Da Google (nicht nur) in Deutschland mehr als 90 Prozent Marktanteil bei den Suchmaschinen hat, konzentriere ich mich im Folgenden auf Google. Die grundlegende Systematik ist aber bei allen Suchmaschinen ähnlich:

1. Suchmaschinen durchsuchen nicht das Netz, sondern nur ihren Index des Netzes. Der Index ist eine Art gigantische Bibliothek, die – im Falle Googles – mehr als 130.000.000.000.000 (130 Billionen) Webseiten umfasst.
2. Die meisten Suchmaschinen arbeiten mit einer Volltextsuche, suchen also im kompletten Quelltext einer Seite nach dem oder den Suchbegriffen.
3. Ein Operator ist ein Befehl, mit dem man die Suche auf bestimmte Bereiche einer Website oder des Indexes limitiert. Standardmäßig suchen Suchmaschinen **alle** Begriffe, die man ins Suchfeld eingibt. Der Standard-Operator ist also **AND**.
4. Suchmaschinen durchsuchen den Quelltext einer Seite. Hier gibt es verschiedene sogenannte Metadaten. Das wichtigste Metadatum ist der title-Tag. Das ist vereinfacht gesagt die Überschrift eines Textes, die auf den Suchergebnis-Seiten immer in blau angezeigt wird.

Bei Google gibt es eine wichtige Besonderheit: Nicht jeder erhält die gleichen Suchergebnisse. Welche Treffer Google ausspuckt, hängt von verschiedenen Faktoren ab, vor allem, ob man während der Suche bei Google angemeldet ist oder nicht. Ist man es, berücksichtigt Google bei der Auswahl der Ergebnisse die persönliche Suchhistorie.

Schauen wir uns nun die wichtigsten und nützlichsten Operatoren im einzelnen an.

OR
Wenn man zwei Begriffe mit OR (die Großschreibung ist wichtig) verbindet, findet Google Seiten, auf denen der eine, der andere oder beide Suchbegriffe

enthalten sind. Man kombiniert also zwei Suchen in einer. Der OR-Operator kann zu Beginn einer Suche nützlich sein, wenn man zwei ähnliche Begriffe verwendet, zum Beispiel „Marathon" oder „Lauf". Wichtig ist, dass sich der OR-Operator immer nur auf die beiden Begriffe direkt davor und danach bezieht. Wenn man zum Beispiel „Olympische Spiele 2012 OR 2016" eingibt, sucht Google nach Seiten, in denen „Olympische" UND „Spiele" enthalten sind, entweder in der Kombination mit dem Jahr 2012 oder eben in Kombination mit dem Jahr 2016.

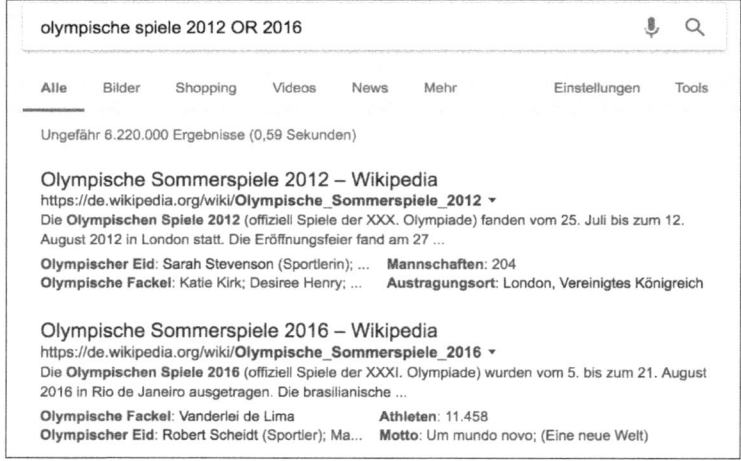

Site
Mit dem Site-Operator kann man sich nur Treffer von einer bestimmten Website anzeigen lassen. *site:spiegel.de* liefert nur Treffer von *spiegel.de* Das macht vor allem in Kombination mit einem oder mehreren Suchbegriffen Sinn. Also etwa *merkel site:spiegel.de*. Das funktioniert auch mit Unterverzeichnissen. Wenn ich *merkel site:spiegel.de/politik* eingebe, bekomme ich nur Merkel-Ergebnisse aus dem Politikressort. Wichtig ist, dass zwischen dem Doppelpunkt nach site und der Domain KEIN Leerzeichen stehen darf, sonst funktioniert der Operator nicht. Das gilt auch für andere Operatoren, die den Doppelpunkt verwenden.

Übrigens: Oft funktioniert eine Suche mit Googles site-Operator besser als die interne Suche einer Website.

Der Site-Operator funktioniert auch mit Top Level Domains. Wenn ich zum Beispiel nach climate data site:.gov suche, erhalte ich Treffer von US-amerikanischen Regierungsseiten, die die Keywords climate und data enthalten.

Filetype
Der Filetype-Operator erlaubt die Suche nach einem bestimmten Dateiformat. Viele umfangreiche Dokumente wie Bilanzen sind als .pdf abgespeichert, Statistiken oft als Excel-Dokument. Eine Suche nach *bilanz volkswagen filetype:pdf* liefert PDFs, die die Begriffe Bilanz und Volkswagen enthalten. Oder um beim Klimadaten-Beispiel zu bleiben: *climate data fileytpe:xls* liefert Excel-Dokumente, in denen climate und data vorkommen.

Wer schreibfaul ist: Statt „filetype" kann man auch einfach nur „ext" für Extension eingeben.

Keyword-Phrases
Wenn man mehrere Suchbegriffe in Anführungszeichen setzt, durchsucht Google Websiten mit all diesen Wörtern in genau dieser Reihenfolge. Das kann hilfreich sein, wenn man noch ein Zitat im Kopf hat, aber nicht mehr genau weiß, wer es gesagt hat und auf welcher Seite man das gesehen hatte. Oder bei Eigennamen wie Buchtiteln: „Die unerträgliche Leichtigkeit des Seins".

allintitle
Der Title-Tag ist eines der wichtigsten Metadaten. Der Title-Tag ist so etwas wie die Überschrift einer Seite. Wer nur in diesem Title-Tag suchen will, verwendet den allintitle-Operator. Wenn man den allintitle-Operator in Kombination mit mehreren Suchbegriffen verwendet, sucht Google nur nach Seiten, in denen alle Suchbegriffe im Title-Tag vorkommen. Zum Beispiel: *allintitle:trump kim jong un*. Wenn man das nur für einen Begriff machen will, reicht es, *intitle* ohne *all* davor zu schreiben.

allinurl
Der allinurl-Operator macht genau das Gleiche wie der allintitle-Operator, nur dass er eben die URL der Website auf die Suchbegriffe durchforstet. Die URL ist die spezifische Adresse einer Website. *allinurl:trump kim jong un* wird zu ähnlichen, aber nicht identischen Ergebnissen führen wie *allintitle:trump kim jong un*.

Wildcard

Manchmal sucht man nach mehreren Suchbegriffen, ist sich bei einem aber nicht mit der Schreibweise sicher. Oder man weiß, dass ein Begriff, den man nicht kennt, mit dem gesuchten Begriff in Verbindung steht. Für solche Fälle gibt es den Wildcard-Operator: Man tippt einfach einen * , der wie ein Joker fungiert. Zum Beispiel: euro kris* findet sowohl Euro Krise als auch Euro kriselt, also sowohl Substantiv als auch Verb. Auch für die gezielte Suche nach Singular oder Plural kann eine Wildcard hilfreich sein.

Suchbegriffe ausschließen

Es ist auch möglich, Begriffe von der Suche auszuschließen: Wenn man ein „-" vor einen Operator (egal ob „site" oder „filetype" oder ein Suchbegriff) tippt, wird der entsprechende Begriff von der Suchanfrage explizit ausgeschlossen. Das kann eine wirkungsvolles Instrument sein, um seine Suche zu verfeinern. Beispiel: Golf -Auto filtert weitestgehend Treffer zum VW Golf heraus.

Info

Der Info-Operator funktioniert nur in Kombination mit einer Website und zeigt eine grundlegende Selbstbeschreibung der Seite an.

Googles Info-Operator mit der Selbstbeschreibung der Seite

Cache

Auch der cache-Befehl bezieht sich auf eine Website und zeigt statt der aktuellsten die vorletzte Version der Seite an. Das kann nützlich sein, wenn man sehen will, ob jemand etwas Unangenehmes gelöscht hat. Die Cache-Version kann man entweder über den Befehl *cache:website.de* aufrufen oder man startet eine normale Suche und klickt dann rechts neben der URL auf das auf der Spitze stehende Dreieck. Dann öffnet sich ein Kontextmenü, das als erste Option „Im Cache" anzeigt.

Related
Dieser Operator sucht nach Seiten, die thematisch verwandt sind, also über ähnliche Inhalte berichten. Diese Form der Umfeldbeobachtung ist vor allem bei Seiten nützlich, die man nicht gut auf den ersten Blick einschätzen kann. Nehmen wir an, ein junger Politik-Redakteur erhält eine Pressemitteilung der IPPNW, der Internationalen Ärzte für die Verhütung des Atomkriegs. Von den IPPNW hat er aber noch nie etwas gehört und will sich schnell einen Eindruck verschaffen, wer hinter dieser Organisation steht und wie sie politisch einzuschätzen ist. Zum einen kann er das mit einem Klick auf das Leitbild des Vereins am Fuß der Homepage machen. Ergänzend kann er den related-Operator nutzen und *related:ippnw.de* eintippen. Das fördert einige interessante Ergebnisse zutage:

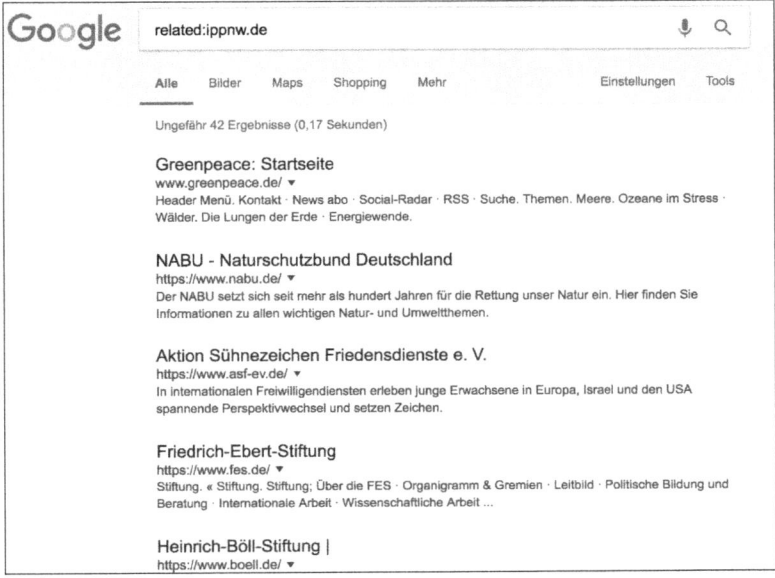

Googles related-operator listet Seiten auf, die ähnliche Inhalte anbieten wie die Seite, die man eingegeben hat.

Define
Unbekannte Fachbegriffe kann man sich von Google mit dem define-Befehl erklären lassen. *define:quantenphysik* bringt Treffer, die grundlegend über Quantenphysik informieren. Klar, Wikipedia ist immer dabei, aber auch eine Reihe weiterer Quellen.

Operatoren kombinieren
Man kann natürlich auch mehrere Operatoren kombinieren. Die Suche *climate data site:gov* und *filetype:xls* würde auf Seiten von US-Regierungsbehörden nach Excel-Dokumenten suchen, in denen die Wörter *climate* und *data* enthalten sind.

Nach Zeit, Land und Sprache filtern
Unter dem Menüpunkt Tools am rechten Rand in der Zeile unter dem Suchfeld finden sich drei weitere praktische Filtermöglichkeiten:
1. Beliebiges Land
2. Beliebige Sprache
3. Beliebige Zeit: Besonders hilfreich ist die Möglichkeit, die Suche zeitlich einzugrenzen, sogar mit einem benutzerdefinierten Zeitraum.

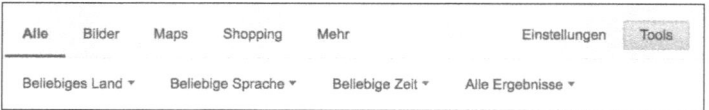

Google-Suchergebnisse lassen sich auch nach Land, Sprache und Zeit filtern.

Reiter Einstellungen
Direkt links neben den Tools steht der Menüpunkt „Einstellungen". Dort finden sich auch Links zur „Hilfe zur Suche" und zur erweiterten Suche. Einige, bei weitem aber nicht alle Operatoren, sind in der *erweiterten Google-Suche* enthalten.

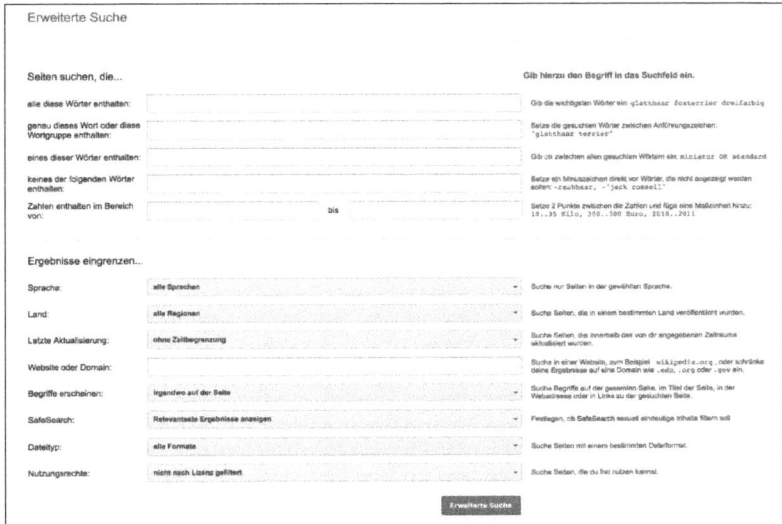

Startseite der erweiterten Google-Suche

Weitere Google-Suchen
Der Google-Index ist in verschiedene Kategorien unterteilt. Standardmäßig ist „Alle" eingestellt, das heißt, der komplette Google-Index wird durchsucht. Man kann jedoch auch in spezifischeren Kategorien suchen:

- News zeigt nur Ergebnisse von Nachrichtenseiten an, das können große wie New York Times oder Spiegel, Regionalzeitungen, aber auch Blogs sein. Google nimmt nur Seiten, die sehr aktuell sind, in die News-Suche auf.
- Bilder
- Videos
- Bücher: zeigt Titel an, die in der Google-Books-Datenbank gelistet sind. Man kann die Bücher als E-Book kaufen, meist aber auch einige Seiten als Vorschau sehen. Manchmal ist die Bücher-Suche auch hilfreich, um einen Experten zu finden, den man interviewen kann.

Hinter dem „Mehr"-Reiter verbergen sich dann noch Maps, Shopping, Flüge und Finanzen

Kategorien der Google-Suche

Wer speziell nach wissenschaftlichen Publikationen sucht, egal ob Buch oder Aufsatz, ist bei *Google Scholar* richtig. Praktisch: Man kann für einen Suchbegriff einen **Alert** erstellen und bekommt bei neuen Treffern eine E-Mail.

Alerts gibt es auch für die „normale" Suche. Unter *https://www.google.com/alerts* kann man einen oder mehrere Suchbegriffe eingeben. Direkt darunter gibt es Optionen für Häufigkeit, Quellen, Sprache, Region, Anzahl. Der letzte Punkt ist der wichtigste: Unter „Senden an" kann man auswählen, ob man für Alert-Ergebnisse eine E-Mail bekommen oder einen RSS-Feed erstellen will, den man dann in einen RSS-Reader eingeben kann.

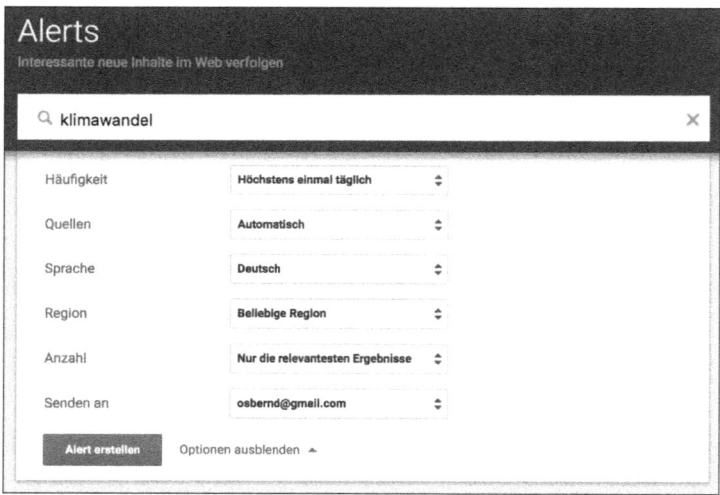

Google Alerts lassen sich genau konfigurieren.

Weitere Google-Tipps

Eine journalistische Google-Suche funktioniert im Prinzip wie eine Skulptur zu hauen. Man fängt mit groben Werkzeugen/Suchbegriffen an und verfeinert sie mit jedem Schritt. Die Suchbegriffe werden spezifischer, man grenzt die Suche zeitlich auf bestimmte Seiten oder einen bestimmten Dateityp ein.

Manchmal kann es auch helfen, kreativ zu suchen. Wenn man einen Eindruck bekommen will, wie es an einer bestimmten Adresse aussieht und ob sie in einem guten oder weniger guten Viertel liegt, kann ein Blick auf *Google Street View* nützlich sein. Und wer mit fremdsprachigen Seiten arbeiten muss, kann mit *Google Translate* zumindest eine Idee vom Inhalt bekommen.

Google bietet kostenlose Online-Kurse zur Suche an, bei denen man anhand von Videos praktische Tipps zu den Google-Funktionen bekommt.

Suchmaschinen neben Google

Zugegeben, das war jetzt sehr viel Google-Input. Einfach, weil Google die wichtigste und oft auch beste Suchmaschine ist. Aber natürlich ist nicht jeder ein Google-Freund. Und ja, mit jeder Suche füttert man Google mit Daten, vor allem, wenn man mit seinem Google-Konto angemeldet ist. Dann speichert Google die persönliche Suchhistorie und zeigt einem künftig darauf basierende Suchergebnisse an.

Selbstverständlich gibt es Alternativen. Gerade zu Beginn einer Suche kann es hilfreich sein, es mit verschiedenen Suchmaschinen zu versuchen, um ein vielfältigeres Ergebnis zu bekommen.

- *Startpage* bezeichnet sich als die „diskreteste Suchmaschine der Welt", weil es keine IP-Adressen speichert und keine Cookies setzt.
- Auch *Duckduckgo* wirbt damit, keine persönlichen Daten der Nutzer zu speichern.
- *Bing* ist die Suchmaschine von Microsoft mit sehr vielen Parallelen zu Google. Bing.de bietet nicht so viele Funktionen wie die US-Version.
- *Yahoo Search* ist die Suchmaschine von Yahoo, ebenfalls mit vielen Ähnlichkeiten zu Google
- *WolframAlpha* ist eine rechnende Wissensmaschine: Sie liefert direkt Antworten auf in englisch eingegebene Fragen, etwa „prime minister New Zealand". Man erhält eine Art Datenblatt zu Amtsinhaberin Jacinda Ardern.

Meta-Suchmaschinen

Gleich mehrere Fliegen mit einer Klappe schlägt, wer Meta-Suchmaschinen verwendet. Meta-Suchmaschinen fragen gleichzeitig die Suchergebnisse mehrerer anderer Suchmaschinen ab und stellen daraus komplett neue Suchergebnisse zusammen.

Die bekannteste deutsche Meta-Suchmaschine heißt *MetaGer*. Die vom gemeinnützigen SUMA-EV – Verein für freien Wissenszugang entwickelte Seite fragt bis zu 50 Suchmaschinen ab; welche das sind, kann der Nutzer manuell über einen Klick auf das „+"-Symbol konfigurieren.

Suchschlitz von MetaGer, der bekanntesten deutschen Meta-Suchmaschine

Standardmäßig ist die Suche auf „Web" eingestellt, man kann die Ergebnisse jedoch auch nach News/Politik, Wissenschaft oder Produkten filtern. MetaGer legt großen Wert auf die Privatsphäre seiner Nutzer und speichert weder IP-Adresse noch den Fingerabdruck des Browsers. Außerdem verzichtet MetaGer auf Cookies und Tracker.

Für den deutschsprachigen Raum ist auch *eTools.ch* eine gute Wahl. Die Meta-Suchmaschine aus der Schweiz fragt 16 Suchmaschinen ab (u. a. Google, Bing, DuckDuckGo, Yahoo und Yandex). Für jede dieser Suchmaschinen lässt sich einstellen, wie stark ihre Ergebnisse gewichtet werden sollen.

Suche im Deep Web

Eine Einschränkung gibt es bei (Meta-)Suchmaschinen: Sie durchsuchen nur den sichtbaren Bereich des Webs, das **Surface Web**. Sie haben keinen Zugang zum sogenannten **Deep Web**, dem Teil des Internets, der durch Passwörter oder Bezahlschranken geschützt ist oder Suchmaschinen bewusst aussperrt: Per robots.txt-Datei können Seitenbetreiber den Robots verbieten, bestimmte Seiten oder Verzeichnisse zu durchsuchen. Auch viele (wissenschaftliche) Datenbanken zählen zum Deep Web, das weit größer als das Surface Web.

Schätzungen zufolge ist das Deep Web etwa 500 mal so groß wie das Surface Web.

Bei der Suche nach der passenden **Datenbank** ist das *Datenbankinformationssystem (DBIS) der Uni Regensburg* Gold wert: Hier sind mehrere Tausend Datenbanken aufgelistet, nicht nur deutsche, sondern auch internationale Datenbanken. Einige davon sind frei übers Web zugänglich, andere nur für Mitarbeiter von Universitäten. Man kann sich entweder eine alphabetisch sortierte Liste nach Fachbereichen anzeigen lassen oder sucht nach (grob gewählten) Schlagworten. Die thematisch feinere Suche nimmt man dann in der Datenbank selbst vor.

2.5 Digitale Detektivarbeit: überprüfen und verifizieren

Informationen zu sammeln, ist der erste Schritt der Recherche. Nun muss der Journalist überprüfen, ob die Informationen richtig, verzerrt, teilweise oder sogar komplett falsch sind. Diese Aufgabe ist so wichtig wie nie zuvor, denn speziell im Internet kursieren jede Menge unhaltbarer Behauptungen, Gerüchte, Lügen oder Verschwörungstheorien. Durch soziale Netzwerke verbreiten sie sich besonders schnell, vor allem, wenn es sich um einen Post handelt, dessen Botschaft und/oder optische Aufbereitung Aufsehen erregt. Speziell der Facebook-Algorithmus sorgt dafür, dass emotionale Inhalte besonders häufig angezeigt werden. Er wertet Klicks und Interaktionen wie Kommentare, Likes und Shares als Signal für Relevanz und zeigt Meldungen mit hoher Interaktionsrate bevorzugt an. Dieses Phänomen war vor allem beim Brexit-Referendum und im US-Präsidentschaftswahlkampf 2016 zu beobachten. Das Problem mit den „Fake News" wird seither heiß debattiert. Wobei der Begriff sehr schnell sehr unscharf geworden ist. Ursprünglich sind mit „Fake News" frei erfundene Meldungen gemeint gewesen. Bald wurde der Begriff aber für fast jede Form von unsachlicher oder irreführender Information gebraucht.

Für Journalisten gibt es also viel zu überprüfen, um der Wahrheit Gehör zu verschaffen. Das geht einerseits mit gesundem Menschenverstand, immer mehr spielen dabei aber auch digitale Techniken eine Rolle. Im Wesentlichen lässt sich hier zwischen Fact-Checking und Verifikation unterscheiden. Beim **Fact-Checking** geht es darum, Aussagen und Behauptungen von Personen oder Organisationen des öffentlichen Interesses auf ihre sachliche Richtigkeit zu überprüfen. Bei der **Verifikation** geht es im Kern darum, schrittweise – sowohl auf inhaltlicher als auch auf technischer Ebene – zu bestätigen, dass eine Information richtig ist. Bei diesem Prozess deckt man häufig Lügen, Falschbehauptungen, Manipulationen etc. auf. Insofern ist Verifikation in der Praxis oft eine Falsifikation – zwei Seiten der selben Medaille. Im Gegensatz zum Fact-Checking geht es bei der Verifikation oft um Aufsehen erregende Inhalte von unbekannten Personen – besonders dann, wenn diese Inhalte sich schnell verbreiten und so die Meinungsbildung beeinflussen. Wo die Grenze zwischen Ignorieren und Einschreiten verläuft, liegt im Ermessen des Journalisten.

Fact-Checking
Das Fact-Checking dreht sich wieder um die sieben W-Fragen, die wir in Kapitel 2.2 angesprochen haben. Unter dem Gesichtspunkt der Überprüfung kann man die Fragen noch weiter fassen. Besonders wichtig ist es, den Kontext von Aussagen zu überprüfen.

1. Wer?
Wer hat etwas gesagt? Eine Einzelperson? Eine Organisation? Sind Person oder Organisation bekannt bzw. prominent? Wenn nicht: Was kann ich über sie herausfinden, z. B. anhand des Impressums? Kann ich – am besten telefonisch – Kontakt aufnehmen? Auch eine Google-Suche kann helfen, sich ein Bild von einer Person oder Organisation zu machen.

2. Was?
Was sagt der Absender? Steht im Text überhaupt das, was in der Überschrift behauptet wird, oder ist die Überschrift überdreht? Welche Aussagen trifft der Absender? Werden die Aussagen belegt – und wenn ja wie? Wenn nicht, muss der Journalist weiterrecherchieren, in welchem Maß die Aussagen zutreffen oder nicht. Dabei geht es auch oft um Zahlen und Statistiken, auf die Journalisten einen besonders kritischen Blick werfen sollten (Näheres dazu im Kapitel 2.6 „Datenjournalismus").

Das „Was" sollte man beim Fact-Checking noch weiter fassen, im Sinne von: Was bedeutet das? Hier geht es darum, Aussagen und Entscheidungen im Kontext zu betrachten, Zusammenhänge herzustellen und mögliche Folgen aufzuzeigen. An wen richtet sich die Aussage? Wen betrifft eine Entscheidung? Wer profitiert davon bzw. wem schadet sie? Wird in der Aussage eine Kausalität zwischen Fakten hergestellt? Wenn ja, gibt es diese Kausalität tatsächlich? In welchem Kontext steht die Aussage? Ist sie ausgewogen, stark verkürzt, verzerrt oder schlicht und einfach falsch? Was muss der Leser bzw. Nutzer noch wissen, um die Aussage besser verstehen bzw. einordnen zu können?

3. Wie?
Für das Verständnis einer Nachricht ist es wichtig zu wissen, wie der Akteur etwas gemacht hat. Wie hat eine Partei die Wahl gewonnen? Wie hat Unternehmen XY Steuern hinterzogen? Oft geht es dabei um das „wie genau?". Die Details machen hier den Unterschied aus, vor allem dann, wenn Sie diese Details schneller als die Konkurrenz liefern. Das „wie genau?" kennzeichnet viele Service-Geschichten: Wie funktioniert die neue Abgas-Software von VW? Wie funktioniert das neue Tarifsystem in Ihrem Nahverkehrsverbund?

4. Warum?
Welche Motivation steckt hinter einer Aussage? Welches Interesse verfolgt der Absender damit? Geht es um Aufmerksamkeit (der eigenen Zielgruppe, der Öffentlichkeit), handelt es sich um eine Provokation, sind wirtschaftliche Interessen im Spiel, geht es politische Einflussnahme, will der Absender von etwas ablenken, will er jemanden angreifen oder sich selbst verteidigen? Oder will jemand einfach nur Spaß machen? (Achtung: Nicht auf Satire hereinfallen!)

5. Wann?
Wann wurde die Aussage getroffen? Wann wurde sie veröffentlicht? Das kann deckungsgleich sein, muss es aber nicht. Welche Informationen waren zu dem Zeitpunkt bekannt – und welche nicht?

6. Wo?
Die Frage, wo jemand etwas gesagt hat, ist meistens nicht so wichtig wie die anderen W-Fragen. Sie kann aber Rückschlüsse auf den Kontext einer Aussage liefern. Im VW-Werk wird sich die Bundeskanzlerin vermutlich anders zur Diesel-Affäre äußern, als wenn sie vor der Bundespressekonferenz sitzt.

7. Woher stammt die Information?

Ist der Absender selbst die Quelle oder beruft er sich auf jemanden? Wenn ja, auf wen? Existieren die genannten Quellen? Wo sitzen sie? Sind die Aussagen von unabhängiger Seite und/oder Behörden bestätigt worden? Mit Quelle ist hier die Primärquelle gemeint, also der originäre Urheber einer Aussage. Wikipedia zum Beispiel ist keine Primär-, sondern eine Sekundärquelle, weil sie als Lexikon immer über etwas schreibt bzw. andere Quellen zitiert. Die Qualität von Wikipedia-Artikeln schwankt zwischen exzellent und grottenschlecht. Sie eignet sich für Journalisten am ehesten, um sich zu Beginn der Recherche einen Überblick über ein Thema zu verschaffen. Ziel sollte es aber immer sein, Primärquellen zu kontaktieren.

Um all diese Fragen zu beantworten, brauchen Journalisten Zeit. Die für Recherche zur Verfügung stehende Zeit hat jedoch in vielen Redaktionen abgenommen. Schnelligkeit ist im journalistischen Wettbewerb ein wichtiges Kriterium, das allerdings oft zu Lasten der Qualität geht. Dabei ist die journalistische Sorgfaltspflicht besonders wichtig, um nicht auf Fälschungen oder Manipulationen hereinzufallen. Deswegen gilt für Journalismus im Netz mehr denn je der alte Grundsatz der Nachrichtenagentur United Press International: „It's good to be first, but first you have to be right." (Dt.: Es ist gut, zuerst da zu sein, aber zuerst muss man einmal Recht haben.)

In der Branche ist allerdings umstritten, ob es nützlich ist, Falschbehauptungen oder Lügen tatsächlich richtigzustellen. Denn bei der Richtigstellung muss ja in irgendeiner Form auch die Falschbehauptung wiederholt werden. Dabei besteht die Gefahr, dass sie sich verstärkt oder festsetzt. Als Journalist können Sie das vermeiden, indem Sie diese drei Tipps beherzigen:

1. Statt die Lüge zu wiederholen, verwenden Sie in der Überschrift lieber die zutreffenden Fakten.
2. Wenn jemand lügt, schreiben Sie schon in der Überschrift, dass er lügt – ohne die Lüge zu wiederholen. Fahren Sie direkt mit der Richtigstellung fort.
3. Arbeiten Sie wenn möglich mit Grafiken, die die zutreffenden Fakten wiedergeben.

Gerade 2017 haben viele Redaktionen Fact-Checking stärker als sonst betrieben und eigene Formate dafür geschaffen. Ich greife stellvertretend zwei Angebote heraus:

1. Die Tagesschau enttarnt auf ihrem *Faktenfinder-Portal* Falschmeldungen. Daneben gibt es aber noch zwei weitere Rubriken: „*Hintergrund*" sammelt Artikel, die bestimmte Phänomene grundsätzlich erklären, oft auch die Vorgeschichte erwähnen. „*Tutorials*" ist der Service-Part des Faktenfinders: Hier geben die ARD-Mitarbeiter praktische Tipps, wie man Fake News, manipulierte Statistiken oder social bots erkennt – oft auch in leicht verständlichen Videos, die mit Animationen arbeiten.
2. Auf *Echtjetzt – der Correctiv-Faktencheck* können Nutzer eine URL zu einer zweifelhaften Geschichte eintragen. Die Redaktion geht dem nach, wenn sie es für relevant genug hält. Correctiv macht seine Arbeit sehr transparent, vor allem, was die *Überprüfungsmethode* betrifft. Die *Bewertung* von überprüften Artikeln erfolgt anhand einer siebenstufigen Skala, die von „richtig" bis „völlig falsch" reicht. Das erinnert ein wenig an die US-Seite „*Politifact*", die als Ur-Vater der politischen Fact-Checking-Seiten angesehen werden kann.

Verifikation: Wie man Manipulationen im Netz aufdeckt
Bei der Verifikation geht es oft darum, Manipulationen aufzudecken. Deswegen ist hier noch stärker als beim Fact-Checking technisches Know-how gefragt. Im Folgenden stelle ich ein paar Tools und Techniken vor, die diese digitale Detektivarbeit erleichtern.

Falsche Identitäten im Netz
Im Netz, speziell auf sozialen Netzwerken, ist es ein Kinderspiel, sich als jemand auszugeben, der man nicht ist. Ein Foto ist schnell geklaut, der Nutzername auch, fertig ist der Fake-Account. Gerade bei prominenten Personen ist das häufig der Fall. So gibt es auf Twitter 'zig Angela Merkels, aber keine einzige davon ist die echte.
Gerade auf Facebook und Twitter sollte man zuerst schauen, ob es sich um einen sogenannten verifizierten Account handelt oder nicht. An einem weißen Haken auf blauem Grund ist erkennbar, dass es tatsächlich um den Account der prominenten Person oder Institution geht. Die Netzwerke haben in diesem Fall selbst die Identität überprüft. Wenn dieser weiße Haken fehlt, heißt das aber noch nicht automatisch, dass es ein Fake-Profil ist. Es gibt auch echte

Profile, die eben noch nicht von den Netzwerken verifiziert wurden. Manchmal kann schon eine einfache Google-Suche nach Berichten über einen Fake-Account helfen. Doch es gibt noch weitere Wege, Original und Kopie voneinander zu unterscheiden:

- Der **Nutzername** kann ein erstes Indiz liefern: Wenn er erkennbar ironisch ist oder eine hohe Zahl wie „Angela Merkel 23" hat, ist oft schon klar, dass hier ein Spaßvogel am Werk ist.
- Das Gleiche gilt für unvorteilhafte **Profilfotos**. Die PR-Berater von Promis achten immer auf ansehnliche, gut inszenierte (Profil-)Fotos.
- Die **Selbstbeschreibung** eines Profils lohnt einen Blick. Manchmal steht hier, dass es sich um einen Parodie-Account handelt. Manchmal klingt aber auch an dieser Stelle alles offiziell und täuschend echt. Selbst ein dort angegebener Website-Link entlarvt einen Fake-Account noch nicht eindeutig. Ein falscher Account kann ja immer noch den Link zur richtigen Website setzen.

Hier lohnt sich der umgekehrte Check: Gibt es auf der Website von *www.bundesregierung.de* einen Link zum entsprechenden Social-Media-Profil? Aber selbst eine Website kann man fälschen. Falls es hier Zweifel gibt, lohnt eine „Who-Is"-Abfrage, das heißt eine Auskunft, wer eine Website registriert hat. In Deutschland ist dafür die *Denic* zuständig. Seit die Europäische Datenschutzgrundverordnung in Kraft getreten ist, ist Denic nicht mehr ohne weiteres nutzbar. Journalisten erhalten von der Denic dann weiterhin Auskünfte über den Inhaber einer Domain, sofern sie ein journalistisches Interesse nachweisen können, das die Interessen am Schutz personenbezogener Daten des Domaininhabers überwiegt. Um zu erfahren, wie die Registrierungsstelle für Top Level Domains anderer Länder heißt, hilft der Who-Is-Service der Internet Assigned Numbers Authority (*IANA*) weiter. Für Top-Level-Domains, die keinerlei Rückschlüsse auf das Ursprungsland zulassen, wie etwa .com, gibt es internationale Who-Is-Verzeichnisse wie das *WHOIS.com* oder *Domaintools*. Wenn man weiß, wer hinter einer Website steckt, kann man sich Gedanken über die Interessen machen, die der- oder diejenige mit der Seite bzw. einer bestimmten Meldung bezweckt.

Es gibt natürlich auch Fälle, in denen nicht die (vermeintliche) Prominenz des Absenders im Mittelpunkt steht, sondern der Inhalt brisant oder interessant ist. Wie erkenne ich nun, ob der Absender eine vertrauenswürdige Quelle ist und die Inhalte stimmen? Auch hier lohnt sich ein Blick auf die Profilinformationen. Darüber hinaus ist jede weitere Information über den Absender wertvoll:

- Hat er eine eigene Website, ein Blog, Profile in sozialen Netzwerken?
- Wer steht dort jeweils im Impressum?
- Steckt eine Organisation oder eine Lobby dahinter? Wenn ja, welche?
- Geben diese Präsenzen ein stimmiges Gesamtbild, sprich: Ist ein inhaltlicher Schwerpunkt und eventuell eine Expertise erkennbar?

Wenn ein Post nach Breaking News klingt, thematisch aber gar nichts mit dem sonstigen Schwerpunkten zu tun hat, ist Vorsicht geboten. Das Gleiche gilt, wenn ein Profil sehr jung ist und gleich mit Insider-Informationen aufwartet. Hier liegt der Verdacht nahe, dass das Profil eigens geschaffen wurde, um Falschinformationen zu verbreiten.
Aufschlussreich kann ein Blick auf die Gefolgschaft des Accounts im jeweiligen sozialen Netzwerk sein. Hat er sehr viele oder sehr wenige Follower? Noch wichtiger: Folgen ihm bekannte und verifizierte Accounts? Natürlich ist das keine Garantie, aber es ist doch unwahrscheinlich, dass gleich mehrere arrivierte Accounts einem unseriösen folgen.

Vorsicht vor sensationsheischenden Inhalten
Besonders skeptisch sollte man auch sein, wenn der Inhalt zu gut oder zu spektakulär klingt, um wahr zu sein. Etwa die vermeintliche App „Rumblr", mit der man sich angeblich zu einem Straßenkampf verabreden konnte. Wenn Ihnen etwas spanisch vorkommt, googeln Sie den Sachverhalt in Kombination mit den Keywords „Fake" oder „Hoax". Das reicht oft schon, um eine Fälschung zu erkennen. Aufklärungsarbeit in Sachen Fakes und Hoaxes liefern auch Seiten wie *Hoaxmap.org* (hier geht es um Gerüchte über Asylsuchende), *Mimikama.at*, *snopes.com* oder der *Hoax-Info-Service* der TU Berlin.

Wenn der konkrete Fall dort (noch) nicht gelistet ist, sollten Sie versuchen, Kontakt zum Urheber der fraglichen Information aufzunehmen. Wenn ein Anruf nicht möglich ist, weil sich keine Telefonnummer recherchieren lässt, sollte man den Urheber direkt im Netzwerk ansprechen oder eine Mail mit der Bitte um Kontaktaufnahme oder Übermittlung einer Telefonnummer schicken. Je nach Standort von Urheber und Journalist ist unter Umständen sogar eine persönliche Begegnung denkbar.

Wenn jemand eine spektakuläre Information über eine bekannte Person oder Institution verbreitet, ist es am besten, bei dieser Person oder Institution direkt nachzufragen, ob die Information zutrifft. Falls das alles nichts fruchtet, gilt: Lieber die Finger davon lassen und nicht darüber berichten. Es bringt nichts, eine unbestätigte Information mit dem Hinweis, dass sie eben noch nicht verifiziert werden konnte, weiter zu kolportieren. Zu groß ist die Gefahr, dass das Gros der Leser den Inhalt eben doch für bare Münze nimmt. Der journalistischen Glaubwürdigkeit erweist man damit einen Bärendienst.

Was verrät der Code über Manipulationen?

Fotos und Videos
Fotos sind im Netz sehr beliebt. Das liegt daran, dass sie schneller zu erfassen sind als Text. Viele Nutzer messen Fotos eine Beweiskraft bei. Die Geschichte der Fotomanipulation ist aber so alt wie die Geschichte der Fotografie selbst, und gerade digitale Fotos lassen sich leicht manipulieren: Das geht bei optischen (Schönheits-)Korrekturen los (der Star lässt seine Falten „photoshoppen"). Schwerwiegender sind Fälle, bei denen Inhalte hinzugefügt (eine weitere Rakete) oder entfernt werden (missliebige Personen), um die Aussage des Fotos im gewünschten Sinne zu verändern. Häufig wird ein Motiv kaum oder gar nicht verändert, allerdings in einem vollkommen fremden Kontext verwendet, oft mit der Absicht, es für eigenen Zwecke zu instrumentalisieren. Für viel Aufsehen sorgte 2016 die damalige CDU-Bundestagsabgeordnete Erika Steinbach, die das Bild eines kleinen weißen Jungen inmitten von farbigen Mädchen twitterte, garniert mit der Überschrift: „Deutschland 2030 – Woher kommst du denn?" Damit implizierte Steinbach eine „Überfremdung" Deutschlands. Dem damaligen NDR-Redakteur Fiete Stegers ließ das keine Ruhe: Er recherchierte wochenlang, um herauszufinden, wer der Urheber des Bildes war. Seine Hartnäckigkeit wurde am Ende belohnt: Er fand heraus, dass das Foto bei einem Besuch einer australischen Familie in einem indischen Kinderheim entstand. Das Foto „zeigt das Miteinander verschiedener Kulturen und von Menschen, die verschiedene Sprachen sprechen", sagte die Mutter des abgebildeten Jungen. Die Familie hatte also eine komplett andere Intention als Erika Steinbach (und viele andere Menschen, die das Bild ebenfalls in einem fremdenfeindlichen Kontext verwendet haben).

Mit diesem Tweet sorgte die frühere CDU-Bundestagsabgeordnete Erika Steinbach 2016 für Aufregung.

Um ein Foto zu verifizieren – oft ist es eigentlich ein „Falsifizieren" –, sollten Journalisten die folgenden fünf Fragen möglichst genau beantworten:

1. Sehe ich das Original-Foto?
2. Wer hat das Foto aufgenommen?
3. Wo wurde das Foto aufgenommen?
4. Wann wurde das Foto aufgenommen?
5. Warum wurde das Foto aufgenommen?

Für die Verifikation eines Videos gilt das Gleiche.

Die Antworten können zumindest teilweise in den Metadaten der Fotos bzw. Videos stecken. (Bei Fotos spricht man von EXIF-Einträgen. EXIF steht für Exchangeable Image File Format.) Allerdings sind diese nicht immer vorhanden, denn die meisten sozialen Netzwerke löschen die Metadaten aus den Fotos. Auf Webseiten und Blogs hat man in der Regel bessere Chancen, noch Foto-Metadaten zu finden. Wenn möglich, sollte man versuchen, den „Uploader" oder noch besser den Urheber des Fotos direkt nach der Original-Datei zu fragen.

Bei Bildern kann eine umgekehrte Bildersuche („Reverse Image Search") Wunder wirken: Dazu lädt man das fragliche Bild auf Seiten wie *tineye.com* hoch (oder gibt nur die URL des Bildes ein) und sortiert nach Datum. Oft wird so klar, dass ein Bild schon viel älter ist als behauptet wird, also nicht wirklich etwas mit dem kolportierten Ereignis zu tun hat. Auch Google bietet unter *images.google.de* eine umgekehrte Bildersuche an. Per Klick auf das Kamera-Symbol kann man auch hier ein Bild hochladen oder die URL einfügen. Sehr gute Ergebnisse - vor allem für den osteuropäischen Raum sowie Russland und seine Nachbarstaaten - liefert *yandex.com*.

Ein Video wiederum ist nichts anderes als eine Aneinanderreihung von Bildern (zwischen 24 und 30 Bildern pro Sekunde). Tools wie der von Amnesty International entwickelte *YouTubeDataViewer* funktionieren nach dem gleichen Prinzip. Sie zerlegen das Video in seine einzelnen Fotos und führen für diese eine umgekehrte Bildersuche durch. Darüber hinaus zeigen sie weitere Metadaten des untersuchten Videos an, darunter Upload-Datum und -Zeit.

Noch mächtiger ist das für Firefox und Chrome erhältliche Plugin *InVid*. Es liefert mehr Metadaten und Thumbnails als der YouTubeDataViewer und hat mehrere Reverse-Image-Search-Suchmaschinen angebunden.

Ein weiterer Tipp: Die Deutsche Welle hat zusammen mit einer griechischen Firma den Image Verification Assistant entwickelt. Unter *http://reveal-mklab.iti.gr/reveal/* kann man ebenfalls Bilder hochladen oder per URL eingeben und bekommt – so noch auf dem Bild vorhanden – ausführliche Metadaten-Informationen, unter anderem das Aufnahmedatum, eine Bildbeschreibung, Größe und Breite, Kameramodell, Blende, Belichtungszeit, Name des Urhebers, Bearbeitungsdatum, GPS-Koordinaten, Datums- und Zeitstempel. Ähnliche Dienste leistet *Jeffrey's Image Metadata Viewer*. Die GPS-Koordinaten verrieten 2012 auch den US-Softwareunternehmer John McAffee. McAffee war auf der Flucht vor den US-Behörden und gab im guatemaltekischen Exil dem US-Magazin Vice ein Interview. Vice-Redakteur Rocco Castoro machte dabei mit seinem iPhone ein Foto von McAffee. Das iPhone speichert standardmäßig auch die Geodaten einer Aufnahme, in diesem Fall ein Hotel im Nationalpark Rio Dulce. Da Vice das Foto samt Metadaten auf seine Website stellte, war es mit McAffees Versteckspiel vorbei.

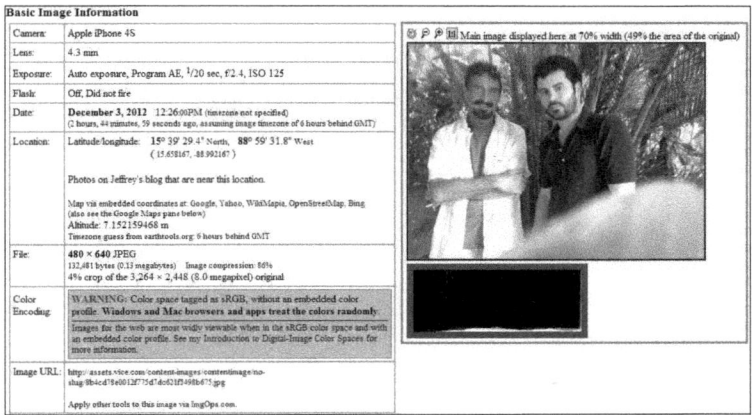

Rechts: Das Foto von Vice-Redakteur Castoro mit John McAffee. Links: die Metadaten des Fotos, angezeigt im Tool Jeffrey's Image Metadata Viewer.

Nicht ins Bockshorn jagen lassen sollten sich Journalisten, wenn ein Social-Media-Post mit „hellseherischen" Fähigkeiten, das heißt vermeintlich schon vor einem Ereignis mit Nachrichtenwert gepostet wurde. Das hat oft mit einer anderen Zeitzone zu tun. Wolfgang Wichmann von *tagesschau.de* hat ein *Tutorial* geschrieben, wie man auf Twitter via Zeitstempel erkennen kann, wann ein Tweet tatsächlich veröffentlicht wurde. Die Kurzversion: Man muss im Quelltext nach dem „data-time" genannten Zeitstempel suchen und diesen mit einem Converter wie z. B. dem *„EpochConverter"* in eine „lesbare" Zeit umwandeln. Bei Facebook heißt der Zeitstempel „data-utime", bei YouTube-Videos lässt er sich über den oben erwähnten *YouTubeDataViewer* auslesen.

Ortsangaben überprüfen

Oft stellt sich beim Verifizieren die Frage, ob ein Foto bzw. Video tatsächlich von dem Ort stammt, der angegeben wird. Falls in den Metadaten keine Koordinaten stehen, können Kartendienste weiterhelfen. Auf Google Maps kann man zum Beispiel den Ort eingeben, woraufhin ein Marker erscheint. Im zweiten Schritt kann man die Street-View-Funktion nutzen: Dazu zieht man die orangefarbene Figur vom rechten unteren Bildrand auf den Marker. Daraufhin springt man sozusagen mitten ins Geschehen und bekommt eine 360-Grad-Ansicht des Ortes, kann also selbst einen Abgleich vornehmen. Allerdings muss man natürlich beachten, dass das nicht live ist: Street View zeigt ein Foto an; links oben steht, wie alt es ist. Eventuell gibt es auch mehrere Aufnahmen dieses Ortes. In diesem Fall ist ein Uhrensymbol zu sehen. Wenn man dieses anklickt, erscheint eine Zeitleiste mit allen verfügbaren Aufnahmen dieses Ortes. Aktualität und Quantität des Fotomaterial auf Google Street View sind von Land zu Land unterschiedlich. Aber einen Versuch ist es wert.

Praktisch ist Google Maps auch, um Entfernungen zu messen. Wenn man einen Ortsmarker ausgewählt hat, kann man mit einem Klick auf die rechte Maustaste das Kontextmenü öffnen und dort ganz unten die Option „Entfernung messen" auswählen. Wenn man nun einen zweiten Punkt auf der Karte markiert, zeigt Google Maps die Entfernung an.

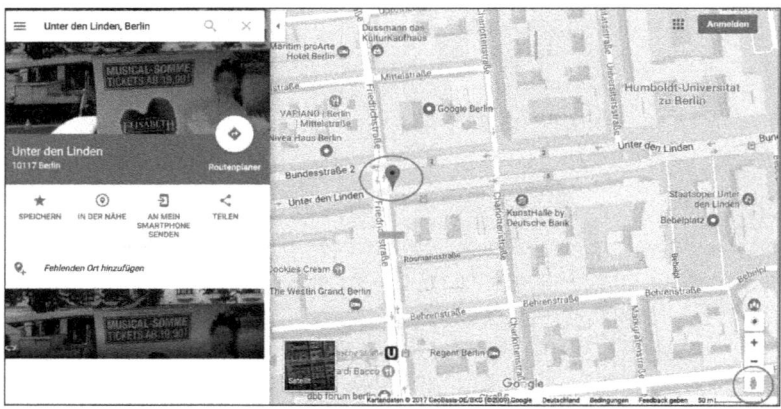

Screenshot von Google Maps: In der Mitte ist der Ortsmarker für die Adresse Unter den Linden, Berlin. Rechts unten eingerahmt die Street View Figur, die man per Drag-and-Drop auf den Ortsmarker ziehen kann, um eine Panorama-Ansicht zu bekommen.

Die Verifikation eines Fotos kann eine ziemliche Detektivarbeit sein. Verkehrsschilder, Geschäftsschilder, Autokennzeichen, Straßennamen, Haltestellen, Kleidung, Vegetation, Gegenstände im Bild und auch das Wetter können Hinweise liefern, ob es sich tatsächlich um den angegebenen Ort handelt. Die First Draft Coalition, ein internationales Netzwerk von mehr als 40 Redaktionen, das sich der Verifizierung verschrieben hat, bietet auf ihrer Website viele nützliche Tutorials an. Dazu gehört die *„Observation Challenge"*, die darin besteht, die Fotos anhand der abgebildeten Gegenstände und Motive Ländern bzw. Städten zuzuordnen.

Ob das Foto zu dem Zeitpunkt passt, um den es in der Berichterstattung geht, kann man auch anhand von Wetterdaten nachprüfen. So bietet die semantische Suchmaschine *WolframAlpha* zum Beispiel die Möglichkeit, das Wetter zu einem Ort an einem bestimmten Tag zu einer bestimmten Uhrzeit abzufragen: weather Berlin 10.07.2018 11.45. Wenn es zu diesem Zeitpunkt geregnet hat, es auf dem zu überprüfenden Bild aber sonnig ist, ist das schon ein starker Hinweis, dass das Bild nicht vom angegebenen Zeitpunkt stammt. Noch genauer checken kann man das Wetter auf *Sonnenverlauf.de*: Die Seite zeigt für jeden beliebigen Ort und jede beliebige Zeit den Stand der Sonne und die Länge des Schattens an. So kann man überprüfen, ob die Lichtverhältnisse und der Schattenwurf auf einem Foto plausibel sind.
Auch die dpa verwendete im Sommer 2018 sonnenverlauf.de, als es darum ging, ein Video aus Chemnitz zu verifizieren, das Übergriffe auf Migranten zeigte.

Seit Juli 2017 bietet der *Deutsche Wetterdienst* einen Teil seiner Wetterdaten auf einem Open-Data-Server an. Die frei zugänglichen Geodaten dürfen kostenlos verwendet werden, wenn man die Quelle angibt.

Besonders interessant für Journalisten, die User Generated Content verifizieren wollen, ist die von der Deutschen Welle zusammen mit dem griechischen ATC Innovation Lab entwickelte Anwendung Truly Media. Die Anwendung besticht dadurch, dass sie viele Verifikations-Tools wie Google Maps, Wetterdaten von WolframAlpha, die Domain-Registrationsstelle WhoIs oder Tools zur umgekehrten Bildersuche wie Tin Eye oder Google Reverse Image Search unter einem Dach vereint hat. Außerdem kann man Teams bilden, um Inhalte in einem dreistufigen Verfahren gemeinsam zu verifizieren. Die Redaktionen von BR, DW, dpa, Tagesschau, WDR, MDR und Correctiv gehörten zu den Beta-Testern. Auf *http://www.truly.media/* kann man eine Lizenz für seine Redaktion beantragen.

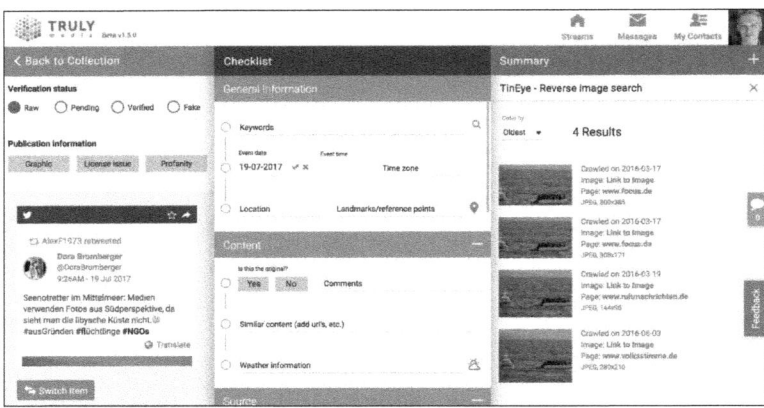

So sieht die Verifizierungs-Seite im Backend von Truly Media aus

Die Deutsche Welle ist neben ARD, ZDF, dpa und Zeit Online einer der fünf deutschen Partner der *First Draft Coalition*. Die Seite bietet viele Tutorials und Leitfäden an, die meisten auf Englisch, einige aber auch auf Deutsch. Sehr praktisch ist die *Verification Toolbox*, die einige der gängigsten Verifikations-Tools auf einer Seite vereint. Noch umfangreicher ist das *Verification Toolset*, das DW-Mitarbeiterin Julia Bayer gesammelt hat.

Frühere Versionen einer Seite checken
Manchmal wollen Menschen etwas vertuschen, indem sie unangenehme Inhalte wieder löschen. Es gibt online aber mehrere Wege, einen „Blick in die Vergangenheit zu werfen". Zum einen der im Suchmaschinen-Kapitel angesprochene **cache-Operator von Google**. Zum anderen das *Internet Archive*: Dort kann man eine URL eingeben, und die Wayback Machine fördert frühere Versionen der Seite zutage.

Spannend für Journalisten können die „Edit-Wars" auf Wikipedia sein: Damit sind häufige Änderungen eines **Wikipedia**-Eintrags gemeint, bei denen wohlmeinende Änderungen mit böswilligen Änderungen beantwortet werden und umgekehrt – je nachdem, wie lange die jeweiligen Lager motiviert sind. Deswegen hat jeder Wikipedia-Eintrag rechts oben einen Reiter namens „**Versionsgeschichte**", der zeigt, welcher Autor welche Änderung vorgenommen hat. Es lassen sich auch verschiedene Versionen vergleichen. Lohnen kann sich auch der Blick auf die „Diskussionen"-Seite, auf der über Änderungen,

Ergänzungen und Verbesserungen diskutiert wird. So kann man sich ein besseres Bild über Qualität und Ausgewogenheit eines Eintrages machen.

Kläre auf und berichte darüber!
Wie leicht Lügen, Manipulationen und Desinformationen verfangen, hängt natürlich immer auch vom Wissensstand der Leser ab. Deswegen setzen viele Medien darauf, die Medienkompetenz ihres Publikums zu steigern. Zum einen, indem sie Tipps, wie ich sie hier gegeben habe, veröffentlichen. Zum anderen, indem sie darüber berichten, wer in welchem Stil und mit welcher Motivation erfundene, verzerrte oder einseitige Behauptungen in die Welt setzt. In beiden Fällen gilt also: Kläre auf und berichte darüber!

2.6 Datenjournalismus: Recherchetechnik des 21. Jahrhunderts

Wer über Digitaljournalismus spricht, spricht automatisch auch über Datenjournalismus. Denn durch die Digitalisierung fallen in allen Bereichen des (öffentlichen) Lebens Unmengen von Daten an. Und in diesen Daten stecken spannende Geschichten. Geschichten, die (Daten-)Journalisten zutage fördern müssen. Dabei machen Datenjournalisten im Prinzip die gleichen Schritte wie in den Kapiteln 2.2 – 2.5: Sie stellen Recherchefragen, suchen Daten und überprüfen sie. Allerdings spielt die Technik im Datenjournalismus eine deutlich größere Rolle, vor allem bei Recherche, Auswertung und (visueller) Aufbereitung.
Schauen wir uns als Erstes drei gute Beispiele für Datenjournalismus aus Deutschland an:

1. Zum 25. Jahrestag der Wiedervereinigung hat Zeit Online 2015 untersucht, wo es nach wie vor große Unterschiede zwischen West- und Ostdeutschland gibt. Datenbasis für das Feature *„Das geteilte Land"* sind überwiegend, aber nicht nur, amtliche Statistiken. Herausgekommen sind eine Menge Karten und Infografiken, die unterschiedliche Verhaltensmuster zwischen West und Ost zeigen: bei Urlaubszielen, Waffenbesitz oder Kinderbetreuung etwa.

2. Die Berliner Morgenpost ist darauf spezialisiert, Daten bis aufs Wohnviertel herunterzubrechen. In „*M29 – Berlins Buslinie der großen Unterschiede*" zeigt die Redaktion anhand der 45 Haltestellen des Busses M29, wie sich die Bevölkerungsstruktur verändert, je weiter der Bus in Richtung Osten fährt. (Es handelt sich ausschließlich um West-Berliner Bezirke.) Anhand von 10 Statistiken, zum Beispiel zu Wahlverhalten, Alter, Arbeitslosenrate oder Einkommen, sieht man, dass die westlicheren Stadtviertel wohlhabender sind.
3. Für die Geschichte „*Wir müssen draußen bleiben. Warum Hanna zur Besichtigung eingeladen wird und Ismail nicht*" haben der Bayerische Rundfunk und der Spiegel ein Experiment gestartet: Mit den fiktiven Profilen „Hanna Berg" und „Ismail Hamed" haben sich die Redakteure auf Wohnungsanzeigen in ganz Deutschland beworben und die rund 8000 Antworten daraufhin ausgewertet, wer von beiden häufiger zu einer Wohnungsbesichtigung eingeladen wird. „Hanna und Ismail" ist ein gutes Beispiel dafür, dass Journalisten auch selbst Daten erheben können.

Es gibt, gerade im englischsprachigen Raum, einige Journalisten, die die Auffassung vertreten, dass man erst von Datenjournalismus sprechen kann, wenn dabei ein eigener Datensatz entwickelt wird. Sei es durch eigene Datenerhebung (wie bei Hanna und Ismail), durch die Kombination verschiedener Datensätze oder durch Daten in außergewöhnlichen Formaten oder Mengen, wie John Burn-Murdoch, Datenjournalist bei der Financial Times, in seinem *Data Journalism Manifesto* formuliert.

Datenjournalismus ist Definitionssache
Der Datenjournalismus hat seine Ursprünge in den USA. Sprach man anfangs noch von Computer Assisted Reporting, hat sich seit Mitte der Nuller Jahre der Begriff data driven journalism (ddj) durchgesetzt. In Deutschland ist der Datenjournalismus um 2010 herum aufgekommen. Doch hierzulande tun sich viele Journalisten mit dem Begriff Datenjournalismus noch immer schwer, weil sie sich nichts genaues darunter vorstellen können. Mit Daten und Statistiken haben wir schon immer gearbeitet, ohne das als Datenjournalismus zu bezeichnen, heißt es dann. Mag sein, aber eben nicht so oft, nicht so systematisch und nicht so visuell. Zum einen ist die Datenmenge enorm gestiegen, zum anderen die Zahl der Tools, die für datenbasierten Journalismus zur Verfügung stehen. Datenjournalismus kombiniert die klassischen Tugenden

Neugier und Recherche mit einer Affinität für computergestützte Analyse und Aufbereitung.

Die meines Erachtens brauchbarste Definition stammt aus der 2014 veröffentlichten Studie „Datenjournalismus in Deutschland". Den Wissenschaftlern Stefan Weinacht und Ralf Spiller zufolge ist Datenjournalismus

- eine spezielle Form der Recherche, die Geschichten aus Datensätzen lesen will.
- eine spezielle Form der Interpretation von Rechercheergebnissen, die sich an statistischen Maßzahlen orientiert.
- eine spezielle Darstellungsform, die Kernbotschaften grafisch und insbesondere als interaktive Webanwendung anschaulich machen will.

Oder in einem Satz ausgedrückt: Datenjournalismus ist die „Sammlung, Analyse und Aufbereitung von digitalisierten Informationen mit dem Ziel einer journalistischen Veröffentlichung." Insofern ist Datenjournalismus nichts anderes als eine spezielle Recherchetechnik, um nicht zu sagen eine zentrale Recherchetechnik im Journalismus des 21. Jahrhunderts.

Wozu Datenjournalismus?
Daten wird eine hohe Beweiskraft zugemessen, zumal, wenn es sich um offizielle Statistiken handelt (zumindest in Deutschland). Natürlich ist bei der Interpretation von Statistiken Vorsicht geboten, dazu später mehr. Der Reiz – und oft auch die Herausforderung – im Datenjournalismus ist es, mit Rohdaten bzw. unaggregierten Daten zu arbeiten; Daten auszuwerten, die normalerweise kaum oder nur schwer zugänglich sind. Wer so evidenzbasiert arbeitet, macht sich unabhängig von Dateninterpretationen durch Behörden.

Journalisten betreiben Datenjournalismus aber nicht aus Spaß an der Freude, sondern weil es einen Markt dafür gibt. Die Nutzer interessieren sich für datenbasierte Geschichten. Besonders gut funktioniert Datenjournalismus im Lokalen bzw. Regionalen. Gerade öffentliche Daten lassen sich sehr gut lokalisieren, also auf einzelne Stadtviertel oder sogar Straßenzüge herunterbrechen. So kann jeder Nutzer schnell sehen, wie „gut" oder „schlecht" es ihm im Vergleich zu Bewohnern anderer Stadtviertel geht. Unzählige datenbasierte Geschichten setzen an der Infrastruktur in einem Gebiet an, sei es die Zahl der Kindergartenplätze, der Anteil der Grünflächen oder die Unterbringung von Flüchtlingen. Besonders aussagekräftig werden solche Geschichten, wenn sie mehrere Datensätze kombinieren und sich vom Nutzer filtern lassen. Ein sehr gutes Beispiel dafür ist das „*Verkehrslücken"-Projekt des Tagesspiegel*, das auf einer Karte zeigt, wie weit es die Berliner bis zur nächsten Haltestelle von S-Bahn, U-Bahn, Bus und Tram haben. Wenn es weniger als 300 Meter sind, ist die Karte blau eingefärbt, bei mehr als 500 Metern werden die entsprechenden Gebiete rot dargestellt. Besonders hohen Mehrwert gewinnt die Anwendung durch die Kombination mit demografischen Daten: Der Reiter „Alt und abgehängt" zeigt die Häuserblöcke an, die überdurchschnittlich weit von der nächsten Haltestelle entfernt sind und in denen viele Senioren leben. In dieser Form hatte das noch niemand aufgearbeitet, der Tagesspiegel hat hier also eine exklusive Datengeschichte geschaffen.

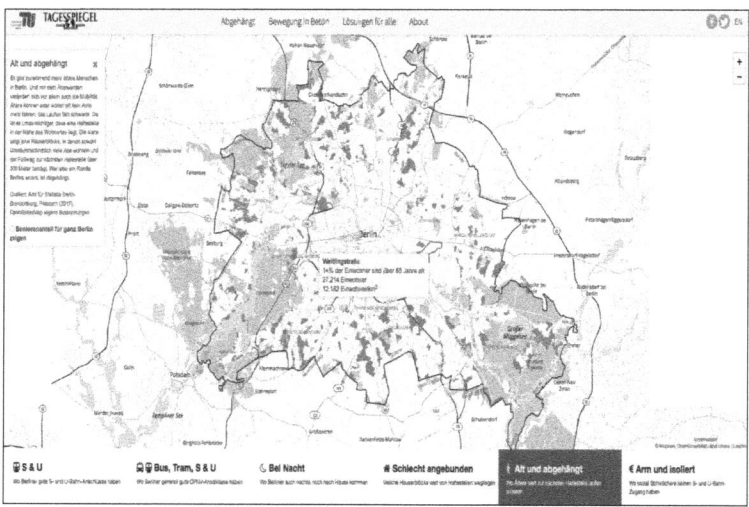

Startseite der Anwendung „Verkehrslücken" des Berliner Tagesspiegel

Natürlich muss es nicht immer rein lokal sein, es kann auch interessant sein, Bundesländer oder Staaten miteinander zu vergleichen. Der Reiz liegt aber meistens im Vergleich: Wer schneidet besser oder schlechter ab? Hat sich das in einem bestimmten Zeitraum verändert und was sind die Gründe dafür?

Workflow im Datenjournalismus
Die meisten datenjournalistischen Projekte umfassen sechs Schritte:

1. Ausgangsfrage stellen
2. Daten recherchieren
3. Daten verifizieren
4. Daten säubern und strukturieren
5. Daten analysieren und interpretieren
6. Daten visualisieren und veröffentlichen

1. Ausgangsfrage stellen
Wenn Journalisten ein Thema als wichtig erachten, beginnen sie Fragen zu stellen. Zum Beispiel: Ist Autofahren in den letzten 30 Jahren sicherer geworden? Aus dieser **Hauptfrage** ergeben sich eine Reihe von **Nebenfragen**:

- Wie hat sich die Zahl der Unfälle entwickelt?
- Wie viele Personen sind bei Unfällen ums Leben gekommen?
- Wie viele Personen sind bei Unfällen verletzt worden – und wie schwer?
- Wie verteilen sich die Unfälle auf Kollisionen mit anderen Fahrzeugen, Fahrrädern, Personen und Hindernissen?
- Auf welchem Straßentyp (z. B. örtliche Straße, Landstraße, Autobahn) kam es zu den Unfällen?
- Wie hoch war die Geschwindigkeit der Unfallteilnehmer?
- Wie viele Personen waren an den Unfällen beteiligt?
- Wie viele Personenkilometer sind gefahren worden?
- Wie alt waren die beteiligten Fahrzeuge und über welche Sicherheitsmerkmale verfügten sie?

Auch die Verkehrslücken-Anwendung des Tagesspiegel ist ein gutes Beispiel dafür, wie eine Ausgangsfrage (Welche Stellen Berlins sind nicht gut ans Nahverkehrsnetz angeschlossen?) anhand von visualisierten Daten beantwortet wurde.

Eng mit diesem ergebnisoffenen Ansatz verwandt ist das Vorgehen, eine These aufzustellen und diese durch eine Datenrecherche und -analyse zu beweisen – oder zu widerlegen.

2. Daten recherchieren

Für jede Recherchefrage muss der Journalist herausfinden, ob es die Daten gibt, um diese Fragen beantworten zu können. Hier sind verschiedene Szenarien denkbar:

Szenario 1: Daten sind vorhanden und leicht zugänglich
Die amtliche Statistik ist nur einer von vielen Ansatzpunkten für Datengeschichten. Im Beispiel der Verkehrssicherheit wären das Statistische Bundesamt, die statistischen Landesämter, das Kraftfahrtbundesamt, die Verkehrsministerien von Bund und Ländern und die Polizei geeignete Ansprechpartner. Oft stehen die entsprechenden Statistiken auf der jeweiligen Website, in anderen Fällen ist eine telefonische Nachfrage erforderlich. Je genauer der Journalist seine Anfrage stellt, umso höher ist die Wahrscheinlichkeit, dass die Behörden ihm den passenden Datensatz heraussuchen.

Szenario 2: Daten sind zwar vorhanden, aber nicht leicht zugänglich
Die amtliche Statistik ist nur einer von vielen Ansatzpunkten für Datengeschichten. Manchmal stehen auch Unternehmen, Verbände, Hochschulen, NGOs, soziale Netzwerke oder bestimmte Märkte im Zentrum des Interesses. Nicht jeder hat die gewünschten Daten fein säuberlich in einem Excel-Dokument aufbereitet. Manche weigern sich auch, Journalisten die gewünschten Daten zur Verfügung zu stellen. Dann muss man sich die Rohdaten von der jeweiligen Website „scrapen", d. h. „herunterkratzen". Das erkläre ich gleich in einem Exkurs. Wer sich nicht dafür interessiert, kann die nächsten Absätze überspringen und gleich bei Szenario 3 „Daten sind nicht zugänglich oder überhaupt nicht vorhanden" weiterlesen.

Exkurs: Daten scrapen
Am einfachsten ist das Scrapen, wenn auf einer html-Website Tabellen stehen. Diese kann man per Hand markieren und in ein Excel-Dokument kopieren. Eine Alternative sind Browser-Plugins, die mit einem Klick Tabellen erkennen und herunterladen. Für Google Chrome z. B. *Table Capture* und für Firefox *Table to Excel*.

Hands On: Google Import-Befehle
In Google Tabellen kann man Tabellen oder Listen in wenigen Schritten mit dem IMPORTHTML-Befehl herunterladen. Dazu klickt man einfach in ein Feld, tippt das „=" Zeichen ein und dann „IMPORTHTML". Dann

öffnet man eine Klammer und gibt in Anführungszeichen die URL an, die als Datenquelle dient. Nun muss man Google sagen, was es extrahieren soll, z. B. eine Tabelle, auf englisch „table". Falls es mehrere Tabellen gibt, muss man in einem dritten Schritt noch die Nummer der Tabelle, z. B. „3" eingeben. Der komplette Befehl sieht dann so z. B. aus: =IMPORTHTML(„https://de.wikipedia.org/wiki/Fu%C3%9Fball-Bundesliga";"table";"3")

Wichtig ist, dass URL, Table und 3 jeweils in Anführungszeichen markiert sind und zwischen diesen drei Elementen jeweils ein Semikolon steht. Zu guter Letzt schließt man die Klammer wieder und drückt Return. Wenn die Syntax richtig ist, zieht Google sich die Tabelle, in diesem Fall die aller Meister der Fußball-Bundesliga, in das Arbeitsblatt:

	A	B	C	D	E	F
1	Saison		Deutscher Meister[17]			
2	1963/64		1. FC Köln			
3	1964/65		Werder Bremen			
4	1965/66		TSV 1860 München			
5	1966/67		Eintracht Braunschweig			
6	1967/68		1. FC Nürnberg			
7	1968/69		FC Bayern München			
8	1969/70		Borussia Mönchengladbach			
9	1970/71		Borussia Mönchengladbach			
10	1971/72		FC Bayern München			
11	1972/73		FC Bayern München			
12	1973/74		FC Bayern München			
13	1974/75		Borussia Mönchengladbach			
14	1975/76		Borussia Mönchengladbach			
15	1976/77		Borussia Mönchengladbach			
16	1977/78		1. FC Köln			
17	1978/79		Hamburger SV			
18	1979/80		FC Bayern München			
19	1980/81		FC Bayern München			
20	1981/82		Hamburger SV			
21	1982/83		Hamburger SV			
22	1983/84		VfB Stuttgart			
23	1984/85		FC Bayern München			
24	1985/86		FC Bayern München			
25	1986/87		FC Bayern München			
26	1987/88		Werder Bremen			

Google-Tabellen-Arbeitsblatt mit einer Tabelle der Bundesliga-Meister, die über den Importhtml-Befehl aus Wikipedia extrahiert wurde.

Google Tabellen bietet noch vier weitere Import-Möglichkeiten an:

- IMPORTXML: Importiert Daten aus einer Reihe verschiedener strukturierter Daten, darunter XML, HTML, CSV und TSV sowie RSS- und Atom-XML-Feeds. (*Anleitung in der Google-Docs-Hilfe*)
- IMOPORTDATA: Importiert Daten, die unter einer bestimmten URL im CSV-Format (Comma-Separated Value; zeichengetrennt) oder im TSV-Format (Tab-Separated Value; tabulatorgetrennt) abgespeichert sind. (*Anleitung in der Google-Docs-Hilfe*)
- IMPORTFEED: Importiert einen RSS- oder Atom-Feed. (*Anleitung in der Google-Docs-Hilfe*)
- IMPORTRANGE: Importiert einen Zellenbereich aus einer angegebenen Tabelle. (*Anleitung in der Google-Docs-Hilfe*)

Viele Redaktionen greifen für ihre Datenrecherchen auf *import.io* zurück. Die Seite bietet mehr als 500 strukturierte Website-Abfragen an, sogenannte „Queries". Dafür benötigt man keine Programmierkenntnisse, sondern gibt einfach die URL ein, von der man Daten auslesen will. Dieser Service hat seinen Preis: Das günstigste reguläre Abo startet bei 299 US-Dollar monatlich. Allerdings gibt es für Journalisten Rabatte, die man per Anfrage herausfinden muss.

Wer die Arbeit von deutschen Parlamenten auswerten will, hat mit *kleineanfragen.de* ein sehr praktisches und noch dazu kostenloses Tool zur Verfügung. Mit kleinen Anfragen können Abgeordnete in Parlamenten ihrer Regierung Fragen stellen, die Regierung muss diese Anfragen innerhalb einer bestimmten Frist beantworten und veröffentlichen. Dies geschieht in Form von sogenannten Drucksachen. *Kleineanfragen.de* hat für die Webseiten des Bundestags und der 16 Länderparlamente jeweils eigene Scraper geschrieben und macht die Drucksachen auf der eigenen Website auffind-, durchsuch- und verlinkbar.

Dann gibt es kompliziertere Fälle, in denen man je nach Erkenntnisinteresse bestimmte Daten von einem bestimmten Bereich einer Website herunterladen will, möglicherweise noch über einen längeren Zeitraum. Die Süddeutsche Zeitung hat das bei einer *Analyse der Tweets zum Amoklauf in München* gemacht. Um an diese Daten zu gelangen, muss man einen richtigen Scraper schreiben: Programmcode, der bestimmte Daten nach einer bestimmten Systematik von einer Website abgreift und in eine eigens dafür erstellte Datenbank speichert. Das ist ziemlich komplex und erfordert meist den Einsatz eines Programmierers. Die SZ arbeitete damals mit der darauf spezialisierten Agentur Open Data City zusammen.

Sehr beliebt sind Auswertungen von Nutzeraktivitäten in sozialen Netzwerken, etwa von *Facebook-Kommentaren*. Dazu muss man die Programmierschnittstelle (API, Application Programming Interface) des jeweiligen Netzwerks „anzapfen". Auch hier sind Programmierkenntnisse erforderlich. Mit dem Open-Source-Programm *Facepager* kann man Daten von Facebook, Twitter und YouTube auslesen.

Szenario 3: Daten sind nicht vorhanden oder nicht zugänglich.
Die Redaktion der Zeit wollte 2013 die Höhe von Dispozinsen recherchieren. Problem: Viele Banken mauerten und gaben keine Auskunft. Die Zeit umging das Problem, indem sie diese **Daten selbst erhob**. Mit einem ganz einfachen Google-Formular fragte die Redaktion die Nutzer nach dem Namen ihrer Bank, ihrer Postleitzahl und der Höhe des Dispo-Zinses. Heraus kam eine Geschichte, die zeigte, wie groß die Bandbreite der Dispo-Zinsen in Deutschland ist und dass Banken mit Monopolstellung auf dem Land hier tendenziell stärker hinlangen.

Auch für Fälle, in denen ein Journalist ein detailliertes Stimmungsbild bekommen und Betroffene ausfindig machen möchte, kann eine eigene Datenerhebung sinnvoll sein. Die Redaktion von Correctiv arbeitete bei ihrer *Recherche zur gezielten Betriebsratsbekämpfung* mit einem selbst gestalteten Fragebogen und bekam so zahlreiche Rückmeldungen.
Bei eigenen Formularen muss man sich natürlich genau überlegen, wen man fragt, was man fragt, wie man fragt, welche Antwortmöglichkeiten es gibt – je nachdem, was das Erkenntnisinteresse ist.

Sonderfall Leaks
Meistens geht die Initiative für eine Geschichte von Journalisten aus. Doch auch der umgekehrte Fall kommt vor, im Kommunikationszeitalter sogar immer häufiger: Menschen, die glauben, einen Missstand belegen zu können, spielen Journalisten Daten zu. Das Spektrum reicht vom einzelnen Dokument über Ordner bis hin zu ganzen Festplatten. Manche Redaktionen haben anonyme digitale Uploadbereiche eingerichtet, in die Informanten bzw. Whistle-

blower (vermeintlich) brisante Dokumente hochladen können. Bei großen Datenleaks ist dann eher Detektivarbeit gefragt, die oft im Team geleistet wird. Eine große Rolle spielt dabei die Aufbereitung der Daten mithilfe spezieller Software, damit Journalisten nach Personen oder Zusammenhängen suchen können. Bei den „Panama Papers" genannten Recherchen zu dubiosen Briefkastenfirmen haben Redaktionen aus mehr als 40 Ländern monatelang gemeinsam E-Mails, Fotos, Scans und PDFs ausgewertet und nach den Geschichten darin gesucht: investigativer Journalismus in Reinkultur.

3. Daten verifizieren
Als Nächstes gilt es, einen genauen Blick auf die Herkunft der Daten zu werfen. Das ist vor allem bei Statistiken wichtig, egal ob amtlich oder von einem Unternehmen oder einer Institution. Am besten macht man das, indem man eine „Datenbiografie" erstellt und folgende Fragen beantwortet:

- Wer hat die Daten erhoben? (wer im Auftrag von wem?)
- Wie wurde gefragt?
- Wo wurden die Daten erhoben?
- Wann wurden die Daten erhoben? (vor, während, nach einer Wahl, einem wichtigen Ereignis)
- Warum wurden die Daten erhoben? (Wurden die Daten eigens erhoben oder als Bestandteil einer größeren Umfrage, gab es einen Anlass?)

Die wichtigste Frage beim Verifizieren der Daten ist das Wie, also die Methodik der Datenerhebung. Daraus ergeben sich weitere Detailfragen:

- Wurde offen oder geschlossen gefragt, sowohl als auch?
- Gab es Multiple-Choice-Fragen, welche Antwortmöglichkeiten gab es (und welche nicht?)
- Wie groß war die Stichprobe? Die Stichprobengröße allein ist nicht entscheidend, es kommt auf die Repräsentativität der Stichprobe an, also, ob alle Gesellschaftsschichten befragt wurden.
- Wie sind die einzelnen Variablen definiert (z. B. nach welchen Kriterien wird etwas als Falschmeldung eingestuft)?
- Welche und wie viele Kategorien gibt es? (Wie viele Abstufungen von „wahr" bis „falsch" gibt es?)

Am besten hält man diese Antworten stichpunktartig in einem eigenen Dokument – eben der Datenbiografie – fest.

Dieses Vorgehen mag dröge klingen, aber je besser der Datenjournalist mit der Methodik der von ihm recherchierten Daten vertraut ist, desto geringer ist das Risiko, dass er die Daten falsch interpretiert, also Aussagen trifft, die die Daten so nicht hergeben. Solche Fälle gibt es leider immer wieder, was der Glaubwürdigkeit dieser Journalisten schadet.

Eine Zusammenarbeit mit Wissenschaftlern kann hier sehr hilfreich sein: entweder, um sich die Methodik einer wissenschaftlichen Untersuchung genau erklären zu lassen, oder um sich bei der Erhebung von eigenen Daten in Sachen Methodik beraten zu lassen.

4. Schritt: Daten säubern und strukturieren
Egal, ob Rohdaten oder aggregierte Daten: Die Datenanalyse erfolgt in einem dafür geeigneten Programm. Für die meisten Auswertungen reichen Tabellenkalkulationsprogramme wie Excel, Google Tabellen oder Libre Office. Wer in die Tiefen der Statistik eintauchen will, kann auf Programme wie SPSS, Tableau oder RStudio (für die Programmiersprache R) zurückgreifen.

Damit diese Programme ihre Arbeit machen können, müssen wir sie mit einem maschinenlesbaren, einheitlich formatierten Datensatz füttern. Die gängigsten maschinenlesbaren Formate sind .xls, .csv, .tsv oder .json. Gut für Datenjournalisten: Die meisten Behörden haben das erkannt und stellen das Gros ihrer Datensätze als .xls oder .csv online. Was aber, wenn Tabellen in einem nicht maschinenlesbaren Dokument „gefangen" sind? PDFs sind ein immer noch sehr häufig anzutreffendes Beispiel dafür. Um Tabellen aus PDFs zu „befreien", gibt es einige Tools, sehr beliebt in der Datenjournalisten-Szene ist *Tabula*. Diese browserbasierte Anwendung erkennt Tabellen in einem PDF automatisch, extrahiert sie und speichert sie als CSV-Datei ab. Auch eine manuelle Auswahl der Tabellen ist möglich.

Je nachdem, wie man an seine Daten gelangt ist, gibt es große Unterschiede, was die „Sauberkeit" der Daten betrifft. Damit sind einheitliche Formatierung und Schreibweisen gemeint. Statistiken von Behörden sind in aller Regel sauber formatiert. Bevor man Hand an den Datensatz anlegt, und sei es nur zum Formatieren, empfiehlt es sich, die Originaldatei abzuspeichern und mit einer

Kopie zu arbeiten. Falls der Computer mal abstürzt oder sonst etwas schiefgeht, kann man dann auf die Originaldatei zurückgreifen. Denn schon beim Import eines Datensatzes in ein Kalkulationsprogramm kann etwas durcheinander geraten. Nach dem Import sollten Sie Folgendes überprüfen:

- Ist Text auch wirklich als Text und sind Zahlen als Zahlen formatiert? Excel und Co. können natürlich nur mit Zahlen rechnen. Text wird in der Regel linksbündig angezeigt, Zahlen rechtsbündig. Ist das nicht der Fall, muss man nachhelfen und die entsprechenden Zellen oder Spalten (über das Format-Menü) manuell formatieren.
- Einheitliche Schreibweisen: Die gleiche Sache muss auch exakt gleich benannt sein, sonst ist die Verwirrung groß. Entscheiden Sie sich also für eine der Alternativen „Garmisch-Partenkirchen" oder „Markt Garmisch-Partenkirchen" und ziehen Sie diese Schreibweise konsequent durch. Alle Tabellenkalkulationsprogramme verfügen über eine Suchen-und-Ersetzen-Funktion.
- Einheitliche Formatierung von Zahlen: 3000, 3.000, 3 000, 3.000,00, 3000 €, 3.000 Euro etc. Das gleiche gilt für Datumsangaben: 12.01.1998 oder 12.1.98 oder 12. Januar 1998? Entscheiden Sie sich für eine Systematik und ziehen Sie sie durch. Entweder ebenfalls mit Suchen & Ersetzen, oder mit „regular expressions", mit denen man selbst Wenn-Dann-Regeln erstellen kann.
- Gibt es doppelte Zeilen?
- Sind alle Werte weiterhin in der richtigen Spalte?
- Wo gibt es leere Felder und warum sind sie leer?

Um die Fehlerquote so gering wie möglich zu halten, empfiehlt es sich, den Datensatz zu fokussieren, d.h. alle Zeilen und Spalten, die nicht benötigte Information enthalten, zu löschen. (Wir arbeiten ja mit der Kopie …) Je weniger Zeilen und Spalten in einem Dokument sind, desto übersichtlicher ist es und desto leichter findet man sich dort zurecht.

Vorsicht ist geboten, wenn Sie Daten aus verschiedenen Dateien in einer einzigen Datei zusammenführen wollen. Das geht nur, wenn es auch einen gemeinsamen Nenner gibt, entweder in den Spalten oder in den Zeilen. Ein Beispiel: Die Werte für Verkehrsunfälle im Bundesland, im Landkreis und in der Stadt liegen in drei Dokumenten vor. Sie legen eine neue Datei an und kopieren aus jedem der drei Ursprungsdokumente die Werte ab 1987 in die neue Datei. Am besten so, dass die Gebiete (Land, Landkreis, Stadt) in den Zeilen stehen und jedes Jahr eine eigene Spalte ist. Die Jahre sind hier also der gemeinsame Nenner.

Wenn man mit **Rohdaten**, zumal mit Rohdaten aus verschiedenen Quellen, arbeitet, ist das Datensäubern deutlich aufwendiger. Am größten ist die Fehlergefahr, wenn man ein Formular auswertet, in dem es Freitextfelder gab. Dann muss man überprüfen, ob verschiedene Schreibweisen das gleiche oder etwas anderes meinen. Beziehen sich Josef Schmidt, Jupp Schmidt, Sepp Schmidt und J. Schmidt auf dieselbe Person oder sind unterschiedliche Menschen gemeint? Viele Datenjournalismus-Profis greifen in so einem Fall zur Open-Source-Software *Open Refine*, einem Programm, mit dem man Daten systematisch säubern und vereinheitlichen kann.

5. Schritt: Daten analysieren
Der Kern aller datenjournalistischen Arbeit ist die Datenanalyse. Der Datensatz soll die Fragen beantworten, die Ausgangspunkt der Recherche waren. Diese Fragen stellt man nun dem Datensatz, den man sich als eine Art Interviewpartner vorstellen kann. Oft steckt die Geschichte in der Antwort auf folgende Fragen:

- Wie stark hat sich etwas verändert?
- Wo bzw. für wen gab es die stärkste bzw. schwächste Änderung?
- Was ist der höchste/niedrigste Wert?
- Wie hoch ist der Durchschnitt für ein Merkmal, wer weicht besonders stark davon ab?
- Wer hat einen besonders hohen, besonders niedrigen Anteil an einem Merkmal?
- Wer hat am meisten Geld bekommen?
- Welcher Name (Person, Ort, Firma) bzw. welcher Wert taucht am häufigsten auf?

Besonders spannend wird es, wenn es gelingt, Muster aufzuzeigen: z. B. dass in einem Bundesland über Jahrzehnte hinweg deutlich weniger Menschen bei Verkehrsunfällen sterben als in einem anderem Land. Gerade der Vergleich eines Merkmals zwischen verschiedenen Orten interessiert die Menschen: Schneidet mein Ort besser oder schlechter ab als der Nachbarort?

Im eingangs erwähnten Verkehrsbeispiel ging es um die Frage, ob Autofahren sicherer geworden ist. Manche Nebenfrage, etwa wie viele Personen bei Unfällen ums Leben gekommen sind, kann man beantworten, weil dieser Wert erhoben wird. Mehr Bedeutung gewinnt diese Zahl, wenn man sie Relation setzt. Wie hat sich der Anteil der Verkehrstoten an allen Unfallopfern in den letzten 30 Jahren entwickelt? Das ist eine klassische Prozentrechnung, eine der einfachsten Funktionen in Excel und Co. Da aber auch mehr gefahren wurde, stellt sich die Frage, wie viele Tote es pro Milliarde Fahrzeugkilometer gab? Gibt es Unterschiede zwischen verschiedenen Regionen? Diese Fragen kann man durch Berechnungen beantworten und dabei immer spezifischer werden. Stellen Sie sich die Datenanalyse wie einen Felsblock vor, aus dem ein Künstler eine Skulptur schafft: Er schlägt zuerst große Steine ab und verfeinert sein Werk dann immer weiter, bis ein klar erkennbares Gesicht zu sehen ist.

Schon mit den elementaren Funktionen von Tabellenkalkulationsprogrammen kann man eine Menge aus den Daten herauslesen:

- Addieren
- Subtrahieren
- Multiplizieren
- Dividieren
- Durchschnitt bilden (arithmetisches Mittel)
- Median bilden
- Sortieren
- Filtern

Eine Berechnung startet man, indem man in eine Zelle, z. B. C2, klickt und eine Funktion eingibt, die immer mit einem = beginnt. Wenn wir also den Anteil der Verkehrstoten (Spalte A) an den Unfallopfern (Spalte B) berechnen wollen, würde die Funktion lauten:

= A2/B2

Dann Return drücken und schon steht das Ergebnis in der Zelle C2. Praktisch: Mit einem Klick auf das rechte untere Ende der Zelle wird diese Funktion für die komplette Spalte übernommen.

Das ist nur die Spitze des Eisbergs. Excel bietet zahlreiche Funktionen, die man als Journalist nicht alle braucht. Dennoch können Datenjournalisten noch tiefer in einen Datensatz eintauchen, wenn sie mehr als die absoluten Grundfunktionen beherrschen. Eine gute *Übersicht über die Excel-Funktionen*, sortiert nach Kategorien, liefert Microsoft selbst. Eine hervorragende und praxisnahe Einführung in Tabellenkalkulationsprogramme für Journalisten liefert der britische Journalismus-Coach Paul Bradshaw in seinem E-Book „*Finding stories with Spreadsheets*".

Wer mit Rohdaten arbeitet, muss die Daten zuerst aggregieren, d. h. zusammenfassen, um eine höhere Aussagekraft zu bekommen. Am einfachsten geht das mit einer **Pivot-Tabelle**. Nehmen wir zum Beispiel eine Liste mit Parteispenden, die 1798 Einzelspenden, die Spender, die Höhe der jeweiligen Spende und das Datum auflistet. Die Pivot-Funktion zählt für uns nun das zusammen, was wir wollen, zum Beispiel welcher Spender wie oft gespendet hat und wie hoch die Gesamtsumme seiner Spenden war. So bekommen wir eine Reihenfolge der Spitzenspender.

Die amtliche Statistik arbeitet ausschließlich mit bereits aggregierten Daten, da personenbezogene Daten erstens dem Datenschutz unterliegen und zweitens für sich alleine genommen keine Aussagekraft besitzen. (Außer vielleicht die Person, die am meisten Steuern zahlt, aber das fällt natürlich wieder unter den Datenschutz.)

Vorsicht bei der Interpretation von Daten
Journalisten sollten ihren Datensatz sehr gründlich analysieren und nur Aussagen daraus ableiten, die der Datensatz auch wirklich hergibt. Sie sollten sich immer fragen: Auf welchem Level kann ich eine Aussage treffen? Gerade bei aggregierten Daten muss man auf die **korrekte Referenzklasse** achten: Wenn die Wasserversorgung in einem Land in den letzten zehn Jahren insgesamt schlechter geworden ist, kann es trotzdem sein, dass es Gegenden gibt, in denen die Wasserversorgung besser geworden ist. Es stimmt auch nicht, dass *73 Prozent der SC Freiburg-Fans einen Hochschulabschluss* haben. Sondern 73 Prozent der Freiburg-Fans auf Xing. Gerade bei Prozentangaben sollten Sie immer fragen: „Prozent von was?"

Es gibt noch eine Reihe weiterer Gefahren bei der Dateninterpretation:

- Definitionen von Merkmalen: „suchtgefährdet" ist noch nicht „süchtig"
- Merkmale sind in unterschiedlichen Erhebungen zum gleichen Thema oft unterschiedlich definiert und deswegen nicht vergleichbar (z. B. Smartphonesucht)
- Vorsicht bei Schätzungen (z. B. Anzahl der Freier und der Prostituierten in Deutschland)
- Noch schlimmer: Mittelwerte oder gar Hochrechnungen von Schätzungen
- Bei der relativen Veränderung von Werten sollte man die absoluten Zahlen nicht aus den Augen verlieren. Die Aussage, dass Wurst-Esser ein um 18 Prozent höheres Darmkrebsrisiko als (Nicht-)Wurst-Esser haben, klingt alarmierend. Das absolute Risiko ist in beiden Fällen aber relativ klein: 5,9 zu 5,0 Prozent. Der geringe absolute Unterschied von 0,9 Prozentpunkten wird als relativer Anstieg um 18 Prozent verkauft. Das ist zwar mathematisch richtig, aber dennoch irreführend.

Besondere Vorsicht ist beim Zusammenhang von zwei oder noch mehr Variablen geboten: Oft ergibt die Datenanalyse eine **Korrelation** zwischen zwei Variablen: Wenn sich z. B. Variable A erhöht, erhöht sich auch Variable B. Das heißt aber noch nicht, dass ein Anstieg von Variable A die Ursache für den Anstieg der Variable B ist. Schließlich lautet ein Grundgesetz der Statistik: **Korrelation ist nicht gleich Kausalität**.

Ein Beispiel: Wenn im Sommer die Temperaturen steigen, steigt auch die Zahl der Eisverkäufe. Außerdem steigt im Sommer die Zahl der Morde. Hier liegt eine dreifache Korrelation vor. Der steigende Eisabsatz ist aber natürlich nicht die Ursache der steigenden Mordrate.

Tatsächlich ist es sehr schwer, anhand von Daten einen kausalen Zusammenhang zwischen zwei Variablen zu beweisen. Eine Möglichkeit ist es, Daten zu zwei Variablen in verschiedenen Umgebungen und von verschiedenen Leuten zu sammeln. Wenn die Korrelation fortbesteht, ist das ein Zeichen für Kausalität. Das gilt auch, wenn eine Änderung einer Variablen über einen längeren Zeitraum zu einer signifikanten Änderung der anderen Variable führt, z. B. das Verhältnis von Zahl der Polizisten und Zahl der Verbrechen. Sinkt die Anzahl der Verbrechen, wenn die Zahl der Polizisten steigt (und umgekehrt)? Die Wissenschaft hat Kriterien dafür festgelegt, wann ein Ereignis signifikant ist.

Wer sich als Journalist unsicher bei der Dateninterpretation ist, ist gut beraten, mit Wissenschaftlern Kontakt aufzunehmen.

Datenjournalisten sollten sich auch immer einer Sache bewusst sein: Daten sind nicht per se wahr – auch wenn oft der Anschein erweckt wird. Der Anspruch, dass jemand absolut wasserdichte Daten recherchiert hat, ist Nonsens. Es gibt immer auch einen anderen Weg, etwas zu messen und zu beschreiben. Deswegen ist es wichtig, Unsicherheit zu kommunizieren, gerade, wenn es um Wahrscheinlichkeiten geht. Ein gutes Beispiel sind Wahlumfragen, die viele Bürger oft als Prognosen missverstehen, weil manche Journalisten durch ihre Berichterstattung den Eindruck erwecken, dass die Umfragen das Ergebnis voraussagen. Eine Umfrage ist immer das Ergebnis einer Befragung zu einem bestimmten Zeitpunkt, der schon in der Vergangenheit liegt, wenn die Umfrage veröffentlicht wird. Auch die Fehlertoleranz von etwa drei Prozentpunkten (nicht Prozent!) bei größeren Parteien und etwa einem Prozentpunkt bei kleineren Parteien sollte stärker betont werden.

6. Daten visualisieren und veröffentlichen

Die Befunde liegen also vor, nun müssen sie veröffentlicht werden. Natürlich kann man seine Ergebnisse ganz klassisch aufschreiben. Meistens lohnt sich aber eine Visualisierung. Datenjournalismus dreht sich ja fast immer um Zahlen, viele Zahlen. Das menschliche Gehirn kann Zahlen besser und schneller verstehen, wenn sie als Diagramm präsentiert werden. Schon jahrzehntelang werden die Wahlergebnisse als Balkendiagramme dargestellt.

Nun muss sich der Datenjournalist überlegen, welcher Diagrammtyp am besten geeignet ist, um seine Geschichte zu transportieren:

- Geht es um eine Veränderung über einen langen Zeitraum? Dann ist ein Liniendiagramm eine gute Wahl.
- Geht es um eine Veränderung zwischen zwei Zeitpunkten? Zeigen Sie sie in einem Slope-Chart.
- Geht es um einen Vergleich? Dann liegen Balken- und Säulendiagramme nahe.
- Geht es um eine Verteilung? Hier könnte ein Histogramm helfen.
- Geht es um eine Zusammensetzung? Probieren Sie ein Kuchendiagramm oder ein Treemap aus.

- Geht es um eine Beziehung zwischen zwei Variablen? Zeigen Sie sie in einem Scatter Plot Diagramm.
- Sollen es sogar drei Variablen sein? Dann brauchen Sie ein Bubble-Chart.

Eine sehr gute Hilfe bei der Auswahl des geeigneten Diagrammtyps ist die Seite *datavizcatalogue.com* des Designers Severino Ribecca. Dort listet er die wichtigsten Funktionen auf, die eine Visualisierung leisten soll, etwa Vergleich, Anteil, Beziehung, Verteilung, Muster etc. (siehe Abbildung). Bei einem Klick auf die gewünschte Funktion erscheinen dafür geeignete Grafiktypen. Die kann man ebenfalls anklicken und erhält dann ein Beispiel, eine Beschreibung und vor allem eine Liste mit Tools, die sich für die Produktion dieses Typs eignen.

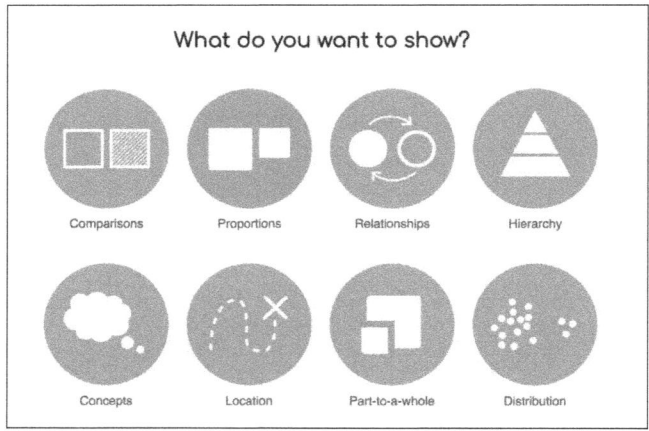

Die Website Datavizcatalogue.com gibt Tipps, wie man den geeigneten Diagrammtyp findet.

Für Diagramme gilt genau wie für Texte: Sie müssen verständlich sein. Und zwar auf den ersten Blick. Die grafische Umsetzung (durch die Anordnung von Balken, Kästen, Kreisen, Segmenten, Linien etc.) soll sofort die Aussage der Geschichte transportieren. Text sollte in einem Diagramm eher sparsam eingesetzt werden. Manchmal kann es aber Sinn machen, radikale Änderungen in einer Grafik durch eine kleine Anmerkung innerhalb der Grafik zu erläutern. Der Datawrapper bietet diese Möglichkeit.

Packen Sie nicht zu viele Befunde in ein Diagramm. Erstellen Sie im Zweifelsfall für jeden Befund ein eigenes Diagramm.

Karten machen Orte vergleichbar

Neben den Diagrammen spielen Karten eine zentrale Rolle in der Datenvisualisierung. Die Menschen interessieren sich besonders dafür, wie gut bzw. schlecht ihre Region dasteht. Sehr gut hat das Julius Tröger, Head of Visual Journalism von Zeit Online, auf den Punkt gebracht: „Datenjournalismus erzählt nicht eine Geschichte für jeden, sondern für jeden eine eigene Geschichte." Das gilt besonders im Lokalen und dort wiederum vor allem dann, wenn die Informationen in **interaktiven Karten** aufbereitet werden. Sehr schön ist das am Beispiel der interaktiven Bundestags-Wahlkarte der Berliner Morgenpost zu sehen. Der Nutzer kann links oben seinen Ort oder seine Postleitzahl eingeben, und die Karte zoomt sofort in die entsprechende Region. Dort kann man dann seinen Wahlkreis anklicken und erhält ein Popup mit dem Ergebnis für Erst- und Zweitstimmen.

Unter der interaktiven Deutschland-Karte stehen elf weitere Schaltflächen, die den Fokus auf ausgewählte interessante Ergebnisse legen: Wechsel-Wähler, Wahlkreissieger sowie je eine Karte für die sechs großen Parteien, die zeigt, wie sie in den 299 Wahlkreisen abgeschnitten haben. So kann jeder Nutzer entscheiden, wie tief er in die Ergebnisse einsteigt.

Karten werden oft eingesetzt, um Wirtschafts- oder Infrastrukturdaten zu visualisieren: Arbeitslosenquote, Einkommensverteilung, Verkehrsbelastung, Mietpreise, Ausländeranteil, Breitbandversorgung, um nur ein paar Beispiele zu nennen. Der Hintergedanke dabei ist, strukturelle Unterschiede zwischen verschiedenen Gebieten aufzuzeigen. Das liefert dann wiederum Ansatzpunkte für weitere Geschichten, die erklären, wie es zu diesen Unterschieden gekommen ist.

Um Karten zu erstellen, braucht man **Geodaten** für die Gebiete, die man visualisieren will. Damit sind die Umrisse eines Gebietes, z. B. einer Stadt gemeint. Für Deutschland kann man diese Geodaten bis einschließlich der Gemeindeebene im Shapefile-Format beim *Bundesamt für Kartographie und Geodäsie* herunterladen. Die meisten Kartenprogramme, die Fachleute sprechen von Geoinformationssystemen (GIS), können diese Shapefiles importieren.

Wer seine Geschichte noch weiter herunterbrechen will, z. B. auf Stadtviertel, muss die Shapefiles direkt bei der jeweiligen Stadt anfragen. Manche Städte erheben dafür eine Gebühr.

Die Recherche, das Einlesen und die Fusion von Geodaten und zu visualisierenden Werten sind nicht ganz trivial und erfordern etwas Übung. Umso praktischer ist es, wenn man mit Programmen arbeiten kann, in denen Geodaten schon hinterlegt sind. Womit wir bei den Tools sind.

Tools für Diagramme und Karten
Es gibt Hunderte von Programmen, mit denen sich Diagramme und/oder Karten erstellen lassen. Ständig kommen neue hinzu. Hier stelle ich einige niedrigschwellige Tools kurz vor. Wer beim Thema Datenvisualisierung und dafür geeignete Programme am Ball bleiben will, wird unter dem Twitter-Hashtag #dataviz fündig.

Einfache Diagramme lassen sich schon mit den Bordmitteln der Tabellenkalkulationsprogramme wie Excel, Google Tabellen oder Libre Office Calc erstellen. Allerdings sind diese Diagrammtypen eher für die interne Datenanalyse als für die Präsentation im Netz gedacht.

Interaktive Diagramme und Karten lassen sich zum Beispiel mit browserbasierten Programmen erstellen. Die folgenden Tools haben gemein, dass die Visualisierungen auf den Servern der Anbieter gespeichert werden und sich per Embed-Code in eine eigene Website einbetten lassen.

Datawrapper bietet 18 einfache Diagrammtypen an: Man lädt die Daten hoch und wählt eine passende Visualisierung aus, die man beschriften und optisch anpassen kann. Praktisch ist die Möglichkeit, bestimmte Bereiche des Diagramms hervorzuheben oder zu beschriften. Im letzten Schritt veröffentlicht man das Diagramm und kann es dann per Code auf seiner Website einbetten.

Nach dem gleichen Prinzip funktioniert die **Karten-Funktion** von Datawrapper. Sehr praktisch ist, dass Datawrapper die Geodaten von 250 Gebieten schon an Bord hat: die Welt, die einzelnen Kontinente, viele Länder. Sehr umfangreich ist das Kartenangebot für Deutschland: Bundesländer, Landkreise, Wahlkreise, Gemeinden.

Der Preis für die Nutzung von Datawrapper richtet sich nach Zahl der Nutzer, Diagrammansichten und Supportumfang. Er liegt zwischen 29 Euro im Monat für eine Einzellizenz und 829 Euro für einen Enterprise-Account. Allerdings steht Datawrapper auch als Open-Source-Software für den freien Download zur Verfügung. Wer entsprechendes technisches Verständnis mitbringt, kann sich das Programm auf dem eigenen Server installieren und muss dann nur die Kosten für das Hosting tragen.

Infogram ist ähnlich einfach zu bedienen wie Datawrapper. Es bietet noch deutlich mehr Diagramm-Typen an, darunter Box Plots, hierarchische Diagramme wie Pyramiden oder eine Wordcloud. Darüber hinaus bietet Infogram Templates für Karten, Bilder, Texte und Videos. Infogram funktioniert wie ein Baukasten-System: Man kann mehrere Templates untereinander anordnen, so dass man eine komplette (multimediale) Geschichte damit erzählen kann. Die Basis-Version ist kostenlos, zu den Pro-Features zählen u. a. eine Download-Möglichkeit der Diagramme, eine größere Auswahl an Karten sowie die Synchronisierung z. B. mit Google Drive. Die Preise beginnen bei 19 US-Dollar pro Monat für einen Einzelnutzer, ein Team-Account kostet 149 Dollar im Monat.

Flourish beherrscht ebenfalls mehr Diagramm-Typen als Datawrapper. Damit man ein Gespür dafür bekommt, welches Diagramm sich für welche Darstellung eignet, ist hinter jeder Diagramm-Vorlage ein Beispieldatensatz hinterlegt. Ein weiterer Vorteil von Flourish liegt darin, dass man genau auswählen kann, welche Bereiche des zugrundeliegenden Datensatzes visualisiert werden sollen. Je nach Diagramm-Typ gibt es unterschiedliche Layout- und Beschriftungsmöglichkeiten, mit denen man zum Beispiel besonders interessante Teilbereiche des Diagramms erläutern kann.

Die Basis-Version von Flourish ist kostenlos, die eigenen Diagramme sind dann öffentlich und können von anderen Nutzern kopiert werden. Wer seine Diagramme privat halten oder herunterladen möchte, braucht ein Upgrade zum Personal-Tarif (65 €/Monat). Dafür gibt es dann auch einen bevorzugten Support.

Tableau Public ist eine sehr mächtige Software, die zwei zentrale Aspekte des Datenjournalismus vereint: Analyse und Visualisierung. Tableau Public geht dabei weit über den Umfang von Tabellenkalkulationsprogrammen hinaus, speziell, wenn es um die Auswertung mehrerer Variablen geht. Auch die statistische Signifikanz lässt sich mit Tableau ermitteln. Schon bei der Analyse sind die zahlreichen Diagramm-Typen sehr hilfreich, die man dann direkt veröffentlichen kann. So schlägt man zwei Fliegen mit einer Klappe. Darüber hinaus gibt es eine Karten-Funktion. Tableau Public ist kostenlos, allerdings stehen dann alle Daten im Netz. Wer seine Daten und Diagramme lokal speichern will, ist mit Tableau Creator besser aufgehoben, das ab 70 US-Dollar pro Benutzer und Monat zu haben ist.

Mit Text in die Tiefe gehen
Visualisierungen sind wichtig, um zentrale Erkenntnisse einer Datenanalyse auf einen Blick erfassbar zu machen. Sie geben oft Antworten darauf, **wie** etwas ausgeprägt oder verteilt ist oder sich entwickelt hat. In Daten stecken also eine Menge Fakten und Befunde. Manchmal zeigen Daten auch Zusammenhänge auf. Die Frage nach dem **Warum** können Daten und die zugehörigen Visualisierungen dagegen meist nicht beantworten. Deswegen begnügen sich die meisten datenbasierten Geschichten nicht mit der reinen Visualisierung, sondern betten sie in einen tiefergehenden Text ein. Journalisten können in einem Text gut Hintergründe, Zitate, eventuell auch Lösungsvorschläge einbauen. Im Zusammenspiel mit Visualisierungen ergibt sich so ein noch höherer Mehrwert für den Nutzer.

Zum guten Ton unter Datenjournalisten gehört es, ihre Arbeit transparent zu machen. Zum einen, indem sie den zugrunde liegenden Datensatz ins Netz stellen, zum anderen, indem sie ihr Vorgehen bzw. die Methodik erläutern:

- Mit welchen Daten haben wir gearbeitet?
- Wie sind wir an diese Daten gekommen?
- Wie haben wir sie ausgewertet?

Natürlich wird nicht jeder Journalist alle diese Schritte gleich gut beherrschen. Guter Datenjournalismus entsteht oft in einem Team aus Journalisten, Programmierern und Designern. Deswegen sollten Datenjournalisten teamfähig sein. Und ganz ohne technische Affinität geht es auch nicht. Noch gibt es nicht allzu viele Journalisten, die diese Kombination an Kompetenzen mitbringen. Umso besser sind die Chancen, sich als Datenjournalist einen Namen zu machen.

Kapitel 3
Multimedial produzieren

Nach der Recherche ist vor der Produktion. Nun muss sich jeder Journalist überlegen, wie er die recherchierten Informationen konkret umsetzt. Weil es so viele multimediale Möglichkeiten gibt, ist das eine komplexe Frage. Genauso wichtig wie die technische Umsetzung ist die Frage nach dem Nutzungskontext. Es gibt nicht den einen Inhalt, der für alle Nutzer und Kanäle passt. Journalisten brauchen stärker als je zuvor konzeptionelle Fähigkeiten, damit sie für jedes Thema das passende Format und den passenden Kanal finden.

3.1 Konzeption

Die klassischen Medien müssen immer von ihrem Publikationskanal aus denken und ihre Formate anpassen: Eine Zeitung kann nur Texte und Bilder drucken, eine TV-Station nur Fernsehbeiträge bzw. Sendungen ausstrahlen. Online geht hingegen alles. Digitaljournalisten haben einen riesigen Vorteil: Sie können immer vom Thema aus denken und entscheiden, welche Aufbereitung am besten dafür geeignet ist. Durch die Digitalisierung ist es relativ leicht geworden, multimediale Formate zu erstellen. Es gibt unzählige, oft kostenlose Tools, die Journalisten in die Lage versetzen, mit Bildern, Grafiken, Tönen, Videos zu arbeiten. Entweder einzeln als eigenständiger Beitrag oder sogar in einer Kombination aus mehreren dieser Elemente: in der multimedialen Story. Der journalistische Werkzeugkasten ist also enorm gewachsen. Allerdings ist es auch eine Kunst, diese Werkzeuge bedienen zu können. Kaum ein Journalist wird alle multimedialen Formate gleich gut beherrschen. Darum ist gerade multimediales Storytelling oft Teamwork.

Die Begriffe im digitalen Journalismus sind ein bisschen verwirrend und überlappen sich teilweise auch. Mit den folgenden Definitionen will ich für mehr Trennschärfe sorgen:

- **Medium**: Einzelnes Kommunikationsmittel, das der (optischen und/oder akustischen) Vermittlung von Information dient; Text, Ton, Bild, Grafik, Video. Da im digitalen Journalismus mehrere dieser Kommunikationsmittel oder Informationsträger eingesetzt werden, ist häufig von Multimedia bzw. multimedialem Storytelling die Rede. (In Abgrenzung zu „den Medien", womit die einzelnen Publikationskanäle gemeint sind.)
- **Darstellungsform**: Eine bestimmte Stilform, die unabhängig von einem Medium ist; z. B. Nachricht, Kommentar, Interview, Reportage, Porträt; sowohl in der Zeitung als auch im Fernsehen oder online. Manchmal werden Darstellungsformen auch als Genre bezeichnet.
- **Format**: Verknüpfung von Medium und Darstellungsform, z. B. ein Video-Interview – oder Audioslideshows, die meistens Porträts sind, die mit Bildern und einer Tonspur erzählt werden. In einem weiteren Sinn steht der Begriff Format auch für eine ganze Sendung oder eine Serie, bei der jede Folge den gleichen Aufbau hat. Besonders im Radio wird der Begriff Format in diesem Zusammenhang gebraucht, wenn eine Sendung den immer gleichen Aufbau aus Moderation, Gesprächen, Beiträgen und speziellen Rubriken hat. Diese journalistischen Formate sind nicht zu verwechseln mit technischen Dateiformaten wie .pdf, .xls, .txt, .mp3 etc.
- **Kanal**: Hier ist die Plattform bzw. der Ausspielweg gemeint, auf dem journalistische Formate veröffentlicht werden; Zeitung, Zeitschrift, Radio, Fernsehen, App, Website, soziale Netzwerke etc. Wenn von „den Medien" die Rede ist, sind in der Regel diese Publikationskanäle, auch Mediengattungen genannt, gemeint.

Vom Thema zum Format

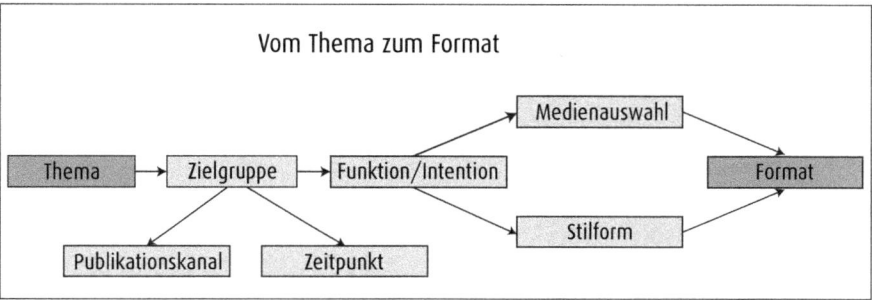

Journalismus wird heute ganz anders konsumiert als früher, über viel mehr Kanäle, von denen die meisten auf dem Smartphone verfügbar sind, und in ganz unterschiedlicher Intensität, von der Eilmeldung bis zur Multimedia-Reportage. Deswegen müssen Journalisten sich heute mehr und vor allem genauere Gedanken darüber machen, in welche Formate sie ihre Themen gießen. Vom **Thema** zum passenden **Format** kommt man, indem man folgende Fragen beantwortet:

- Wer ist meine Zielgruppe?
- Welche Funktion soll der Beitrag haben? (Welches Ziel verfolge ich damit, was wünscht sich die Zielgruppe?)
- Welche Stilform eignet sich am besten, um diese Funktion zu erfüllen?
- Welche Medienart eignet sich am besten, um diese Funktion zu erfüllen?

Natürlich steht nicht immer genügend Zeit zur Verfügung, um diese Fragen im Detail zu beantworten. Aber je genauer Sie wissen, was Ihre Geschichte leisten soll, desto besser.

Wer ist meine Zielgruppe?

Die Frage nach der **Zielgruppe** wird im Journalismus immer wichtiger. Gerade online sind die Nutzer oft nur wenige Minuten oder sogar Sekunden auf der Seite, bevor sie wieder weg sind. Im Netz ist es ungleich schwerer, ein Stammpublikum zu gewinnen. Aber natürlich unterscheiden sich die Nutzer, die Ihre Marke kennen, von den Gelegenheitsnutzern, die über Suchmaschinen oder soziale Netzwerke auf Ihre Seite kommen. Bei den beiden letztgenannten Gruppen kann man nicht davon ausgehen, dass sie die bisherige

Berichterstattung zu einem Thema komplett verfolgt haben. Setzen Sie also möglichst wenig Wissen voraus. (Es sei denn, Sie arbeiten für eine Fachpublikation.) Für die Stammleser ist **Relevanz** wichtig: Bei den Themen, die sie betreffen, wollen sie stets auf dem neuesten Stand sein. Neben den wichtigen Themen gibt es natürlich auch die interessanten Themen, wo einer oder mehrere **Nachrichtenfaktoren** wie Nähe, Prominenz, Kuriosität, Konflikt, „Sex and Crime" enthalten sind.

Ganz eng verbunden mit der Zielgruppe ist die Frage nach dem **Publikationskanal**: Produzieren Sie für Ihre Website, für eine App oder für Snapchat? Alle diese Kanäle haben ein unterschiedliches Publikum und ihre Eigenheiten, was Nutzeransprache, beliebte Formate und Nutzungshäufigkeit bzw. Verweildauer betrifft.

Neben der Frage, wen Sie wo erreichen wollen, ist auch das **Wann** wichtig. Im schnelllebigen Online-Zeitalter spielt auch die Uhrzeit der Veröffentlichung eine immer wichtigere Rolle. Pauschale Aussagen sind nicht möglich, das hängt wirklich ganz von der Machart eines Angebots ab. Aber auch hier gilt: Schauen Sie, um welche Uhrzeit Sie in der Regel viel Traffic haben. Finden Sie heraus, welche Formate um welche Uhrzeit am besten funktionieren. Überlegen Sie für jeden Beitrag, welche Halbwertszeit er hat: Ist er brandaktuell und in wenigen Stunden überholt, oder schaffen Sie etwas Grundsätzlicheres, das über den Tag hinausreicht? Von dieser Frage hängt ab, wie viel Aufwand man in die Produktion steckt.

Die Fragen „Für Wen?", „Wo?" und „Wann?" hängen auch ganz stark mit dem Nutzungsverhalten der Zielgruppe zusammen. Auf welchem Gerät erreiche ich sie, in welcher Nutzungssituation und zu welcher Zeit? Spreche ich Jugendliche unterwegs auf Smartphones an, werde ich mich für andere Formate entscheiden, als wenn ich einen Manager in der Mittagspause am PC erreichen will.

Welche Funktion soll der Beitrag haben?
Sie kennen also Ihre Zielgruppe. Nun gilt es zu klären: Was erwartet mein Publikum, welche Fragen stellen sich die Nutzer vermutlich zu dem Thema? Oder haben die Nutzer ein Problem, das gelöst werden muss? Davon hängt ab, wo der Schwerpunkt des Beitrags liegt: Information, Einordnung, Erklä-

rung, Kommentierung, Beratung oder Unterhaltung. Natürlich ist auch eine Mischung verschiedener Funktionen möglich.

So wichtig die Zielgruppenorientierung ist: Auch die journalistische **Intention** hat weiter ihren Platz. Gerade das Aufdecken von bislang unbekannten Missständen und Fehlentwicklungen ist eine ur-journalistische Tugend. Das Setzen von Themen, das Agenda Setting, ist eine klassische journalistische Aufgabe – etwa die Frage, wie es in der Stadt mit Kinderbetreuungsplätzen aussieht. In vielen Fällen sind die Bedürfnisse der Zielgruppe und die journalistische Intention aber deckungsgleich: Mitglieder der gesetzlichen Krankenversicherung wollen wissen, wie sich die Beiträge entwickeln, und Journalisten erklären genau das und die Zusammenhänge dahinter.

Welche Stilform eignet sich am besten, um diese Funktion zu erfüllen?
Für fast jede gewünschte Funktion hat sich im Lauf der Zeit eine journalistische Darstellungsform herausgebildet: informierende und erklärende Stilformen wie Nachricht, Hintergrundbericht, Analyse; kommentierende Stilformen wie Kommentar, Leitartikel, Glosse oder Kolumne; beratende Stilformen wie Ratgeber, Tests oder Checks; erzählende Stilformen wie Reportage oder Porträt. Die meisten davon sind im Print-Zeitalter geboren, lassen sich etwas modifiziert aber auch in digitaler Form umsetzen.

Welche Medienart eignet sich am besten, um diese Funktion zu erfüllen?
Ganz eng verbunden mit der Frage der Stilform ist die Wahl der geeigneten Medienart. Jedes Medium ist auf seine Art geeignet, dem Nutzer einen Mehrwert zu liefern. Analysieren wir die einzelnen Medien auf ihre Stärken hin:

Text
- eignet sich gut für Tiefgang, Analyse
- kann Kontext, Hintergründe und Vorgeschichte gut erklären
- großes Reservoir an bekannten Stilformen: Nachricht, (Hintergrund-)Bericht, Reportage, Interview, Kommentar, Essay etc.
- leicht verlinkbar
- schnell und kostengünstig zu erstellen

Foto
- hält (ausdrucksstarken) Moment fest
- sehr authentisch, hoher Dokumentationscharakter
- kann sehr emotional sein und einen wichtigen Punkt der Story besonders betonen
- auf einen Blick erfassbar
- funktioniert ohne Sprache, also international

Ton/Audio
- sehr authentisch, vor allem bei Originaltönen und Geräuschen
- löst Kino im Kopf aus
- eignet sich für Live-Berichterstattung
- ebenfalls großes Reservoir an Stilformen: Nachricht, gebauter Beitrag, Feature, Reportage, Interview, Kommentar, Lesung, Hörspiel etc.
- kann neben einer anderen Tätigkeit gehört werden: gut für unterwegs

Video
- sehr authentisch: vermittelt einen Eindruck, wie etwas ist
- Kombination von Sehen und Hören
- kann gut Bewegung, Aktionen und Tätigkeiten abbilden
- bringt den Zuschauer vor Ort
- hohe emotionale Bindung, vor allem, wenn es um Menschen geht
- hohe Informationsverdichtung

Grafiken und Diagramme
- visualisieren (komplexe) Sachverhalte
- hohes Erklärpotenzial
- leicht erfassbar
- gute Vergleichbarkeit
- lassen sich gut skalieren (Zeit, Ort, Gruppe etc.)

Form(at) folgt Funktion
Journalismus ist viel mehr als früher Entwicklungsarbeit. Deswegen passt ein Leitsatz aus der Designbranche hervorragend zum digitalen Journalismus: Format folgt Funktion (Form follows function). Wählen Sie also das Format nach der Funktion aus, die der Beitrag (für die Zielgruppe) hat. Das Format entsteht dabei aus einer Kombination von Medium und Stilform. Manchmal kommt dabei nur ein Medium zum Einsatz wie beim Video-Interview.

Oft werden aber verschiedene Medien eingesetzt, um jeden Aspekt einer Geschichte mit dem Medium zu erzählen, das am besten dafür geeignet ist. Die Web-Reportage ist ein prominentes Beispiel für **multimediales Storytelling**, um das es im Kapitel 3.7 geht. Gerade beim multimedialen Storytelling prägen die verwendeten Medien das Format. Dabei entstehen neue Stilformen wie die Audioslideshow oder die interaktive Grafik, aber auch viele weitere, für die es noch gar keine allgemein anerkannten Bezeichnungen gibt. Genau darin liegt der Reiz von multimedialen Produktionen.

Die folgenden Abschnitte stellen die einzelnen Medienarten etwas genauer vor und bilden den Kern des Produktionskapitels. Da über Texte schon zahlreiche Lehrbücher geschrieben worden sind, lege ich den Fokus auf die audiovisuellen Medien. Diagramme habe ich schon im Kapitel 2.6 „Datenjournalismus" vorgestellt. Im Folgenden geht es vor allem um die verschiedenen Spielarten von Video, von der Aufnahme mit dem Smartphone über Schnitt bis hin zu Live- und 360-Grad-Videos.

3.2 Allzweckwaffe Smartphone

Smartphones sind nicht nur in Sachen Medienkonsum zum „Gamechanger" geworden, sondern auch bei der Aufnahme und Produktion von journalistischen Inhalten – und zwar egal, ob es um Text, Foto, Audio oder Video geht. Mobile Reporting bzw. Mobile Journalism (oft kurz MoJo genannt) ist schon Realität, die Zukunft gehört ihm sowieso.

In diesem Kapitel schauen wir uns das Smartphone als Aufnahmegerät an. Der Fokus liegt hier auf der Aufnahmetechnik, die dramaturgischen Aspekte kommen dann in den weiteren Kapiteln zur Sprache.

Über Text brauchen wir an dieser Stelle nicht viele Worte zu verlieren, natürlich kann ein Smartphone auch ein Notizbuch sein, und auch längere Texte lassen sich damit schreiben, wenn es sein muss. Seinen besonderen Reiz entfaltet das Smartphone aber als **multimediales Aufnahmegerät**. Es ist viel kleiner und leichter als herkömmliche Foto- oder Video-Kameras. Das hat auch den Vorteil, dass der Smartphone-Reporter unauffälliger arbeiten kann. Gerade Reporter aus Krisenregionen schätzen das Mehr an Diskretion, das ein

Smartphone im Vergleich zu einem großem Camcorder bietet. In den vergangenen Jahren hat sich die Kamera-Qualität von Smartphones so stark verbessert, dass sie absolut vollwertige Werkzeuge für Journalisten geworden sind. Die meisten Smartphone-Modelle können in Full HD (1920 × 1080 Pixel) aufnehmen, was auch für professionelle Maßstäbe absolut ausreichend ist. Die neuesten Geräte haben sogar Ultra HD (auch 4K genannt) drauf. Es sind Fernsehbeiträge, Werbespots, Serien und sogar Spielfilme komplett mit dem Smartphone gedreht worden. Damit die Aufnahmen professionellen Ansprüchen genügen, muss die Qualität von **Bild** und **Ton** stimmen.

Gute Bilder brauchen gutes Licht
Das A und O beim Fotografieren und Filmen ist gutes **Licht**. Wie viel des natürlich vorhandenen Lichts in die Kamera kommt, hängt zum einen von der Lichtstärke des Objektivs ab, zum anderen von der Empfindlichkeit des Sensors. Gute Smartphone-Kameras haben mitunter eine Lichtstärke von f/1.8 (je niedriger die Zahl, desto lichtstärker das Objektiv), was sich sehen lassen kann. Es gibt nur wenige (sehr teure) Profi-Objektive für digitale Spiegelreflexkameras, die eine bessere Lichtstärke haben. Auch die Lichtempfindlichkeit der in Smartphones verbauten Sensoren erreicht bis zu 1600 ISO, was ebenfalls ausreichend ist.

Da Smartphone-Linsen Objektive mit fester Blende sind (z. B. f/1.8), wird die Belichtung ausschließlich über die ISO und die Verschlusszeit, also die Zeit, in der die Blende offen ist, verändert. Ein Verschlusszeit von 1/50 s ist in der Regel gut geeignet, um Bewegungen aufzunehmen, die dann natürlich und flüssig wirken. Bei starkem Licht, also durch direkte Sonneneinstrahlung, reagieren die Smartphone-Kameras, indem sie die Verschlusszeit auf 1/500 s oder noch kürzer reduzieren. Die Folge: Bewegungen sehen dann sehr abgehackt und unnatürlich aus. Profis erkennen Smartphone-Videoaufnahmen daher oft sofort. Abhilfe schafft ein ansteckbarer variabler ND-Filter, mit dem man den Lichteinfall so weit reduzieren kann, bis die Kamera wieder zu einer Verschlusszeit von 1/50 s greift.

Bei Innenaufnahmen mit ungünstigen Lichtverhältnissen oder in der Dunkelheit sind Aufnahmen mit dem Smartphone nicht zu empfehlen. Das eingebaute Smartphonelicht bzw. der Blitz sind keine große Hilfe: Sie produzieren ein grelles, direktes Licht, was einen ungünstigen Schlagschatten wirft. Eine alte Fotoregel heißt: „Das natürliche Licht ist dein Freund." Das gilt ganz besonders für Foto- und Filmaufnahmen mit dem Smartphone, die sich deswegen für den Außeneinsatz besser eignen.

Wenn es doch eine Innenaufnahme sein muss, sollte man am besten nach der dominierenden Lichtquelle im Raum Ausschau halten und sich mit dem Rücken zu ihr positionieren. Wenn es richtig gut werden muss, sollten Sie bei Innenaufnahmen die sogenannten **3-Punkt-Beleuchtung** anwenden: Aus der Perspektive des Interviewten kommt das **Führungslicht** von vorn aus Richtung der Kamera, das zur Aufhellung gedachte **Fülllicht** ebenfalls von vorn – aber der anderen Seite der Kamera – und von hinten oben das **Spitzlicht**, das dafür sorgt, dass sich Vordergrund und Hintergrund gut voneinander abheben.

Dafür braucht man natürlich drei Lampen – ein Aufwand, den eher ein Fernsehteam betreibt als ein mobiler Reporter. Aber auch für Smartphones gibt es natürlich externe Lichtquellen. Viele MoJos haben eine LED-Videoleuchte, zum Beispiel das *Metz mecalight L1000 BC X* in ihrer Ausrüstung. Solche Leuchten werden in der Regel auf einem speziellen Blitzgriff befestigt, der über einen Blitzschuh verfügt. Auf manchen Blitzgriffen kann man auch ein externes Mikrofon montieren, dazu gleich mehr.

Stabiles Bild durch Einsatz von Stativen
Neben einer guten Beleuchtung ist natürlich ein stabiles Bild wichtig. Verwackelte (Video-)Aufnahmen mögen mal durchgehen, wirken aber unprofessionell. Weil Smartphones so leicht sind, ist die Verwacklungsgefahr besonders hoch.

Die kleinste Lösung ist ein **Handgriff**, in den man das Smartphone einspannen kann. Mit so einem Griff (etwa dem *Shoulderpod S1*) kann man sein Gerät einigermaßen stabil halten und hat die zweite Hand frei. Wenn man eine solche Halterung auf ein kleines **Dreibein-Tischstativ** (mein Favorit: *Manfrotto Pixi Mini Stativ*) montiert, wackelt gar nichts mehr – und beide Hände sind frei. Besonders bei (Video-)Interviewsituationen ist das wichtig. Manche Mini-Dreibein-Stative wie das Mobi Gorillapod sind sogar magnetisch, lassen sich also auch an einer vertikalen Kante befestigen, sofern diese aus Metall ist. Noch flexibler ist, wer seinen Handgriff mit einer Saugnapfhalterung kombiniert. So lässt sich das Smartphone auch an einem Fenster anbringen.

Wenn kein Tisch oder keine ebene Fläche in der Nähe sind, oder man sein Smartphone in eine höhere Position bringen will (zum Beispiel auf Augenhöhe eines Gesprächspartners) ist ein **ausziehbares Stativ** gefragt. Das kann ein Einbein-Stativ mit ausklappbarem Standfuß sein, oder – noch stabiler – ein Dreibein-Stativ. Manche Dreibein-Stative haben auch eine Schwenkfunktion.

Bei Stativen gibt es ein breites Angebot, je nach Größe und Verarbeitung reicht die Preisspanne von 30 bis mehrere Hundert Euro. Wer unterwegs „nur" sein Smartphone auf ein Dreibein stellen will, braucht aber kein Profi-Stativ, das für schwere Spiegelreflexkameras konzipiert ist. Hier tun es auch einfachere Modelle wie das Manfrotto Befree.

Stabilität verleihen auch **Selfie-Sticks**, an die man sein Smartphone samt Halterung schrauben kann. Damit kann sich der MoJo zum einen selbst filmen, zum anderen das Smartphone in eine Position bringen, die er selbst nicht erreichen kann. So können sich spannende Perspektiven ergeben: um die Ecke, von oben, aus dem Fenster während einer Fahrt.

Praktisch: Stative und Halterungen bzw. Handgriffe für Smartphones verwenden fast immer das 1/4 Zoll-Gewinde, sind also miteinander kompatibel. Wer gar nichts dergleichen dabei hat, kann sein Smartphone zur Not auch mit einem Klebeband an der gewünschten Stelle fixieren. Ist auch das nicht verfügbar, bleibt als letzte Option das sogenannte **„Handstativ"**. Die rechte Hand hält das Smartphone von hinten, ohne die Kamera zu verdecken. Die linke Hand greift das rechte Handgelenk und stabilisiert es auf diese Weise.

Vorsicht ist beim **Zoomen** angebracht: Die meisten Smartphones haben nur eine Kamera mit einer festen Linse eingebaut, das heißt, sie verfügen nur über einen digitalen Zoom: Zwar kann ein Motiv vergrößert werden, aber nur, indem der Kameraprozessor das aufgenommene Bild vergrößert, was zu Lasten der Bildauflösung und damit der Qualität geht. Neuere Modelle verfügen über mehrere Linsen und damit einen optischen Zoom, so wie man es von Spiegelreflexkameras mit Wechsel-Objektiven kennt. Wer also – zumindest ein bisschen – optischen Zoom haben will, kann sein Smartphone mit ansteckbaren Zoomobjektiven aufrüsten. Die absolute Schmalspurvariante sind einfache Aufstecklinsen, die man mit einem Clip über der Smartphone-Kameralinse befestigt. Dabei gibt es verschiedene Typen, zum Beispiel Weitwinkellinsen oder Fischaugenlinsen.

Was tun, wenn der MoJo während der Aufnahme seinen Standort verändern muss, möglicherweise sogar schnell? Da nützt das Stativ nichts mehr, und einen Kamerawagen gibt es nur beim Fernsehen. Der MoJo kann sich für solche Fälle mit einem Bildstabilisator, in der Fachsprache **Gimbal** genannt, rüsten: Ein Gimbal ist eine kardanische Aufhängung, also zwei rechtwinklig zueinander angeordneten Drehlagern. Ein Gimbal sorgt dafür, dass das Smartphone seine Position nicht verändert, auch wenn der Reporter in Bewegung ist.

Bei Videodrehs muss man sich vor der ersten Aufnahme Gedanken über die **Bildrate** machen – egal, mit welcher Kamera man aufnimmt. Die Bildrate wird in **Frames pro Sekunde (fps)** gemessen. Wer mit 24 fps filmt, bekommt ästhetischere Aufnahmen, viele Kinofilme sind mit dieser Rate aufgenommen. 25 fps sind im Fernsehen gebräuchlich, Webvideos arbeiten oft mit 30 fps. Auch viele Smartphone-Videokameras sind standardmäßig auf diesen Wert eingestellt. Mehr fps liefern mehr Schärfe und weniger Verwischungs-Effekte. Aber das ist nicht immer besser, denn es kommt darauf an, wie die Aufnahme aussehen und wirken soll. Falls mit mehreren Kameras gedreht wird, sollte der Frame-Wert überall einheitlich eingestellt werden. Eine nachträgliche Änderung im Schnittprogramm kostet Zeit und Nerven und führt zu einem Qualitätsverlust.

Guter Ton durch Einsatz eines externen Mikrofons
Neben einem guten Bild ist bei einem Video guter Ton unerlässlich. Es gibt sogar Leute, die sagen, guter Ton sei im Zweifelsfall wichtiger, weil man dann den Sinn immer noch verstehe, während das allein über das Bild nicht funktioniere. Dass Ton allein als Informationsträger exzellent funktioniert, sieht man ja am Radio.

Das wichtigste für guten Ton ist ein vernünftiges Mikrofon. Zwar werden die eingebauten Smartphone-Mikrofone immer besser. Richtig gut funktionieren sie aber meist nur dann, wenn man sie dem Gesprächspartner direkt unter die Nase hält – und es nicht übermäßig viel störende Nebengeräusche gibt. Besser fährt man immer mit einem externen Mikrofon.

Der Mikrofonmarkt ist riesig und unterscheidet sich nach folgenden Kriterien:

- Bauweise (nach welchem Prinzip wird der Schall in elektrische Schwingungen verwandelt)
- Stromversorgung (via Aufnahmegerät oder mit eigener Batterie)
- Anschluss mit Klinkenstecker oder mit professionellem XLR-Anschluss (Wer ein Mikrofon mit XLR-Anschluss an ein Smartphone anschließen will, braucht dazu einen Adapter, etwa das iRig Pre Universal Microphone Interface oder ein simples Adapterkabel von XLR auf Miniklinke, das aber im Gegensatz zum iRig Pre keinen Vorverstärker hat)
- Kabelgebunden oder funkbetrieben
- Richtcharakteristik: Damit ist die räumliche Empfindlichkeit des Mikrofons gemeint. Kugelmikrofone nehmen den Schall rundherum auf, Richtmikrofone frontal und Nierenmikrofone in Form einer Niere.

Beschränken wir uns an dieser Stelle auf **Sprachaufnahmen**, die es ja in so gut wie jedem Video gibt. Damit der oder die Interviewpartner sehr gut zu verstehen sind, brauchen sie ein eigenes Mikrofon. Am besten eignen sich dafür kleine, unauffällige **Ansteckmikrofone** (auch Lavaliermikrofone genannt). In der Nähe des Mikrofonkopfes befindet sich eine kleine Klammer, mit der das Mikrofon an der Kleidung des Gesprächspartners befestigt werden kann. Kabelgebundene Lavaliermikrofone wie das Rode Lavalier SmartLav+ gibt es ab etwa 30 Euro.

Deutlich teurer und professioneller sind sogenannte **Funkstrecken**, bei denen der Sender beim Gesprächspartner befestigt ist und der Empfänger am Aufnahmegerät des Reporters. Dafür geben Funkstrecken Reporter und Interviewtem mehr Freiheit. Der Gesprächspartner ist dann nicht mehr „an der Leine" des Reporters.

Die günstigste Lösung für Sprachaufnahmen sind **Handmikrofone.** Allerdings funktionieren sie nur gut, wenn sie direkt vor der Mund gehalten werden. Handmikrofone fallen mehr auf als Ansteck- oder Funkmikrofone. Im Video sieht es nicht so toll aus, wenn sich der Protagonist ständig ein Mikro vor den Mund hält. Etwas anders liegt der Fall, wenn der Reporter selbst der Protagonist ist und zum Beispiel einen Aufsager an einem spannenden Ort macht. Bei Smartphone-Reportern ist das iRig Mic sehr beliebt, das es in verschiedenen Ausführungen von etwa 50 bis 130 Euro gibt.

Bei **Außenaufnahmen** ist es eminent wichtig, störende Geräusche so gut wie möglich zu vermeiden. Man sollte also sein Interview nicht direkt an einer stark befahrenen Straße führen, sondern lieber in einer Grünanlage. Auch Windgeräusche können den Ton ruinieren, darum empfiehlt sich ein Windschutz für das Mikrofon. Für viele Mikrofone gibt es Schaumgummi-Aufsätze. Wer nur mit dem Smartphone selbst aufnimmt, sollte das interne Mikro mit einem Mikrofon-Clipper abdecken – einer kleinen Klammer mit ein bisschen Schaumstoff drumherum. Zur Not tut es auch ein Stück Stoff, dass sich einigermaßen am Mikrofon befestigen lässt, zum Beispiel ein Wollhandschuh.

Natürlich muss auch die **Signalstärke** stimmen. Der Aufnahmepegel bzw. die Empfindlichkeit lässt sich entweder über Aufnahmeapps oder direkt am Mikrofon einstellen. Für Sprachaufnahmen können -10 Dezibel als Richtwert gelten. Dann ist noch ein bisschen Luft nach oben. Die Aufnahme sollte keinesfalls über 0 Dezibel hinausgehen, sonst kommt es zu einer hässlich klingenden Verzerrung (Clipping). Im Zweifelsfall also lieber leiser aufnehmen, hochpegeln kann man in Schnittprogrammen immer noch – auch wenn das Rauschen dadurch noch hörbarer wird. Ein übersteuertes Signal lässt sich dagegen nicht mehr reparieren.

Um festzustellen, ob die Tonqualität gut genug ist, empfiehlt es sich, die Aufnahme mit einem Kopfhörer mitzuhören.

Apps zum Aufnehmen
Es gibt unzählige Apps, die sich zum Aufnehmen und Editieren eignen. Um professionelle Ergebnisse zu erzielen, braucht ein Journalist eine App, die ihm die Kontrolle über Fokus, Blende und Farbbalance gibt. Unter den Video-Apps ist das sowohl für iOS als auch für Android erhältliche **FilmicPro** sehr weit verbreitet. Filmic Pro ist ziemlich einfach zu bedienen und bietet für 9,99 Euro sehr viel Leistung. Per Fingertipp markiert man den Punkt, der scharf sein soll, zum Beispiel das Gesicht des Gesprächspartners (Fokus-Funktion). Mit einem weiteren Tipp lässt sich dieser Punkt fixieren. So vermeidet man, dass einem der automatische Fokus einen Streich spielt. Nachteil des manuellen Fokus: Wenn sich der Interviewpartner direkt auf die Kamera zubewegt, wird er unscharf. In die umgekehrte Richtung ist das kein Problem, denn die Aufnahmesensoren der Smartphones sind so klein, dass alle Objekte, die 30–50 cm und weiter vor der Linse entfernt sind, scharf sind. Für Repor-

ter ist das praktisch, weil sie sich fast nie um genaue Schärfepunkte kümmern müssen.

Die **Blendeneinstellungen** funktionieren bei FilmicPro nach dem gleichen Prinzip: Man verschiebt das runde Blenden-Symbol an die Stelle, die gut zu sehen sein soll. Nun ermittelt die Kamera den Referenzwert für die Belichtung des gesamten Bildes. Auch das Blenden-Symbol kann man für die Dauer der Aufnahme fixieren, sodass sich die Belichtung nicht mehr verändert.

Der **Weißabgleich** erlaubt es schließlich, einen Referenzwert für die Farbe Weiß einzustellen. Diesen Wert kann man mit einem Fingertipp fixieren, das heißt, er ändert sich nicht, wenn man die Kamera bewegt. So lassen sich unvorteilhafte automatische Farbkorrekturen während der Aufnahme vermeiden.

Darüber hinaus lassen sich in FilmicPro der ISO-Wert für die Lichtempfindlichkeit, die Verschlusszeit der Blende und eine Belichtungskorrektur manuell einstellen, ebenso die Frame-Rate, die Bitrate, die Audiokompression und die Abtastrate. Das sind Profi-Features, über die die eingebauten Kamera-Apps in der Regel nicht verfügen.

Weitere Smartphone-Apps für die Aufnahme von Videos:

- iOS: MoviePro, Mavis, Promovie Recorder
- Android: CameraFV5, ProShot, Cinema4K Android

Die Apps der sozialen Netzwerke Facebook, Instagram und Snapchat stellen einen Sonderfall dar und werden im Kapitel 3.8 vorgestellt.

Linse sauber, Akku voll, Speicherkarte leer, Flugmodus an?
Smartphones sind einerseits sehr praktisch, können aber auch zum Nervenzusammenbruch führen, wenn sie nicht oder nicht wie gewünscht funktionieren. Vor dem Einsatz sollte man daher vor allem diese vier Punkte checken:

1. Ist die Linse meiner Smartphone-Kamera sauber? Weil sie so klein und unscheinbar ist, vergisst man eher, sie zu reinigen, als bei einem großen Wechsel-Objektiv. Am besten nimmt man ein Brillenputztuch – ohne Seife!

2. Ist mein Akku voll? Selbst wenn: Videoaufnahmen ziehen viel Energie, darum ist es immer eine gute Idee, einen Ersatzakku oder eine externe Powerbar dabeizuhaben, die im Notfall per USB-Kabel Strom liefert.
3. Ist auf meinem Gerät genug Speicherplatz vorhanden? Faustregel: Eine Minute Full-HD-Video mit 1920 × 1080 Pixel-Auflösung, 25 fps, einer Bitrate von 32 MbPS, und einer Audioabtastfrequenz von 48 kHz benötigt ungefähr **240 MB**. Auch hier empfiehlt sich eine zusätzliche externe Speicherkarte. iPhone-Nutzer müssen in so einem Fall auf eine WLAN-Festplatte zurückgreifen.
4. Ganz wichtig ist es, sein Handy vor Drehbeginn in den Nicht-Stören- oder noch besser in den **Flugmodus** zu schalten. So lässt es sich vermeiden, dass ein eingehender Anruf die ganze Aufnahme ruiniert. Manche MoJos arbeiten mit zwei Smartphones: eines für die (private) Kommunikation und eines rein für Aufnahme. In diesem Fall steht natürlich viel mehr Speicher für Fotos und Videos zur Verfügung.

3.3 Video-Dreh

Im digitalen Journalismus gibt es den eindeutigen Trend, Informationen visuell zu vermitteln. „Show, don't tell" ist die Devise, die darauf aufbaut, dass das menschliche Gehirn visuelle Informationen schneller verarbeitet und versteht als Informationen in Textform. Das visuelle Medium schlechthin sind (Web-) Videos, die auch im Internet eine tragende Rolle spielen. Videoplattformen boomen, aber auch auf journalistischen Websites haben Webvideos in den letzten Jahren stark zugenommen. Und Webvideos werden heute oft mit dem Smartphone gedreht. Deswegen erkläre ich Dreh und Schnitt aus der Smartphone-Perspektive.

Welchen Mehrwert kann ein Video liefern?
Auch wenn Videos sich zunehmender Beliebtheit erfreuen, muss sich der Journalist immer überlegen, ob sein Thema ein „Video-Thema" ist. Beantworten Sie also zuerst die Frage: Warum Video? Welchen Mehrwert kann ich durch bewegte Bilder für meine Geschichte stiften? Gerade Fernsehnachrichten kranken oft daran, dass sie keine passenden oder aktuellen Bilder haben. Was ist mit einem Video über einen Juwelenraub am Flughafen gewonnen, bei dem man nur den Flughafen, irgendwelche Flughafenmitarbeiter, Flugzeuge

und eine Pressekonferenz sieht? Nichts, einfach, weil das kein Video-Thema ist. Wenn man keine aktuellen Bilder hat, schreibt man einfach einen Text mit den Informationen, die verfügbar sind. Da kann nichts kaputtgehen.

Was sind also die Stärken von Videos?

- **Authentizität**: Ein Video bringt den Zuschauer vor Ort. Er sieht und hört, wie es dort aussieht bzw. was dort passiert, bekommt einen Eindruck von der Atmosphäre. Videos haben auch **Dokumentationscharakter**: Wenn zum Beispiel ein Politiker seinen Rücktritt bekanntgibt, ist es für den Zuschauer sehr interessant, wie er das macht: wie seine Stimme klingt, was sein Blick, seine Mimik und seine Gestik verraten.
- **Emotionen transportieren**: Videos eignen sich hervorragend, um menschliche Gefühle zu transportieren; Freude, Überraschung, Wut, Trauer, Streit, vor allem, wenn sich diese Emotionen zwischen mehreren Menschen abspielen. Emotionen sorgen für ein hohe Bindung der Zuschauer, die wissen wollen, wie sich die Situation auflöst.
- **Bewegung zeigen**: Videos haben den großen Vorteil, dass sie Bewegung zeigen können: Menschen, die gehen, laufen, klettern, Menschen, die etwas herstellen, die mit spannenden Gegenständen hantieren.
- **Starke Bilder**: seien es menschliche Emotionen, außergewöhnliches Design, skurrile Gebäude, zerstörte Häuser oder eine verwüstete Landschaft (Videos werden oft bei Unglücken verwendet). Es kann aber auch einfach nur eine spannende Perspektive sein: eine am Boden befestigte Kamera etwa, über die ein Auto fährt. Noch weiter gefasst, geht es um eine interessante Kulisse: eine Werkstatt, ein bis auf den letzten Platz gefülltes Stadion,
- **Erklären**: Sehr nützlich sind Videos, wenn es darum geht, zu erklären, wie etwas funktioniert. Die klassische Gebrauchsanweisung wird zunehmend vom How-To-Video abgelöst. Fast nirgendwo trifft der Grundsatz „Show, don't tell" so gut zu wie hier: In einem Text brauchen Sie vielleicht 10 Sätze, um zu erklären, wie man den Autoreifen wechselt. Das Video zeigt einfach die Handgriffe, benötigt dafür streng genommen gar keine Worte.

Ein Drehplan fokussiert die Geschichte
Natürlich hat man nie alle Komponenten, und das ist auch gar nicht notwendig. Überlegen Sie sich trotzdem, welche Aspekte Ihres Themas gute Bilder

hergeben, am besten in einem Drehplan, in dem Sie stichpunktartig folgende inhaltliche Fragen beantworten:

- Was ist meine Geschichte: Worauf will ich hinaus, was ist mein roter Faden?
- Wer ist der Hauptdarsteller? Finden Sie einen interessanten Protagonisten: jemanden, der einen spannenden Job hat, etwas zu sagen hat, gut erzählen kann, markant spricht, eine ausdrucksstarke Mimik und Gestik hat.
- Welche O-Töne brauchen Sie vom Hauptdarsteller für Ihre Geschichte? Welche Aspekte sind inhaltlich wichtig?
- Welche Geräusche sind spannend? Welches gibt einen guten Eindruck der akustischen Atmosphäre?
- Durch welche Aktionen und Handlungen kommt Bewegung in Ihr Video? Halten Sie verschiedene Szenen fest, die Sie auf jeden Fall filmen wollen.
- Welcher Ort, welche Kulisse ist sehenswert? Welche spektakulären Bilder oder Wow-Momente gibt es? Speziell für Einstieg und Ausstieg brauchen Sie starke Bilder.

Wie viel und wie lang?
Natürlich klappt eine Recherche und/oder Aufnahme fast nie hundertprozentig so wie geplant. Trotzdem: Je genauer man sich vor dem Dreh Gedanken macht, welches Material man für seine Geschichte braucht, desto leichter tut man sich beim Dreh und später auch beim Schnitt. Das gilt auch für die Menge des Materials. Wichtig ist das Verhältnis von aufgenommenem Material (auch Footage genannt) zu tatsächlich im Beitrag verwendetem Material. Profis erreichen hier 5:1 oder weniger: Für ein dreiminütiges Porträt nehmen sie also 15 Minuten Material auf. Anfänger filmen in der Regel deutlich mehr: Zu viel Material ist aber kontraproduktiv, weil man alles sichten und auswählen muss und dabei viel Zeit verliert. Gerade beim Dreh mit dem Smartphone kommt hinzu, dass hier oft die (noch freie) Speicherkapazität geringer ist als bei Videokameras – ein Grund mehr, die benötigten Einstellungen gut zu planen.

Daneben gibt es noch einige physikalische und organisatorische Rahmenbedingungen am Drehort zu klären:

- Wie sind die Lichtverhältnisse: Drehe ich innen oder außen, bei natürlichem oder künstlichem Licht? Welche Beleuchtung brauche ich gegebenenfalls?

- Wie ist die Akustik am Drehort? Hallt es, geht viel Wind, gibt es viele Umgebungsgeräusche?
- Darf ich dort überhaupt filmen oder brauche ich eine Drehgenehmigung? (etwa auf dem Gelände der Bahn)
- Auch die Zeit spielt eine wichtige Rolle: Wann wollen Sie filmen? Wie viel Zeit haben Sie für den Dreh? Wie lange haben Ihre Gesprächspartner Zeit? Wie viel Zeit bleibt Ihnen anschließend für die Produktion?

> **Einstellung, Take, Szene**
>
> **Einstellung**: Die Einstellung ist das kleinste filmische Element. Damit ist ein Stück Film gemeint, das ohne Unterbrechung aufgenommen wurde. Als Faustregel sollte eine Einstellung mindestens zehn Sekunden lang sein, wenn es von der Story her Sinn macht, kann sie auch länger sein. Man unterscheidet Einstellungen danach, wie nah oder fern sie ein Motiv zeigen: von der Detailaufnahme bis zur Totalen.
>
> **Take**: Beim Drehen eines Films muss eine Einstellung meist mehrmals wiederholt werden. Die einzelnen Wiederholungen bezeichnet man als Takes. Am besten notiert man sich schon beim Dreh, welcher Take der beste war.
>
> **Szene**: Damit ist eine Handlungseinheit gemeint, eine aus mehreren Einstellungen bestehende Aktion, zum Beispiel ein Treffen von zwei Personen. Eine Einstellung zeigt einen Raum, die zweite Einstellung Person A, die dritte Einstellung Person B, die vierte Einstellung, wie sich beide aufeinander zubewegen, die fünfte Einstellung den Händedruck. Hierfür sind mehrere Kameras nötig.

Beim Dreh: Der Journalist als Regisseur
Wenn all diese Fragen geklärt sind, geht endlich der Dreh los. Als Journalist sind Sie dabei der Regisseur, der seine Gesprächspartner in Szene setzt, an spannenden Orten, bei spannenden Tätigkeiten. Die im Folgenden beschriebenen Inszenierungsmöglichkeiten werden vor allem bei Fernsehen und Film angewandt, lassen sich aber auch auf ein lineares Webvideo übertragen. Sie sind besonders für Videos im Querformat 16:9 gedacht, weil das der natürlichen Sehgewohnheit entspricht. Unsere Augen sind nunmal nebeneinander und nicht untereinander angeordnet. Das Querformat liefert auch mehr Platz

für Aktionen, die ja in den meisten Fällen horizontal ablaufen – wenn nicht gerade Spiderman auf einen Wolkenkratzer klettert. Auch im Netz, speziell auf YouTube, dominiert das Querformat. Hochformatige Videos gewinnen speziell bei der jüngeren Zielgruppe an Bedeutung, darauf gehen wir dann im Kapitel 3.8 ein.

Filmische Gestaltungselemente
Das Bewegtbild war jahrzehntelang Film und Fernsehen vorbehalten. Dieses Monopol ist längst gefallen, die filmischen Gestaltungsmittel werden aber auch heute noch in journalistischen Webvideos eingesetzt, weil sie für die Abwechslung sorgen, die jedes Video braucht. Selbst wenn man nur eine Person und einen Schauplatz hat, kann man mit Bildaufbau sowie unterschiedlichen Einstellungen und Perspektiven viel Abwechslung erzeugen.

Bildaufbau
Beim Bildaufbau bzw. Bildausschnitt geht es um die Frage, wo genau man Menschen oder Dinge im 16:9-Bild anordnen soll. Dabei sollten Sie zu viel Symmetrie meiden. Wenn alle Objekte immer in der Mitte sind, wird es schnell langweilig. Beliebt und bewährt ist die Drittel-Regel, die auch als Goldener Schnitt bekannt ist. Hierbei wird das (querformatige) Bild in je drei horizontale und drei vertikale Bereiche unterteilt. Dort, wo sich die oberste Linie und die erste Linie von rechts (bzw. von links) treffen, ist der Punkt der größten Aufmerksamkeit. Hier sollte der Mensch oder der Gegenstand positioniert sein, den man besonders betonen will. Bei Menschen wird die Drittel-Regel meist horizontal, also in Bezug auf die Bildbreite, angewandt. Bei Landschaften oder Panoramen wird sie eher vertikal angewandt, also in Bezug auf die Höhe des Bildes. Zum Beispiel ein Drittel Himmel und zwei Drittel Straße. Aber egal ob horizontal oder vertikal: Der Goldene Schnitt ist ein sehr gutes Mittel, um auf einem zweidimensionalen Bild räumliche Tiefe zu schaffen. Das gilt auch in der Fotografie, die ebenfalls oft mit dem Goldenen Schnitt arbeitet.

Wenn Sie Menschen aufnehmen, sollten Sie auf die Blickrichtung (Eyeline) achten. Menschen sollten in der Regel in das Bild hineinschauen und nicht aus dem Bild hinaus. Es sei denn, sie wollen mit der Blickrichtung nach außen eine Aussage treffen, zum Beispiel bei einem Foto vom Rücktritt eines Politikers.

Kameraperspektiven
Bei den Kameraperspektiven spricht man von:

1. Neutral: Kamera ist auf Augenhöhe mit dem Gesprächspartner
2. Untersicht: Kamera ist auf niedrigerer Position, sie blickt von unten auf eine Person, die dadurch betont wird und größer wirkt
3. Aufsicht: Das Gegenteil der Untersicht. Kamera blickt von einer höheren Position auf die Person, die dadurch kleiner und unwichtiger wirkt.
4. Froschperspektive: extreme Untersicht
5. Vogelperspektive: extreme Aufsicht

Im Normalfall filmt man Menschen aus einer neutralen Perspektive, es sei denn, man benutzt Aufsicht oder Untersicht absichtlich, um Menschen unter Druck oder überlegen zu inszenieren. Dieses Stilmittel ist im Spielfilm eher verbreitet als bei journalistischen Videobeiträgen.

Eine sehr spannende Perspektive kann ein Blick über die Schulter sein, etwa wenn man einer Person bei einer Tätigkeit zuschaut. In diesem Fall nimmt der Zuschauer die Perspektive der Hauptperson ein.

Kameraeinstellungen
Die unterschiedlichen Kameraeinstellungen (auch Einstellungsgrößen genannt) sind das kleinste filmische Element – allerdings ein sehr wichtiges. Im Film löst der Regisseur (und das sind Sie als Journalist) jede Szene in verschiedenen Einzeleinstellungen auf. Im Fachsprech haben die Einstellungsgrößen eigene Namen, die sich danach richten, wie viel vom Motiv zu sehen ist. Von groß nach klein sind das:

- Supertotale (Extreme Long Shot): zeigt den Ort des Geschehens aus großem Abstand. Meistens sind Supertotalen Landschaftsaufnahmen, zum Teil auch aus der Luft. Supertotalen kommen deswegen nicht in jedem Video vor.
- Totale (Long Shot): liefert Überblick und Orientierung, zeigt zum Beispiel Personen in einer Landschaft, vor einem Gebäude oder in einem Raum.
- Halbtotale (Medium Long Shot): zeigt eine Gruppe von Menschen, bei einer einzelnen Person den ganzen Körper
- Halbnahe (Medium Close-Up): zeigt eine Person bis zur Taille
- Nahe (Close-Up): zeigt die Person bis zur Brust

- Groß (Very Close-Up): zeigt die Person bis zum Kragen
- Detail (Extreme Close-Up): extreme Nahaufnahme, zum Beispiel der Hände

Totalen brauchen mehr Zeit, um verstanden zu werden. Die darin gezeigten Personen wirken unwichtiger und unbedeutender, weil sie nur ein kleiner Teil des ganzen Bildes sind. Nahe Einstellungen sind spannender und emotionaler: Menschen interessieren sich nun mal besonders für Menschen und ihre Gesichter, vor allem dann, wenn sie eine Stimmung ausdrücken. Achten Sie deswegen darauf, genügend Nahaufnahmen (Halbnahe, Nahe, Groß, Detail) von Menschen aufzunehmen. Über die Probleme beim Zoomen haben wir in Kapitel 3.2 gesprochen. Deswegen gilt besonders für Nahaufnahmen: „Zoom with your feet." Der Reporter sollte so nah wie möglich an das Objekt, das er aufnehmen will, herangehen.

Leichter kann man die wesentlichen Einstellungsgrößen merken, wenn man Sie in W-Fragen übersetzt, wie das die **5-Shot-Regel** tut.

W-Frage	Einstellung	Bildausschnitt
1. WAS?	Halbtotale oder Halbnahe	Was macht die Hauptperson? Gesicht und Hände sollten zu sehen sein.
2. WER?	Nahe oder Groß	Das Gesicht der Hauptperson
3. WIE?	Detail	Wie funktioniert das, was die Person macht? Zum Beispiel Großaufnahme der Hände in Aktion.
4. WO?	Totale	Der ganze Raum bzw. die ganze Kulisse. Die Totale soll eine Übersicht geben.
5. WOW!	Beauty Shot	Beim Beauty-Shot geht es um eine besondere, überraschende Einstellung oder Perspektive, zum Beispiel durch eine Helmkamera oder durch einen Blick über die Schulter (Over-Shoulder-Shot).

Besonders wichtig ist der Wow-Shot. Jedes Video braucht mindestens eine spektakuläre Einstellung, gerade für den Einstieg. Hier bietet sich der Wow-Shot an. Smartphones eignen sich wegen ihrer geringen Größe besonders gut für Wow-Shots. Schon mit der nach oben gestreckten Hand lässt sich eine Vogelperspektive schaffen, noch mehr, wenn das Smartphone an einem Selfie-Stick befestigt ist. Spannend sind sogenannte Point-of-View(POV)-Einstellungen, wenn die Kamera also aus der Perspektive des Handelnden aufnimmt, bei Menschen durch eine am Oberkörper angebrachte Bodycam oder eine Helmkamera, oder an der Spitze von Autos, Motorrädern oder Zügen. Oder gar durch eine Kamera, die an einer Drohne befestigt ist. Für solche Action-Aufnahmen eignen sich die kompakten und robusten GoPro-Kameras sehr gut, die auch über entsprechende Adapter und Halterungen verfügen. Mit wasserdichten Modellen lassen sich ebenfalls tolle Wow-Shots machen. Zum Beispiel kann eine Kamera am Boden eines Bierglases aufnehmen, wie das Bier in das Glas strömt.

Es müssen natürlich nicht immer alle sieben oben genannten Einstellungen sein. Welche davon man tatsächlich aufnimmt, hängt von der konkreten Geschichte ab. Der Mix aus nahen und totalen Einstellungen macht den Unterschied. In jedem Fall sollte man jede Einstellung sorgfältig einrichten, dann die Aufnahme starten und mindestens zehn Sekunden lang filmen.

Praktisch ist es auch, wenn man Drumherum-Material, sogenannte „Schnittbilder" filmt: Das können andere Perspektiven, gehende Personen oder Details sein. Solche Aufnahmen können beim Schneiden in mehrerlei Hinsicht helfen:

- Schnittbilder lockern ein Video auf und sorgen für etwas Abwechslung.
- Zwei inhaltliche getrennte Sequenzen lassen sich so miteinander verbinden
- Gesagtes kann illustriert werden: Wenn zum Beispiel der Zoowärter von den 200 Kilogramm Futter erzählt, die ein Elefant täglich verspeist, ist es anschaulich, den riesigen Heuhaufen zu zeigen, während der Zoowärter weiterspricht.

3.4 Video-Schnitt

In der Praxis hat kaum ein Reporter genau das Material aufgenommen, das er ursprünglich geplant hatte. Darum ist es wichtig, gleich nach dem Dreh sein Filmmaterial zu sichten. Hier zahlt es sich aus, wenn man ökonomisch gefilmt hat, wenn also das Verhältnis von gedrehtem Material zu im Beitrag verwendeten Material nicht mehr als 5:1 beträgt.

Was kommt nun in das Video und was nicht? Das hängt zum einen von der geplanten Länge ab. Im Fernsehen gibt es genaue Vorgaben in Minuten und Sekunden. Wer seine Videos im Netz veröffentlicht, ist diesen Zwang schon einmal los, was aber nicht heißt, dass das Video übermäßig lang sein soll. Wie lang das Video tatsächlich ist, hängt von der Frage ab, was das Video für wen (wo) leisten soll. Eine Dokumentation, die Hintergründe und Vorgeschichte aufzeigt, dauert natürlich viel länger als ein Produkttest.

Viele Webvideos sind kürzer als drei Minuten. Die Kategorie 5-20 Minuten wird weniger angeschaut, bei mehr als 20 Minuten geht die Zahl wieder nach oben. Durch viel Ausprobieren finden Sie am besten heraus, was Ihrem Publikum gefällt. Mit Tracking-Tools lässt sich sogar herausfinden, wie lange die Leute ein Online-Video anschauen und an welcher Stelle sie aussteigen.

Dramaturgie
Ein Film ist ein Kunstwerk: Die vielen einzelnen Einstellungen werden im Schnitt wieder neu zusammengefügt, so dass sie eine abwechslungsreiche Geschichte ergeben. Jetzt geht es darum, eine spannende Dramaturgie zu finden: Welche Szenen habe ich, in welcher Reihenfolge platziere ich sie, wie entsteht so ein Spannungsbogen? Bei jedem Video ist der **Einstieg** ganz besonders wichtig. Wir müssen den Zuschauer fesseln, bevor er wieder wegklickt. Deswegen braucht das Video ein starkes Bild, das die Aufmerksamkeit des Zuschauers erregt, einen sogenannten „Eyecatcher". Auch über ein spannendes Geräusch kann ich den Zuschauer fesseln. Der Idealfall ist, wenn das starke Bild mit einem starken Geräusch unterlegt ist. Wow-Shots eignen sich besonders gut für den Einstieg.
Neben diesem optischen und akustischen Reiz durch einen Eyecatcher sollte auch ein inhaltlicher Köder ausgelegt werden. Bauen Sie gleich am Anfang eine Erwartungshaltung auf, indem Sie ein Versprechen machen und dem

Nutzer mitteilen, was er bekommt, wenn er das Video ansieht. Zum Beispiel: „Nummer drei der Weltrangliste, 42 Turniersiege, vierfache Weltmeisterin: Melanie Musterfrau war eine Weltklasse-Tischtennisspielerin. Bis ein komplizierter Handbruch ihre Karriere jäh stoppte. Doch mit unbändigem Willen arbeitete sie an ihrem Comeback. Zweieinhalb Jahre später ist sie zurück in die Weltspitze."
Ein weiteres Mittel, um den Zuschauer bei der Stange zu halten, ist, eine (vermutete) **Relevanz** herzustellen. Zum Beispiel, indem man Fragen wie „Was geht mich das an?" oder „Warum sollte mich das interessieren?" beantwortet oder zumindest anreißt.

Nach dem Einstieg erzählt man im **Hauptteil** seine Geschichte, das kann nun wieder chronologisch sein, muss es aber nicht. Der kürzeste Weg zu einem Thema ist ein Mensch, darum ist es hilfreich, wenn es im Video eine Hauptperson gibt, um die sich die Handlung dreht. In unserem Beispiel die Tischtennisspielerin Melanie Musterfrau. Und eine Hauptaussage, in unserem Fall ihr Weg zurück in die Weltspitze nach langer Verletzungspause.

Wie viel vom Video in Erinnerung bleibt, hängt maßgeblich vom **Schluss** ab. Hier steigt die Aufmerksamkeit des Zuschauers noch einmal. Zum Schluss sollten die im Einstieg aufgeworfenen Fragen beantwortet und das Versprechen eingelöst sein. Speziell der letzte Satz hat eine gute Chance, im Bewusstsein des Zuschauers hängen zu bleiben. Das gilt umso mehr, wenn er mit einer prägnanten Botschaft endet, egal, ob im O-Ton (eines Protagonisten) oder im Off-Ton (des Sprechers/Reporters). Diese Botschaft kann ein Aufruf sein, ein Gag oder ein emotionaler Satz. Auch das Abschlussbild sollte eines der stärksten sein, die man gedreht hat.

Damit der Zuschauer nicht ermüdet, ist es wichtig, auf **Abwechslung** zu achten. Abwechslung erreicht man durch fünf Gestaltungselemente:

- **Bild**: verschiedene Orte, Szenen, Einstellungen, Perspektiven. Es kann auch ein statisches Bild sein, etwa ein Foto des Protagonisten als Kind.
- **Geräusch**: die sogenannte „Atmo"
- **O-Ton**: der Hauptperson, evtl. von verschiedenen Personen, etwa bei einer Umfrage

- **Musik**: kann sehr gut Stimmungen erzeugen oder zumindest unterstreichen, von heiter bis bedrohlich. Im journalistischen Bereich wird Musik eher sparsam eingesetzt. Bei Musik ist auch zu klären, ob man sie überhaupt verwenden darf – und wenn ja, zu welchem Preis (GEMA-Gebühren). Eine Alternative ist Musik, die unter einer Creative-Commons-Lizenz steht, also unter Nennung des Urhebers und Angabe der exakten CC-Lizenz kostenlos verwendet werden darf. Manche Schnittprogramme wie iMovie oder Splice haben zumindest Soundschnipsel und Geräusche an Bord, die man kostenlos verwenden darf.
- **Sprechertext**: eignet sich gut zur Erklärung von Aspekten, die der Protagonist nicht oder nicht verständlich gesagt hat. Kann oft auch das Warum erklären, das in Bildern nur schwer aufzulösen ist. Manche Videos verzichten ganz auf einen Sprecher und arbeiten mit Texteinblendungen.

Es ist ungemein hilfreich, wenn man sich das inhaltliche Gerüst seines Videos vorher aufschreibt. Am besten macht man das in einem **Schnittplan**, und wenn es nur handschriftlich ist. Im Schnittplan notiert man Dauer der Szene, Filmzeit, Bild (Einstellung) und Text.

Dauer	Filmzeit	Bild (Einstellung)	Text
00:15	00:00 – 00:15	Melanie Musterfrau reckt einem Pokal in der Höhe, das Publikum jubelt (Halbtotale)	Sprecher: Deutsche Meisterin 2018: Melanie Musterfrau ist zurück in der Spitze. Noch vor einem Jahr hätte die frühere Nummer drei der Weltrangliste das nicht für möglich gehalten.
00:05	00:15 – 00:20	Musterfrau mit eingegipstem Handgelenk (Detail)	Sprecher: Ein komplizierter Handbruch hatte ihre mit Titeln gespickte Karriere jäh gestoppt.

Dauer	Filmzeit	Bild (Einstellung)	Text
00:23	00:20-00:43	O-Ton Musterfrau (Nahe)	Musterfrau: Ich hatte mich so auf die WM 2016 gefreut. Doch dann bin ich auf der Treppe ausgerutscht und habe mir beim Sturz die Hand gebrochen.
...	...	Weitere Szenen	...
02:45		Melanie Musterfrau umarmt alte Rivalin (Halbnahe)	Gegen die Weltranglistenerste Katarina Katalova hat Melanie Musterfrau bei ihrem Comeback verloren. Aber denkbar knapp. Das zeigt, dass sie wieder mit der Spitze mithalten kann.

Wenn Sie ein Webvideo machen, kommt es vielleicht nicht auf jede einzelne Sekunde an, trotzdem ist es gut, schon vor dem Schnitt ein Gefühl dafür zu bekommen, wie lange der Beitrag am Ende in etwa werden wird. Gerade die Abfolge der einzelnen Szenen ist wichtig.

Wenn der Ablauf steht, kann der Schnitt losgehen. Eine Auflistung verschiedener Schnittprogamme folgt im nächsten Abschnitt, das Grundprinzip ist aber allen gemein:

- Eine neue Projektdatei anlegen. Nur hier kann editiert werden.
- Einzelne Takes in das Schnittprogramm laden
- Takes bzw. Sequenzen in die gewünschte Reihenfolge bringen
- Die Takes trimmen: Mit Schiebereglern Anfang und Ende definieren. Wenn nötig einen Take an der gewünschten Stelle teilen und das Trimmen wiederholen
- Gegebenenfalls Sprechertext aufnehmen. Jeder Text ist wie ein (Audio-) Take zu verstehen. Den Text in die Audiospur des Editors laden und an die gewünschte Stelle schieben
- Gegebenenfalls Musik in eine (weitere) Audiospur laden

- Die einzelnen Elemente Bild, Bild mit O-Ton, Sprechertext, Atmo, Musik aufeinander abstimmen. Überlappungen von Bild und Ton sind möglich. Manchmal fungiert ein Ton gut als „Kleber" zwischen zwei Einstellungen, etwa indem der Ton von Einstellung B schon am Ende von Einstellung A beginnt.
- Gegebenenfalls Texteinblendungen schreiben und über ein Bild legen

Schnittarten
Normalerweise wird im Moment der größten Bewegung geschnitten, weil der Schnitt dann innerhalb der Bewegung unsichtbar wird, also etwa, wenn ein Schmied mit dem Hammer ausholt (Halbnahen-Einstellung). Das nächste Bild zeigt, wie der Hammer auf dem Amboß auftrifft (Detail-Einstellung), so ergibt sich eine fließende Bildfolge.
Wer einen bestimmten Schnitt dagegen extra betonen will, arbeitet mit Jump Cuts, die zum Beispiel bei YouTubern sehr beliebt sind. Bei diesen sehr harten Schnitten werden verschiedene Bilder (aus der gleichen Einstellung) ohne Übergang aneinandergehängt, so dass ein richtiger Sprung entsteht. In einem Bild ist der Akteur in der Bildmitte zu sehen, im nächsten steht er links im Raum, im übernächsten ist sein Gesicht ganz nah vor der Kamera – ohne, dass jeweils gezeigt wird, wie der Akteur von einem Platz zum nächsten gekommen ist. Jump Cuts kann man als Gestaltungsmittel einsetzen, um für mehr Dynamik im Video zu sorgen.

Visuelle Effekte
Je nach Schnittprogramm gibt es eine mehr oder minder große Auswahl an visuellen Effekten. Hier vier gängige Beispiele:

1. Mit einem **Rahmen**, einem Lichtkegel oder einer Verengung des Bildausschnitts lassen sich eine Person oder ein Motiv betonen.
2. Auch der **Resize-** oder Ken-Burns-Effekt eignet sich, um die Aufmerksamkeit auf eine ganz bestimmte Stelle im Bild zu richten: Man setzt im Schnittprogramm einen Startpunkt (das ganze Bild) und einen Endpunkt (der Ausschnitt, auf den man Wert legt) und legt eine Dauer für den Effekt fest. Dann zoomt das Programm in der vorgegebenen Zeit vom Startpunkt zum Endpunkt im Bild. Der Ken-Burns-Effekt wird oft verwendet, wenn man mit statischem Fotomaterial arbeitet und mehr Bewegung schaffen will.

3. Viele Schnittprogramme erlauben es, **Bilder langsamer oder schneller** abzuspielen, indem man einen Faktor von 0,25 (nur ein Viertel der Ausgangsgeschwindigkeit) bis 2 (doppelt so schnell) eingibt. Eine Slow-Motion (langsamere Geschwindigkeit) bietet sich an, wenn man eine spektakuläre Bewegung besonders gut zur Geltung kommen lassen will, etwa der Moment, in dem die Funken sprühen, wenn der Schmied auf das glühende Hufeisen schlägt. Ein Zeitraffer wird eingesetzt, wenn man einen Vorgang beschleunigen will. Das sieht dann oft komisch aus, muss also zur Machart des Videos passen.
4. Übergänge zwischen zwei Bildern kann man mit **Blenden** gestalten. Je nach Programm gibt es hier sehr viele Möglichkeiten. Die Schwarzblende wird häufig eingesetzt, um in eine Szene hinein- und anschließend wieder aus ihr herauszugehen. Zu Beginn der Szene ist das Bild schwarz, die Blende geht auf und das Bild ist zu sehen. Am Ende der Szene schließt sich die Blende wieder und das Schwarze überlagert wieder das Bild. Bei einer weichen Blende wird ein Bild langsam ausgeblendet, während das nächste schon langsam eingeblendet wird. Weiche Blenden werden oft eingesetzt, um zu zeigen, wie Zeit vergeht. Wenn zu viele Blenden eingesetzt werden, kann das den Zuschauer auch nerven. Manche Videomacher verzichten auf Blenden und setzen lieber auf harte Schnitte.

Journalisten sollten visuelle Effekte in erster Linie inhaltlich und erzählerisch einsetzen und nicht der schickeren Optik wegen.

Schnittprogramme: Mobil oder am Desktop
Für den Schnitt gibt es tonnenweise Programme. Die erste Frage ist: Schneide ich am Smartphone (wie es viele MoJos machen) oder lieber am Rechner? Das hängt sowohl von der für den Schnitt zur Verfügung stehenden Zeit, den ästhetischen Ansprüchen als auch vom Budget ab. Schnitt-Apps für Smartphones kosten oft nur wenige Euro, während für eine Desktop-Lizenz schnell mal mehrere Hundert Euro fällig sind.

Natürlich ist der Video-Schnitt auch eine Komfortfrage: Den Grundschnitt eines Videos bekommt man auch auf dem Smartphone hin. Geeignete Programme sind etwa iMovie, Splice oder Kinemaster. Manche Reporter werden aber verrückt, wenn sie am kleinen Smartphone-Screen mit Bild- und Tonspur herumfummeln sollen.

Am Desktop schneidet es sich natürlich deutlich bequemer, man hat viel mehr Übersicht und kann mit der Maus besser navigieren als mit dem Finger. Desktop-Schnittprogramme bieten auch viel mehr Gestaltungsmöglichkeiten, sei es framegenaues Schneiden, mehrere Tonspuren oder visuelle Effekte.

Ich beschränke mich an dieser Stelle auf eine Übersicht von Schnitt-Apps und -Programmen, im mobilen Sektor für die Betriebssysteme iOS und Android, im Desktop-Bereich für OSX und Windows.

Schnitt-Apps für mobile Betriebssysteme

iOS	Preis	Android	Preis
iMovie	kostenlos, vorinstalliert	*Kinemaster*	kostenlos
Splice	kostenlos	*Video Show*	kostenlos
Pinnacle Studio Pro	ca. 14 €	Adobe Premiere Clip	kostenlos
Luma Fusion	ca. 22 €	*Power Director*	kostenlos
Mavis	ca. 17 €, Testversion für 48 Stunden kostenlos		
Videoshop	kostenlos, erweiterte Funktionen kostenpflichtig	*Videoshop*	kostenlos, erweiterte Funktionen kostenpflichtig

Schnitt-Programme für Desktop-Betriebssysteme

OSX	Preis	Windows	Preis
iMovie	kostenlos, vorinstalliert	Magix Video Pro X	399 €
Final Cut Pro X	329,99 €	Avid Media Composer First	kostenlos
		Avid Media Composer	189 €/Jahr
		Avid Media Composer Ultimate	479 €/Jahr
Adobe Premiere Pro CC	Abo ab 23,79 €/Monat	Adobe Premiere Pro CC/CS 6	Abo ab 23,79 €/Monat
Lightworks Free	kostenlos	Lightworks	kostenlos
Lightworks Pro	ca. 20 €/Monat	Lightworks Pro	ca. 20 €/Monat
DaVinci Resolve 15	kostenlos	DaVinci Resolve 15	kostenlos
DaVinci Resolve Studio	325 €	DaVinci Resolve Studio	325 €

Welche Auflösung für welchen Zweck?
Wenn das Video fertig geschnitten ist, muss es exportiert werden. Beim Export mischt das Schnittprogramm alle Bild- und Tonspuren zu einer Datei zusammen. Diese Datei ist nicht mehr editierbar. Wer später etwas an seinem Video ändern will, sollte auf jeden Fall die Projektdatei und auch alle (Video- und Audio-)Takes behalten. In allen Programmen gibt es einen Exportknopf, oft ein Quadrat, aus dem ein nach oben zeigender Pfeil herausragt. Hier kann man die Auflösung in Pixeln einstellen:

- SD (Standard Definition): 720 × 576 Pixel
- HD (High Definition): 1280 × 720 Pixel
- Full HD: 1920 × 1080 Pixel. Mittlerweile Standard
- 4K: 4096 × 2160 Pixel. Braucht man nur für Kinofilme. Können nur die neuesten Kameras bzw. Smartphones.

Je höher die Auflösung, desto größer die Videodatei. Für ein Full-HD-Video dauert zum einen der Export länger, zum anderen verbraucht auch der Betrachter mehr Datenvolumen bzw. Zeit. Dennoch geht die Tendenz auch für Webvideos zu Full HD, denn sogar Smartphones können Full HD darstellen. Außerdem nehmen die mobilen Datenvolumen, die die Provider (per Flatrate) zur Verfügung stellen, ebenfalls zu.

Je nach Schnittprogramm kann man das Video auch direkt in die gängigsten sozialen Netzwerke wie Facebook, Snapchat, Instagram und Videoplattformen wie YouTube oder Vimeo exportieren.

3.5 Live-Journalismus

Eine große Rolle spielen Smartphones auch bei der Live-Berichterstattung. Das Radio und vor allem das Fernsehen haben eine lange Live-Geschichte. Im digitalen Journalismus spielt die Live-Berichterstattung eine immer größere Rolle. Journalisten, die mit ihrem Smartphone am Ort eines Ereignisses sind (zu dem ein Fernsehteam eventuell gar keinen Zugang hätte), können in Sekundenschnelle einen Live-Stream starten.
Live-Videos sind beim Publikum gefragt. Die Möglichkeit, zu sehen, wie sich ein Ereignis entwickelt, hat für sehr viele Zuschauer einen hohen Reiz. Man weiß nicht, wie es ausgeht und das macht das Mitfiebern so spannend. Außerdem werden Live-Videos oft als ehrlicher und authentischer angesehen, da sie nicht geschnitten sind.

Einsatzbereiche
Der Zuschauer eines Live-Streams will etwas erleben, will dabei sein, wo etwas Spannendes, Emotionales oder auch Unterhaltsames passiert. Die größte Stärke eines Live-Streams ist, dass er den Zuschauer vor Ort bringt. Per Live-Video kann der Reporter zeigen, wie es am Ort des Geschehens aussieht, wie es sich anhört, wie die Stimmung ist.

Gut für den Live-Reporter eignen sich Ereignisse, die sich auf der Straße abspielen. Zum Beispiel Demonstrationen: Hier gibt es eine aktive Menschenmenge, die etwas skandiert oder Transparente hochhält. Und eine Menge möglicher Interviewpartner gibt es obendrein. Menschen interessieren sich für Menschen, vor allem für solche, die etwas machen und in Bewegung sind. Der optische und akustische Reiz ist hier viel höher als bei einem inszenierten Ereignis wie einer Pressekonferenz.

Natürlich gibt es auch Fälle, in denen Live-Streams für Interviews verwendet werden. Live-Interviews funktionieren am besten über Authentitzität bzw. Emotionalität: Bild-Chefreporter Paul Ronzheimer hat 2015 den *Syrer Fera auf dessen Flucht nach Deutschland begleitet* und ihn auf den verschiedenen Etappen nach seinen Eindrücken und Gefühlen gefragt. Miriam Meckel und Lea Steinacker von der Wirtschaftswoche haben sich als Stream-Team einen Namen gemacht: Sie filmen sich mit Selfie-Stick, während sie auf Facebook über Trends in der digitalen Kommunikation diskutieren, meistens zu zweit, manchmal mit Gästen, fast immer von einer einschlägigen Konferenz wie der South by Southwest oder der re:publica.

Ein Live-Stream wiederum kann sehr ermüdend sein, wenn 10 oder 20 Minuten lang nichts passiert und der Zuschauer immer nur die gleiche Perspektive und einen spekulierenden Reporter sieht. Besonders das Fernsehen hat dieses Problem, weil es wegen seiner Ausrüstung nicht so flexibel ist. Smartphone-Reporter sind hier im Vorteil, weil sie leichter ihren Aufenthaltsort verändern können.

Breaking-News-Situationen eignen sich nur bedingt für Live-Streams. Zwar ist das Interesse des Publikums an Informationen über ein Unglück oder eine überraschende Neuigkeit oft enorm hoch, für den Journalisten sind sie problematisch, denn er hat keine oder nur sehr wenig Zeit, um sich einen Überblick zu verschaffen und Informationen zu verifizieren. Genau das aber muss er tun, um sich vom (sensationslüsternen) Amateur abzuheben: Indem er recherchiert, die W-Fragen so gut es geht beantwortet, gesicherte Fakten zusammenträgt und das Geschehen einordnet. Die Zuschauer haben nichts davon, wenn der Reporter Spekulationen und Gerüchte wiedergibt.

Auch die Methode, einfach nur per Live-Stream draufzuhalten, ist nicht das richtige Mittel. Das musste im November 2015 auch ein Stern-Reporter erfahren, der sich nach den Anschlägen von Paris mit seiner Kamera an die Fersen von Polizisten heftete, die in einem Anti-Terror Einsatz unterwegs waren. Damit brachte er zum einen sich selbst in Gefahr, zum anderen um seine Glaubwürdigkeit, weil er immer wieder selbst in die Kamera sagte, er wisse gar nicht, was hier eigentlich los sei.

Auch ethische Aspekte sprechen oft gegen einen Live-Stream: Bei der Live-Berichterstattung von Unglücken oder sogar Anschlägen und den darauffolgenden Einsätzen von Rettungs- und Sicherheitskräften sollten verantwortungsvolle Journalisten keine entstellten, lebensgefährlich verletzten oder gar toten Menschen zeigen, zumindest nicht aus der Nähe.

Bei Breaking News ist ein größer angelegter Live-Ticker, um den es gleich ausführlicher gehen wird, meist die bessere Wahl.

Vorbereitung
Eine Vorbereitung ist also nur bei geplanten Ereignissen möglich – und nötig, wenn es gut werden soll, denn eine Live-Übertragung ist sehr anspruchsvoll. Der Zuschauer sieht direkt dabei zu, wenn der Smartphone-Reporter seine Arbeit macht. Für den Reporter ist das ungleich anstrengender, weil er sich nur schlecht korrigieren kann. Alles, was er sagt, wird live übertragen, ob inhaltlich und sprachlich gelungen oder misslungen. Um die Fehlerquote gering zu halten und dem Zuschauer einen hohen Mehrwert zu liefern, sollte sich der mobile Reporter gut vorbereiten:

- Inhaltlich: Live-Reporter sollten mit der Materie vertraut sein, Fakten und Fragen parat haben. Das erleichtert es, flüssig vortragen zu können.
- Organisatorisch: Hier geht es darum, Gesprächspartner ausfindig zu machen und sich mit Ihnen zu verabreden.
- Örtlich: Es hilft ungemein, den Ort, von dem live gestreamt wird, vorher zu besichtigen: Wo gibt es interessante Perspektiven, wo sind Akustik und Licht gut und wo nicht, wo geht es lang?
- Dramaturgisch: Ein Live-Video ist zwar etwas anderes als ein Film, Einstieg und Ausstieg sind aber auch hier wichtig. Welche Szenen bzw. Schauplätze sind spannend?

Technik: Gutes Netz und Strom satt
Alle inhaltliche Planung ist aber umsonst, wenn die Technik nicht funktioniert. Dazu zählt zuallererst eine gute und stabile **Netzverbindung**. Vor Ort sollte man checken, ob es ein stabiles WLAN gibt, das auch dann noch funktioniert, wenn viele andere Menschen es gleichzeitig nutzen. Bei größeren Events gibt es unter Umständen auch ein separates Produktions-WLAN. Die App *Open Signal* hilft dabei, offene WLANs in der Umgebung zu suchen.

Ist kein WLAN vorhanden, muss man auf das Mobilfunknetz zurückgreifen. Wegen der hohen Datenmenge, die bei einem Videostream anfällt, sollte es auf jeden Fall ein 4G-Netz (LTE) sein. Und man braucht natürlich ein ausreichendes mobiles Datenvolumen, gerade wenn man länger on air bleiben will. Vor dem Start des Streams sollte man prüfen, wie viel des monatlichen Datenvolumens noch übrig ist, um zu vermeiden, dass man während der Übertragung gedrosselt wird. Noch unabhängiger ist, wer zusätzlich zum Smartphone einen mobilen Router wie den Huawei E5770 dabei hat.
Livestreaming verbraucht nicht nur viel Datenmenge, sondern auch viel **Strom**, da Kamera, Display und Internetverbindung stark beansprucht werden. Deshalb sollte man einen oder sogar zwei externe **USB-Akkus** (auch Powerbar genannt) im Gepäck haben, über die man sein Smartphone und gegebenenfalls auch den Router unterwegs wieder laden kann.

Wie beim „normalen" Video-Dreh mit dem Smartphone sorgt Zubehör für eine höhere Qualität beim Livestream: Halterung und Stativ für ein stabile Aufnahme, ein externes Mikrofon für guten Ton.

Sowohl bei Facebook als auch bei Periscope ist der vom Smartphone gesendete Live-Stream die „natürliche" Variante. Auf Facebook kann die Live-Funktion auch vom Desktop-Browser aus gestartet werden und greift dann auf die integrierte Kamera oder eine externe Webcam zu. Die Perspektiven sind natürlich deutlich eingeschränkter als mit dem Smartphone, das das ungleich bessere Reporter-Werkzeug ist.

Facebook-Live-Streams lassen sich auch auf einer externen Website einbetten. Den dafür nötigen Embed-Code findet man durch einen Klick auf die drei Punkte oben rechts neben dem Video.

Auf der *Periscope-Website* kann man zumindest ein Widget für einen eigenen „On-Air-Button" generieren und diesen Button so auf der eigenen Website einbinden. Sobald der Live-Stream auf Periscope startet, wechselt der Button von blau auf rot, zusätzlich wird das Wort „LIVE" hinzugefügt.

Periscope Broadcaster Button: Livestream inaktiv (links), Livestream aktiv (rechts)

Ein Klick auf den „Broadcaster-Live"-Button führt dann zum Periscope-Profil des Live-Streamers.

Live und interaktiv
Es gibt für alles eine App, natürlich auch für das Streamen mit dem Smartphone, U-Stream zum Beispiel. Besonders reizvoll sind aber Streams direkt in soziale Netzwerke wie Facebook, Twitter oder YouTube. Zum einen spart man sich so viel technischen Aufwand, zum anderen können sich die Nutzer aktiv mit Kommentaren und Fragen beteiligen.

Gerade die Interaktion mit dem Publikum kann für Journalisten besonders reizvoll sein. Welt-Videoreporter Martin Heller streamte 2015 mit der zu Twitter gehörenden Streaming-App **Periscope** live vom *vom G-7-Gipfel in Elmau*, genauer gesagt, von den Demonstrationen dagegen. Dabei ging er auf Fragen der Stream-Zuschauer ein, die ihn teilweise auch aufforderten, an bestimmte Orte des Geschehens zu gehen. Wenn die Nutzer so an einem Ereignis teilhaben können, steigt auch die Wahrscheinlichkeit, dass sie den Stream teilen werden. Interaktion schafft also Reichweite.

Noch stärker gilt das für **Facebook Live**, den Dienst, der mittlerweile Marktführer unter den Social-Live-Stream-Anbietern ist. Der Facebook-Algorithmus liebt bekanntlich Inhalte, die häufig geliked, kommentiert und geteilt werden. Bei Live-Videos gibt es häufig viele Kommentare, weswegen Facebook sie bevorzugt ausspielt. Um die „Einschaltquote" noch weiter zu erhöhen, sollte man geplante Live-Streams vorab auf Facebook ankündigen. Interessierte Nutzer bekommen dann eine Push-Nachricht, wenn der Stream startet. Und vielleicht haben sie sich bis zum Start ja auch eine Frage ausgedacht.

Live-Streams sind ein gutes Mittel, um die Bindung zu den Nutzern zu steigern. Wenn Journalisten die Kommentare und Fragen der Nutzer aufgreifen und sie dabei namentlich erwähnen, ist das ein Zeichen der Wertschätzung, das bei den Nutzern sehr gut ankommt. Außerdem können Journalisten durch die Fragen und Kommentare auf Ideen für neue Geschichten oder Weiterdrehs kommen.

Die Nutzer-Kommentare müssen natürlich auch gesichtet werden, idealerweise nicht vom Live-Reporter selbst, der ohnehin schon mit Kamera, Ton und Kommentar beschäftigt ist. Gerade bei geplanten Live-Streams ist es ein

Leichtes, einen Community-Manager mit an Bord zu nehmen, der sich auf die Sichtung der Kommentare konzentriert und die wichtigsten an den Moderator bzw. Reporter weitergibt, zum Beispiel via WhatsApp.

In keinem Fall sollte man Live-Streams mit Fernsehen verwechseln, schon gar nicht in sozialen Netzwerken. Aufsager-Monologe kommen hier nicht an. Wenn zu viel vorformuliert ist, wirkt das eher wie Scripted Reality und nicht wie ein authentischer Live-Stream. Hier geht es ganz klar um das gemeinsame Erleben eines Ereignisses oder einer Situation. Authentizität schlägt auf jeden Fall Perfektion: Die Live-Reporter Martin Heller und Paul Ronzheimer schlagen einen lockeren Ton an, der auch mal ins Emotionale geht. Nicht jeder Satz gelingt auf Anhieb, nicht jede Einstellung sitzt. Das muss aber auch nicht sein, beim Publikum kommt diese Art der Berichterstattung sehr gut an, dafür nimmt es auch mal einen Wackler oder eine Unterbelichtung in Kauf.

Anspruchsvollere Live-Video-Übertragungen mit mehreren Kameras, Schalten zu Gästen, Text- und Grafikeinblendungen sind mit der Software *Wirecast* (PC und Mac) sowie *Mimo Live* (nur Mac) möglich.

Noch ein Wort zum Recht
Unglaublich, aber wahr: Wer live streamen will, braucht streng genommen eine Sendelizenz. Das klingt im Social-Media-Zeitalter total wirklichkeitsfremd, steht aber so im Rundfunkstaatsvertrag. Ein lizenzpflichtiges Rundfunkprogramm macht, wer mehr als 500 Nutzer gleichzeitig und live erreicht, regelmäßig sendet und die Inhalte redaktionell und umfangreich aufbereitet. Jeder journalistisch gemachte Live-Stream auf Facebook, YouTube oder Periscope gehört dazu. Allerdings wird dieses Thema auch von den Landesrundfunkanstalten unterschiedlich behandelt. Im Zweifel muss man in seinem Bundesland nachfragen, wie der Stand der Dinge ist. Viele Video-Streamer scheinen es aber nach der Devise „Wo kein Kläger, da kein Richter" zu handhaben. In der Tat ist mir kein Fall bekannt, in dem ein Journalist bzw. eine Redaktion wegen einer fehlenden Rundfunklizenz für einen Live-Stream belangt worden wäre.

Live-Ticker
Nicht immer, wenn ein Live-Stream möglich ist, ist er auch sinnvoll. Gerade bei größeren Nachrichtenlagen ist ein einzelner Live-Reporter schnell überfordert. Viele Redaktionen greifen dann zum größeren Besteck: dem Live-Ticker. Live-Ticker (oft auch Live-Blogs genannt) basieren auf kurzen Texten,

die im Abstand von wenigen Minuten veröffentlicht werden. Deswegen sind solche Ticker also nicht live, sondern nur live-ähnlich, weil alle Beiträge mit einer zeitlichen Verzögerung veröffentlicht werden. Der jeweils neueste Beitrag steht ganz oben. Dennoch haben sich Begriff und Form etabliert, Live-Ticker sind vor allem auf Nachrichtenwebseiten sehr häufig im Einsatz.

Vier Tipps, wie man einen guten Live-Ticker schreibt

1. Ein Ereignis auswählen, bei dem etwas passiert
2. Nah dran sein
3. Ein Live-Ticker lebt von Informationstiefe
4. Ein Moderator muss den Überblick bewahren

1. Ein Ereignis auswählen, bei dem etwas passiert
Live-Ticker sind dann sinnvoll, wenn es eine sichtbare Entwicklung, eine „developing story" gibt. Die Nutzer wollen miterleben, wie sich ein Ereignis entwickelt. Dabei macht es einen Unterschied, ob man live über ein geplantes Ereignis (Event) oder über ein unvorhergesehenes Ereignis (Breaking News) berichtet.

Events
Große Live-Events sind Sportübertragungen, Galas, Preisverleihungen oder Shows. Der Vorteil: Events haben eine festgelegte Dauer, meist auch eine bekannte Dramaturgie, lassen sich also gut planen.

Auch über Pressekonferenzen wird oft live berichtet. Da es sich um eine künstliche Situation handelt, in der Menschen in einer statischen Position Statements abgeben, sind Pressekonferenzen kein bildstarkes Thema, eignen sich also weniger für einen Live-Stream, sondern eher für einen Live-Ticker. Der Reiz liegt darin, dass man Neuigkeiten erfährt: Wen der Bundestrainer in den WM-Kader beruft, die Kanzlerin in ihr Kabinett oder ob der Wirtschaftsboss jetzt tatsächlich zurücktritt.

Breaking News
Neben den planbaren Ereignissen gibt es auch die unvorhergesehenen Ereignisse. Meistens handelt es sich dabei um Konflikte: Krisen, Rücktritte, Unglücke oder Anschläge, um nur einige Beispiele zu nennen. Hier ist das Interesse des Publikums nach Informationen oft sehr groß. Der Vorteil des Live-Tickers ist,

dass er auch kleine Informationen schnell transportieren kann. Sobald eine neue Information verfügbar ist, fließt sie in den Ticker mit ein. (Zur Überprüfung siehe Punkt 3.) Ein guter Live-Ticker speist sich aus mehreren Quellen und hat somit in der Regel eine höhere Aussagekraft als ein Live-Stream von einem Ort.

Da man bei Breaking News nicht weiß, wie lange sich das Ereignis hinziehen wird, kann ein Live-Ticker irgendwann sehr unübersichtlich werden. Darum ist es ratsam, die wichtigsten Informationen zu Beginn des Tickers zusammenzufassen. Früher oder später kristallisieren sich bestimmte Schwerpunkte heraus, denen man am besten einen eigenen Beitrag widmet.

2. Nah dran sein
Idealerweise ist ein Journalist am Ort des Geschehens, über das er berichten will. Nichts ist besser, als mit den eigenen Sinnen recherchieren zu können und selbst die Regie zu führen, d. h. zu entscheiden, wo man hingeht und wen man was fragt. Auch für einen Live-Ticker ist es von Vorteil, wenn die Redaktion einen oder sogar mehrere Reporter im Außeneinsatz hat. Das hängt vom Ereignis ab, bei Wahlen haben Redaktionen oft jeweils einen Reporter bei den großen Wahlpartys der großen Parteien. Die Reporter haben verschiedene Möglichkeiten, ihre Eindrücke – meist per Smartphone – in die Redaktion zu übermitteln, je nachdem, wie viel gerade passiert und wie hoch die Publikationsfrequenz ist: per Mail, direkt in das (Live-Ticker-)Redaktionssystem, in sozialen Netzwerken oder sogar per Live-Stream. Zu geplanten Ereignissen lässt sich meist ein Reporter entsenden. Der Smartphone-Reporter liefert hier also seinen Beitrag zu einem größeren Ganzen.

Bei unvorhergesehenen Ereignissen hängt es davon ab, wo etwas passiert, ob der Ort überhaupt zugänglich ist und wie schnell ein Reporter ihn erreichen kann. Natürlich gibt es oft die Situation, dass ein Ereignis von großem Nachrichtenwert in einer anderen Stadt, einem anderen Land oder sogar in einem anderen Kontinent passiert und man auf die Schnelle keinen Reporter entsenden kann. Dennoch reagieren viele Redaktionen mit einem Live-Ticker, den sie dann mit einer Vielzahl von Quellen füttern.
Wenn ein Reporter-Einsatz nicht möglich oder nicht gewollt ist, greifen Redaktionen für ihre Live-Ticker oft auf Live-Übertragungen von Events, wie Fußballspielen, Preisverleihungen oder Pressekonferenzen zurück, die entweder im Fernsehen oder per Live-Stream im Netz gezeigt werden. Der Journalist bekommt so einerseits auch einigermaßen mit, was passiert, ist

aber auf die angebotenen Perspektiven angewiesen und kann nichts selbst beeinflussen.

3. Ein Live-Ticker lebt von Informationstiefe
Live-Journalismus ist eine der anspruchsvollsten journalistischen Disziplinen: Die Aufgabe, Informationen zu sammeln, zu überprüfen und einzuordnen muss unter enormem Zeitdruck erledigt werden.

Am besten geht das noch bei Live-Tickern zu Events wie Produktpräsentationen (Apple!), Politiker-Duellen oder Sportveranstaltungen, die oft von einem einzelnen Autor verfasst werden, der gut mit dem Thema vertraut ist. Auf einen Live-Ticker zu einem Event kann er sich vorbereiten, indem er sich Hintergründe, Zitate, Statistiken, Karten oder Links zurechtlegt und bei passender Gelegenheit in den Live-Blog einbaut. Je nach Thema kann das auch mal eine Pointe oder ein Gag sein. Denn Live-Ticker zu Events sind oft eine Mischung aus Information und Unterhaltung, sie leben vom persönlichen Stil des Autors. Je nach Ernsthaftigkeit des Themas ist der Tonfall eher sachlich-faktisch oder unterhaltend, kommentierend. Besonders beliebt sind Ticker, die ganz auf Unterhaltung setzen. Beim *Live-Ticker des Fußballkultur-Magazins 11 Freunde* ist Humor das Markenzeichen und der maßgebliche Grund für die große Fangemeinde. Die Autoren nehmen in ihren Live-Tickern das Fußballgeschäft auf die Schippe, egal ob sie über ein Spiel, eine Pressekonferenz oder die jüngsten Transfers schreiben. Dazu mischen sie witzige GIFs und YouTube-Videos unter. 2013 haben die 11 Freunde für diese unvergleichliche Art zu tickern einen Grimme Online Award bekommen.

Bei Live-Tickern zu Breaking News ist es ungleich schwieriger, inhaltlichen Tiefgang hinzubekommen. Wenn eine wirklich wichtige Eilmeldung eintrifft, starten viele Redaktionen sofort mit einem Live-Ticker und bedienen sich der Quellen, die ihnen zur Verfügung stehen:

- Informationen aus erster Hand: Mitteilungen der betroffenen Akteure bzw. Institutionen, egal ob auf deren Website oder über die jeweiligen Accounts in sozialen Netzwerken
- Meldungen und Bilder von Nachrichtenagenturen
- Wenn vorhanden: Live-Übertragung im Fernsehen oder im Netz
- Hintergrundinformationen von Mitarbeitern, die mit der Materie vertraut sind

- Unter Umständen eigene Reporter vor Ort
- User Generated Content aus sozialen Netzwerken (wenn möglich: Augenzeugenberichte)

Die wichtigste und zugleich schwierigste Aufgabe ist es dabei, den Wahrheitsgehalt dieser Quellen zu überprüfen. Denn auch für einen Live-Ticker gilt die Sorgfaltspflicht. Die oben genannten Quellen sind oft unterschiedlich zuverlässig. Besondere Vorsicht sollte man bei Social-Media-Posts walten lassen. Wie man User Generated Content überprüft, haben wir bereits beschrieben. Je größer das Ereignis ist und je mehr Quellen zu sichten sind, desto mehr Manpower ist am Newsdesk nötig. Oft ziehen Redaktionen hier Personal von anderen Aufgaben ab und spannen sie für Fact-Checking oder Verifizierung ein.

Ziel ist es, so schnell wie möglich zu gesicherten Informationen zu kommen und diese Informationen darüber hinaus einzuordnen, also die Konsequenzen und die Zusammenhänge aufzuzeigen.

Gerade zu Beginn einer Breaking-News-Situation ist die Nachrichtenlage oft unübersichtlich oder sogar widersprüchlich. Spekulationen gibt es im Netz genug, Journalisten sollten sich daran nicht beteiligen (auch wenn das immer wieder vorkommt). Viele Redaktionen versuchen diese knifflige Situation mit einer Rubrik „Was wir wissen und was wir nicht wissen" zu lösen. Hier werden einerseits die gesicherten Fakten aufgelistet, gefolgt von den noch offenen Fragen. Das bringt Transparenz in die eigene Arbeit. Möglicherweise animiert es Nutzer, die Redaktion mit Informationen zu versorgen, die eine der offenen Fragen beantworten. Dieses „Was wir wissen und was wir nicht wissen"-Stück sollte kurz und übersichtlich sein, damit es nicht mit dem eigentlichen Live-Ticker kollidiert.
Zur Transparenz – egal ob im Was-wir-wissen-Stück oder im Live-Ticker selbst – gehört es auch, Korrekturen zu machen. Ein Live-Ticker ist viel fehleranfälliger als alle anderen journalistischen Formate. Korrekturen sind deshalb unvermeidlich. Die Redaktion erhöht ihre Glaubwürdigkeit, wenn sie auf eine Korrektur hinweist.

4. Ein Moderator muss den Überblick bewahren
Beim Live-Ticker sind viele Journalisten in unterschiedlichen Funktionen beteiligt. Sie alle liefern Inhalte. Am Ende braucht es einen erfahrenen Mode-

rator, der den Informationsfluss kanalisiert. Der Moderator spielt eine zentrale Rolle und hat verschiedene Aufgaben:

- Er entscheidet, was in den Ticker kommt und was nicht.
- Er redigiert alle Beiträge.
- Er verfasst die Überschrift und dreht sie bei neuem Informationsstand weiter.
- Er verfasst einen Teaser, in dem die drei, vier wichtigsten Aspekte stehen. Auch dieser Teaser wird bei neuer Informationslage aktualisiert. Das ist besonders wichtig, weil nicht jeder Nutzer den ganzen Ticker liest, sondern oft nur den Anfang.
- Er entscheidet über die Länge des Tickers bzw. darüber, wann der Ticker beendet wird. Der Punkt, an dem ein Ticker unübersichtlich bzw. zu lang wird, kann sehr schnell erreicht sein. Es ist sehr unwahrscheinlich, dass ein Nutzer jede Wendung eines Tickers verfolgt und über Stunden oder sogar Tage dabei bleibt. Bei Focus Online gibt es einen *Live-Ticker zum Bahn-Streik 2015* mit sage und schreibe 56 Seiten.

> **Die Polizei fahndet öffentlich nach dem Tunesier Anis Amri, der verdächtig wird, am Montag mit einem gestohlenen Lkw in den Weihnachtsmarkt an der Gedächtniskirche in Berlin gefahren sein soll. 12 Menschen kamen dabei ums Leben, Dutzende wurden verletzt.**
>
> - Die Bundesanwaltschaft erließ Haftbefehl gegen Amri, teilte eine Sprecherin der Behörde mit
> - Die Berliner Polizei stürmte einen Moschee-Verein im Stadtteil Moabit, den Amri besucht haben soll
> - Dokumente und Fingerabdrücke Amris wurden im Anschlags Lkw gefunden
> - Am Dienstagabend reklamierte der "Islamische Staat" den Anschlag für sich
> - Das Bundeskriminalamt setzte eine Belohnung von bis zu 100.000 Euro für Hinweise aus, die zur Ergreifung des Verdächtigen führen
>
> < Neueste  Älteste >
>
> 22. Dezember 2016 19:25 LORENZ HEMICKER
> **Wir beenden den Liveblog zum Terroranschlag in Berlin an dieser Stelle.** Auf FAZ.NET halten wir sie weiterhin über die jüngsten Entwicklungen auf Stand. **Vielen Dank für Ihr Interesse.**

FAZ.net-Live-Ticker zum Anschlag auf den Weihnachtsmarkt am Berliner Breitscheidplatz. im Dezember 2016: kurze Einleitung, die wichtigsten Punkte als Auflistung und ein klar erkennbares Ende des Tickers.

Tools für das Live-Tickern
Grundsätzlich lässt sich ein Live-Ticker ganz ohne spezielle Tools schreiben. Man kann in jedem Content-Management-System neue kurze Artikel anlegen oder einen Artikel ständig mit einem neuen Eintrag aktualisieren, der dann an erster Stelle steht. Posts aus Facebook und Twitter oder YouTube-Videos verfügen von Haus aus über eine Einbetten-Funktion, das heißt einen Code, den man einfach nur in sein CMS kopieren muss – und schon wird der Post auf der eigenen Website angezeigt.

Komfortabler geht das mit Tools: Speziell für den redaktionellen Live-Ticker-Einsatz konzipiert sind folgende Tools:

- *ScribbleLive* ist darauf ausgelegt, mit vielen Quellen und vielen Autoren, die unterschiedliche Rechte haben, zu arbeiten. Beiträge lassen sich vorschreiben und bei Bedarf mit einem Klick in den Live-Ticker einbinden. Über die ScribbleLive-App können auch Reporter Texte, Fotos und Videos in das Backend eines Streams schicken. Ein Administrator entscheidet, was davon veröffentlicht wird und was nicht. Praktisch ist die Möglichkeit, einen einzelnen Eintrag parallel als Tweet zu veröffentlichen. Viele große deutsche Medien, darunter die ARD-Sender, nutzen ScribbleLive. Der Preis richtet sich nach sogenannten Engagement-Minuten, also danach, wie viele Leute zur gleichen Zeit den Stream anschauen.
- *Live Blog von Sourcefabric* funktioniert sehr ähnlich wie ScribbleLive und wird unter anderem von Zeit Online und RP Online eingesetzt. Hier handelt es sich um eine Open-Source-Software, die frei zum Download steht. Wer die Server-Kosten und den Update-Aufwand nicht selbst übernehmen will, kann auch zur kostenpflichtigen Hosting-Lösung greifen.
- *Storytile* ist eine Entwicklung eines Münchner Startups. Hier liegt der Schwerpunkt auf der Einbindung von selbst gemachten Fotos und Videos. Das geht zum einen per Smartphone mit der Storytile-App. Fotografen können ihre (Spiegelreflex-)Kamera mit dem Smartphone verknüpfen und ihre Fotos über die App direkt an den Storytile-Server schicken. Im web-basierten Editor laufen alle so übermittelten Fotos und Videos ein und können per Drag-and-Drop eingebunden werden. Storytile verlangt eine monatliche Pauschale, die sich nach der Zahl der Nutzer richtet und bei 299 Euro im Monat startet.

3.6 360-Grad-Videos

Fast alles, was Journalisten recherchieren und produzieren, ist nur ein Ausschnitt des Geschehens – ganz egal, ob es sich um einen Text, ein Foto oder ein Video handelt. Zu sehen ist immer die Perspektive, die der Journalist wählt. Bei einem sozialen Live-Video kann der Journalist noch auf Wünsche der Nutzer eingehen und die Kamera in eine gewünschte Richtung halten. Das ganze Bild zeigen im wahrsten Sinne des Wortes 360-Grad-Aufnahmen, die man als Foto und als Video erstellen kann.

Der Reiz von 360-Grad-Aufnahmen liegt darin, dass sie Umgebungen natürlich und realistisch abbilden. Der Zuschauer wird selbst zum Akteur und kann diese Umgebung selbstbestimmt erkunden. Ganz besonders gilt das für Virtual-Reality-Anwendungen (siehe später).

Für die Glaubwürdigkeit des Journalismus und das Vertrauen der Nutzer in Journalisten kann das nur von Vorteil sein. Die Berliner Morgenpost dokumentierte *verschiedene Flüchtlingsunterkünfte in Berlin mit 360-Grad-Aufnahmen*, um so Transparenz zu schaffen und Vorurteile abzubauen. Der Zuschauer kann dabei zwischen Foto- und Videoansicht wählen:

Womit wir schon bei den Einsatzbereichen von 360-Grad-Aufnahmen sind. Bei Räumen oder Gebäuden bekommt der Nutzer ein besseres Gefühl von Größenverhältnissen und Raumaufteilung. Hier reicht oft schon ein 360-Grad-Foto. Das gleiche gilt für Landschaften. Wer kennt nicht die Situation, an einem besonders schönen Aussichtspunkt zu stehen, den man für die Nachwelt dokumentieren will. Aber selbst das beste Weitwinkel-Objektiv zeigt eben nur einen Ausschnitt. Mit einem 360-Grad-Foto lässt sich das komplette Panorama einfangen. Beim 360-Grad-Video kommen noch die atmosphärischen Geräusche dazu.

Der Rundumblick ist auch besonders interessant, wenn sich die Kamera mitten im Geschehen befindet, vor allem, wenn dort etwas los ist, wie bei Demonstrationen, Feiern, Sportveranstaltungen oder Konzerten. Hier spielt der Ton natürlich eine ungleich wichtigere Rolle, weswegen solche Situationen sich für ein 360-Grad-Video anbieten.

360-Grad-Aufnahmen bieten sich also immer dann an, wenn es darum geht, dem Betrachter einen Überblick zu verschaffen. Für Detailaufnahmen eignen sie sich wegen der weitwinkligen Linsen nicht, hier ist das klassische Video die bessere Wahl.

Virtual Reality
Besonders intensiv wird das 360-Grad-Erlebnis, wenn der Nutzer eine spezielle Brille aufsetzt und sich in die **Virtual Reality (VR)** begibt: VR-Anbieter bauen dafür Gebäude oder Räume nach und platzieren dort auch virtuelle Charaktere. In einer VR-Umgebung kann man sich bewegen und mit virtuellen Gegenständen und Personen interagieren. Aus dem Zuschauer wird so ein Akteur. Der WDR bietet zum Beispiel eine *virtuelle Begehung des Kölner Doms* an, beim ZDF kann man zum *Gladiator* im Kolosseum von Rom werden. Und der *Guardian* lässt die Nutzer das Gefühl der Einzelhaft erleben. Für solche VR-Anwendungen, die es dem Nutzer ermöglichen, in eine Szenerie einzutauchen, hat sich der Begriff **immersiver Journalismus** eingebürgert.

Bleiben wir aber an dieser Stelle in der Realität. Weil der Trend ganz klar zum 360-Grad-Video geht, konzentriere ich mich in diesem Kapitel darauf. Und der Einfachheit halber spreche ich von **360Videos**.

Die drei Arten, 360Videos und VR-Anwendungen zu betrachten

Desktop-Rechner: Durch den Einsatz von Tools wie Valiant360 oder VRView können 360Videos in eine Website eingebettet und ohne spezielles Equipment angesehen werden. Darüber hinaus haben Facebook und YouTube 360-Grad-fähige Videoplayer, auf denen man solche Videos auch ohne spezielle Brille anschauen kann. Der große Nachteil: Die Steuerung des Bildschirmausschnitts mit Cursor-Tastatur oder Maus ist vergleichsweise träge, so dass man der Handlung nicht so schnell folgen kann wie mit einer Kopfbewegung.

Smartphones sind ebenfalls in der Lage, 360-Grad-Aufnahmen wiederzugeben. Die Apps von Facebook und YouTube können 360Videos wiedergeben, weswegen das Smartphone auch hier ein wichtiges Wiedergabe-Gerät ist. Der Nutzer navigiert entweder, indem er das Smartphone manuell dreht und wendet. Oder er verwendet eine spezielle brillenartige Halterung, in die er das Smartphone stecken kann. Dann erfolgt die Navigation wieder durch Kopfbewegungen. Die günstigste Lösung ist das Google-Cardboard, eine Smartphone-Halterung aus Karton mit eingebauten Linsen. Allerdings muss der Nutzer das Cardboard wie ein Fernglas halten. Im Netz ist ein Google Cardboard schon ab etwa drei Euro zu haben. Etwas komfortabler sind Smartphone-Halterungen aus Stoff wie Google Daydream VR (ab 70 Euro).

VR-Brillen ermöglichen ein ungleich intensiveres Nutzungserlebnis. Man kann hier wirklich in eine eigene Welt abtauchen – zumal, wenn man auch Kopfhörer aufhat. Dann sind die zwei wichtigsten Sinne Sehen und Hören voll mit den Reizen der VR-Umgebung beschäftigt, die reale Umgebung kann kaum mehr wahrgenommen werden. Die meisten VR-Brillen sind allerdings noch via Kabel mit dem Display verbunden, auf dem die VR-Anwendung abgespielt wird. Das schränkt die Bewegungsfreiheit ein, gerade, wenn man sich um die eigene Achse drehen will. „Richtige" VR-Brillen gehen bei etwa 80 Euro los (Samsung Gear VR), hochwertige Brillen wie die Oculus Rift kosten aber schnell mehrere Hundert Euro.

Hardware, Technik, Kameras

Für 360-Grad-Aufnahmen braucht man natürlich eine spezielle Kamera, die über mindestens zwei Weitwinkel-Linsen verfügt, von denen jede 180 Grad in der Horizontalen aufnimmt. Genauso wichtig ist es, dass die Kamera auch 180 Grad in der Vertikalen aufnehmen kann, denn nur dann kann sich der Nutzer später wirklich durch das komplette Bild navigieren. Das Spektrum an 360-Grad-Kameras ist riesig. Für die Auswahl spielen vor allem folgende Kriterien eine wichtige Rolle:

- Leicht zu erlernen
- Leicht zu bedienen
- Lebensdauer der Batterie
- Auflösung
- Frame-Rate
- Lichtempfindlichkeit
- Bildstabilisator
- Aufwand bei der Produktion (Software)
- Preis

Prinzipiell kann man auch hier das Smartphone als Aufnahmegerät verwenden, indem man sich eine aufsteckbare 360-Grad-Kamera kauft. Insta360 bietet die Modelle Nano für das iPhone (ca. 240 Euro) und Air für Android-Geräte (ca. 150 Euro) an.
Kompakte Stand-Alone-Kameras wie die Samsung Gear 360 sind ab etwa 150 Euro zu haben. Der Fernsehsender Euronews arbeitet zum Beispiel damit. Weit verbreitet sind auch die Theta-Modelle der Firma Ricoh. Das neueste Modell, die Theta V, kostet um die 400 Euro. Eher am oberen Ende der Preisskala sind Kameras der Firma GoPro, das Modell Fusion kostet ca. 700 Euro. GoPro hat sich auf Videos spezialisiert, die während einer Fahrt – sei es mit Auto, Motorrad, Skateboard, Ski oder welchem Gefährt bzw. Gerät auch immer – aufgenommen werden. GoPro bietet dazu spezielle (Helm-)Halterungen an. Bei seiner spektakulären 360-Grad-Dokumentation *über den Gotthard-Basistunnel* montierte das Schweizer Fernsehen SRF sieben GoPro-Kameras sowie Filmscheinwerfer auf eine Lokomotive. Für Luftaufnahmen des Gotthard-Bergmassivs wurden darüber hinaus noch Kameras an einem Helikopter angebracht.

Die 360-Grad-Perspektive kann also auch dadurch erzielt werden, dass die Bilder mehrerer „normaler" Kameras kombiniert werden. Die Bildqualität ist dabei deutlich besser, der Aufwand allerdings auch, und zwar sowohl beim Aufbau, bei der Aufnahme, als auch beim Schnitt: Die Aufnahmen der einzelnen Kameras müssen zusammengebaut werden. Dafür ist eine spezielle Stitching-Software wie Kolor Autopano Giga nötig.

In diesem Kapitel konzentriere ich mich auf den Dreh mit speziellen 360-Grad-Kameras. Die perfekte Kamera, die alles beherrscht, gibt es nicht. Manche Geräte eignen sich besser für 360-Videos, andere machen bessere 360-Fotos (das sieht man im eingangs erwähnten Morgenpost-Beispiel zu den Flüchtlingsunterkünften deutlich). Manche haben einen 4K-Auflösung, andere nicht. Eine sehr gute Übersicht über aktuell erhältliche 360-Grad-Kameras und ihre Leistungsmerkmale gibt es bei *Threesixtycameras.com*.

Dos and Don'ts bei der Aufnahme von 360Videos
Einige Punkte, die für den normale Videodreh wichtig sind, gelten auch für 360Videos:

1. Die Kameralinse muss sauber sein.
2. Der Akku muss voll geladen sein, am besten ist auch ein voller Ersatzakku dabei. Bei der Samsung Gear 360 hält eine Ladung etwa 60 Minuten
3. Speicherkarte leer oder mit ausreichend Platz (eine Minute 360Video in 4K-Auflösung macht etwa 400 MB aus).
4. Die Kamera sollte stabil stehen, am besten auf einem besonders schlanken Stativ, sonst sieht man das Stativ später auf der Aufnahme. Wenn das Stativ auch eine Wasserwaage hat, tut man sich leichter, die Kamera absolut waagrecht auszurichten. Für 360-Grad-Aufnahmen ist das besonders wichtig, denn niemand will in einem schiefen Bild herumnavigieren.
5. Extreme Lichtkontraste vermeiden: Achten Sie darauf, dass das Licht möglichst gleichmäßig in die Kameralinsen einfällt. Am besten ist es, wenn die Kamera quer zur Lichtquelle positioniert ist. Wenn das Licht frontal auf eine Linse trifft, wird die Aufnahme dieser Linse überbelichtet und die Aufnahme der anderen Linse unterbelichtet. Eine nachträgliche Korrektur im Schnittprogramm ist aufwendig und wirkt eher unnatürlich.

Kamera richtig einstellen
- Richtigen Aufnahmemodus auswählen, je nachdem, ob man ein Foto oder ein Video machen will.
- Gewünschte Auflösung einstellen, am besten UltraHD, also 3840 × 1920-Pixel. Da sich die Pixel in sphärischer Form über eine wesentlich größere Fläche verteilen, wirkt das Bild bei einer geringeren, z. B. FullHD-Auflösung, sonst ziemlich pixelig.
- Framerate wählen. Hier gilt in der Regel: Je mehr, desto besser. Eine Aufnahme mit 60 fps wirkt deutlich realistischer als eine Aufnahme mit nur 30 fps.
- Aufnahme starten und sofort überprüfen, ob beide Linsen aufnehmen: Leuchtet jeweils die rote Lampe?
- Nicht zu lange Szenen aufnehmen, nicht mehr als zwei Minuten am Stück. Das schont den Kameraakku, außerdem tut man sich dann mit der Bearbeitung leichter.

In Szenen denken, die Kamera zum Akteur machen
Bei der inhaltlichen Konzeption unterscheidet sich ein 360Video stark von einem herkömmlichen Video. Der klassische Videojournalist denkt vor allem in einzelnen Kameraeinstellungen, die er später zu einem abwechslungsreichen Film zusammenschneidet. Beim 360Video gibt es keine Kameraeinstellungen, da ja horizontal wie vertikal die gesamte Umgebung aufgenommen wird. Der 360Videojournalist muss also in Szenen denken.

Ein weiterer zentraler Unterschied liegt in der Kameraperspektive. Beim klassischen Video kann der Journalist den Bildausschnitt zoomen oder die Kamera schwenken. Im 360Video ist eine Kamerabewegung Gift. Wenn die 360-Grad-Kamera in Bewegung ist, zum Beispiel, weil der Journalist sie mit einem Selfie-Stick trägt, signalisieren die Augen dem Zuschauer, dass er selbst geht, obwohl er in Wirklichkeit sitzt. Das kann zu Motion Sickness genannter Übelkeit führen (bei Virtual Reality-Anwendungen ist diese Gefahr besonders groß). Dramaturgisch gesehen ist die Kamerabewegung auch überflüssig. Der „Gag" am 360Video liegt ja gerade darin, dass der Zuschauer die Regie übernimmt und selbst bestimmt, welchen Teil des Bildes er gerade sehen will.

MULTIMEDIAL PRODUZIEREN

In der 360-Grad-Szene lautet eine Grundregel, sich die Kamera wie eine Person vorzustellen und sie entsprechend zu positionieren. Ein sehr gutes Beispiel, wie die **Kamera als Akteur** eingesetzt wird, ist das 360Video „*Was wollten Sie in Berlin?*" von Michael Ginsburg, Martin Heller und Christiane Wittenbecher. Schauplatz ist ein ehemaliges Stasi-Gefängnis, und die Stasi-Offiziere und Gefängniswärter sprechen mit der 360-Grad-Kamera, als ob sie ein Mensch wäre. Der Beobachter wird so zum Teilnehmer.

Die Akteure im dem VR-Projekt Stasi-Gefängnis sprechen zur 360-Grad-Kamera, die hier die (schweigende) Hauptrolle spielt.

Die Objekte, die die Kamera aufnehmen soll, sollten mindestens einen Meter von der Kamera entfernt sein. 360-Grad-Kameras haben Fischaugen-Linsen, die hervorragend für Weitwinkel-Aufnahmen geeignet sind, aber schlecht für Nahaufnahmen. Besonders, wenn man andere Menschen filmt, sollte man auf diesen Mindestabstand achten. Wenn mehrere Menschen eine Rolle in dem Video spielen, ist es sinnvoll, sie kreisförmig um die Kamera zu positionieren, um dem Betrachter wieder einen Reiz zu geben, die ganze Szenerie zu erkunden. Allerdings sollte man vermeiden, dass Menschen in den Übergangsbereich zwischen den beiden Kameralinsen gehen (die sogenannten Stitch-Lines), denn dann werden sie verzerrt dargestellt.

360-Grad-Ton ist intensiv, aber störanfällig
Auch im 360 Video gilt: Audio schafft Atmosphäre und hat großen Einfluss auf das Gefühl und den Eindruck der Zuschauer. 360Video heißt allerdings noch nicht automatisch 360 Audio. Denn nicht jede 360-Grad-Kamera verfügt auch über vier Mikrofone, die den Ton aus allen Richtungen aufnehmen können. Es gibt eine Menge 360Videos, die „nur" mit Stereo aufgenommen sind und trotzdem funktionieren. 360Audio (auch Spatial Audio genannt) intensiviert das Erlebnis bei 360Videos allerdings enorm. Spatial Audio ist übrigens nicht das gleiche wie Surround Sound, den man aus dem (Heim-) Kino kennt: Surround Sound kann „nur" vorne, hinten, links und rechts abdecken, aber nicht die Dimensionen oben und unten.

Wer eine Kamera hat, die auch Spatial Audio aufnehmen kann (wie die Ricoh Theta V), muss sich allerdings auch bewusst sein, dass er akustische Störquellen dann nicht mehr ausblenden kann. Besonders wichtig ist das bei Interviews, wo man besser beraten ist, den Ton separat mit einem externen Mikrofon aufzunehmen. Wer 360Audio aufnehmen will, muss vorab sicherstellen, dass es am Drehort möglichst wenig Störgeräusche gibt.

Die wichtigsten Punkte hier noch mal als Checkliste:

1. Linse sauber?
2. Akku voll?
3. Stabiles Bild? (Stativ!)
4. Kameraeinstellungen korrekt? (Modus, Auflösung, Framerate)
5. Krasse Lichtkontraste vermeiden
6. Ist die Aufnahme wirklich gestartet?
7. Denken Sie in Szenen
8. Kamera nicht bewegen!
9. Kamera als Akteur einsetzen
10. Mindestabstand von einem Meter wahren
11. Bei 360Audio: Störgeräusche vermeiden

Programme für die Produktion
Die meisten 360-Grad-Kameras liefern auch eine App, mit der sich die Aufnahmen – mal mehr, mal weniger – bearbeiten lassen. Die Unterschiede im Funktionsumfang sind nach je Kamerahersteller und Smartphone-Betriebssystem erheblich. Praktisch ist die App *V360*, die es erlaubt, aus allen

360-Grad-Clips auf dem Gerät auszuwählen und sich daraus ein 360Video zusammenzuschneiden. Darüber hinaus lässt sich Musik unterlegen. Das fertige Video lässt sich direkt auf Facebook, YouTube und Vimeo teilen.

Wer weitergehende Bearbeitungen vornehmen will, muss sein 360Videos in eines der gängigen Videoschnittprogramme wie Adobe Premiere, Final Cut Pro oder Magic Deluxe importieren. Speziell das Feintuning von Ton und Belichtung geht hier leichter von der Hand.

Speziell für die Bearbeitung von 360Videos entwickelt wurde *Fader*. Das browserbasierte Tool erlaubt den Upload von 360-Clips, egal ob Video oder Foto, die Unterlegung mit Text, Ton und interaktiven Hotspots. Fader, dessen Entwicklung von der Google Digital News Initiative mitfinanziert wurde, ist kostenlos. Ebenfalls browserbasiert ist *Thinglink*. Das Tool, das auf interaktive Hotspots spezialisiert ist, kann auch 360-Grad-Aufnahmen verarbeiten, egal, ob Foto oder Video. Die Basisversion ist kostenlos, aber derart eingeschränkt, dass sie für eine professionelle Nutzung ausscheidet. Der 360-Grad-Editor ist erst im „Premium"-Tarif dabei, der monatlich etwa 100 Euro kostet. Sowohl bei Fader als auch bei Thinglink liegt das Video auf den Servern der Anbieter und lässt sich per Embed-Code auf der eigenen Website einbetten und in die sozialen Netzwerke teilen.

Dramaturgie: Weniger Schnitte, anspruchsvolle Blickführung
Egal, wo man sein 360Video bearbeitet: Ein zentraler Punkt und zugleich eine große Herausforderung bei 360Videos besteht darin, den ganzen Raum zu bespielen – denn sonst könnte man ja ein normales Video drehen. Hier das richtige Maß zu finden, ist gar nicht zu leicht. Es soll nicht zu wenig Aktion geben, aber auch nicht zu viel, sonst ist der Zuschauer überfordert. Auf jeden Fall sollte es mehr als einen Handlungsstrang bzw. Schauplatz geben, an dem etwas passiert.

Beim Schnitt von 360Videos sollte man darauf achten, dass die Nutzer genügend Zeit haben, die Panorama-Aufnahmen zu betrachten. Die einzelnen Szenen sollte man also viel länger stehen lassen als bei einem normalen Video. Dennoch muss es für den Betrachter Anreize geben, seinen Blick schweifen zu lassen. Es gibt mehrere Möglichkeiten der Blickführung. Ganz klassisch können das Menschen sein, die sich bewegen und so den Betrachter animieren, ihm (mit den Augen) zu folgen. Genau so gut ist eine direkte Ansprache denkbar, ein „Sieh mal, dort!" oder „Kommen Sie mit!" Oder man lässt jemanden zum richtigen Zeitpunkt ein Schild hochhalten, auf dem Hinweise stehen. Auch akustische Reize wie Geräusche, Stimmen oder Musik können den Nutzer an einen anderen Ort locken.

360Videos auf YouTube und Facebook
Natürlich spielen 360Videos auch beim Video-Marktführer YouTube eine große Rolle. Wer sich inspirieren lassen will, was im 360-Grad-Bereich alles ausprobiert wird, sollte auf dem offiziellen *VR-Kanal* von YouTube vorbeischauen. Aus journalistischer Sicht ist besonders die Playlist „*Augenzeugenberichte*" interessant, wo sich 360-Grad-Dokumentationen von New York Times, BBC, Motherboard, aber auch vom WDR finden.

Auch Facebook setzt auf 360Videos. Sehr nützlich ist die Seite „*360 Community*", auf der er viele Tipps und Tutorial-Videos gibt. Im Gegensatz zu YouTube werden 360Videos auf Facebook – wie normale Videos auch – meistens ohne Ton angeschaut. Hier sollte man also auf gute Untertitel achten, gerade, wenn es um die Blickführung des Nutzers geht.

Beide Plattformen bieten auch **360-Grad-Live-Videos** an: Damit kann der Zuschauer live seine Perspektive wählen. Mehr Transparenz geht nicht. Facebook hat hierfür eine Seite mit jeder Menge handwerklicher und technischer *Ressourcen* eingerichtet. Journalistische Beispiele für 360-Grad-Live-Videos sind noch ziemlich selten und am ehesten im Event-Bereich anzutreffen. So hat das ZDF den Fernsehgarten und einige Musikveranstaltungen live in 360-Grad gestreamt.

3.7 Web-Reportagen: Wie man Geschichten multimedial erzählt

Digitaler Journalismus kann auf einen Werkzeugkasten zurückgreifen, der so groß ist, wie nie zuvor. Der Mischung verschiedener Medien ist reizvoll und anspruchsvoll zugleich. Dafür hat sich der Begriff „multimediales Storytelling" eingebürgert. Storytelling ist ein ziemlich weit verbreitetes und auch ziemlich unscharfes Buzzword. PR, Marketing und Werbung setzen stark auf

Storytelling als Methode, um Emotionen zu erzeugen und im Endeffekt Produkte zu verkaufen. Aber auch im Journalismus ist Storytelling zu einer wichtigen Disziplin geworden.
Der Begriff Storytelling (ohne das Adjektiv multimedial) gibt es schon seit Jahrzehnten, und er kommt wenig überraschend aus den USA.

Story steht für eine Geschichte über einen Menschen, nicht sein ganzes Leben, sondern eine Episode, die eine interessante Änderung oder Verwandlung des Menschen und seiner Lebensumstände zeigt. Wir kennen das Geschichtenprinzip von Kindesbeinen an, alle Märchen funktionieren so: Es gibt einen (tragischen) Helden, der ein Ziel verfolgt und dabei gegen Widerstände ankämpfen muss, die er meistens überwindet (im Märchen und in den meisten fiktionalen Büchern und Filmen), so dass er am Ende sein Ziel erreicht. Im wirklichen Leben gibt es nicht immer ein Happy End, aber auch das Scheitern eines Menschen kann eine spannende Geschichte sein. Und die Aufgabe von Journalisten ist es, die Realität zu beschreiben.

Der Held ist nach seiner Heldenreise aber ein anderer Mensch als vorher. Journalisten müssen die dazwischen liegende Geschichte **erzählen (englisch „to tell")**, indem sie anschaulich schildern, was passiert ist und wie sich das zugetragen hat. Besonderes Augenmerk legt der Journalist beim Storytelling darauf, die Handlungen, Erfahrungen und Gefühle des Helden beim Kampf für sein Ziel konkret und emotional zu beschreiben. Beim Storytelling darf, nein, soll es „menscheln". Durch seine Erzählung ahmt er die Erfahrung des Protagonisten nach. Und das Publikum tut das auch, indem es der Erzählung zuhört. Eine andere Bezeichnung für Erzählung ist **Narrativ**.

Storytelling ist also die Kunst, auf anschauliche Art Geschichten von Menschen zu erzählen, die eine interessante Entwicklung durchmachen. Im Prinzip betreiben wir alle Storytelling, wenn wir uns mit Freunden über andere Menschen unterhalten, ohne es so zu nennen. Journalisten haben es zu Ihrem Beruf gemacht, Geschichten zu erzählen, für sie ist **Storytelling** eine (dramaturgische) **Methode.** Wenn man so will, kann man journalistisches Storytelling als emotionale Herangehensweise betrachten und Datenjournalismus als sachliche, faktenbasierte Methode.

Für dieses Handwerk, Geschichten über Menschen zu erzählen, stehen dem Digitaljournalisten viel mehr Werkzeuge zur Verfügung, womit wir beim Adjektiv **„multimedial"** wären. Die einzelnen Medientypen haben wir in Kapitel 3.1 besprochen.

Eine multimediale Story erzählt auf emotionale Art, wie eine Hauptperson eine wesentliche Veränderung durchmacht und setzt dabei verschiedene, oft visuelle Gestaltungselemente ein.
Wenn also Subjektivität, Emotionalität und die genaue Schilderung von Akteuren und Schauplätzen wichtig sind: Ist Storytelling dann nicht einfach ein Synonym für die Reportage? Mitnichten. Zwar erzählt jede Reportage eine Story, aber nicht jede Story ist eine Reportage. Reportagen holen in der Regel weit aus, versuchen an einem konkreten Beispiel bzw. einem Protagonisten einen übergeordneten gesellschaftlichen Trend aufzuzeigen. Eine Story kann aber schon eine kleine Episode sein, etwa die Schilderung, wie einem Hobbytüftler die Idee zu einer Erfindung gekommen ist. Storytelling ist also nicht an eine bestimmte Darstellungsform geknüpft.

Dennoch gibt es viele Beispiele, in denen Reportagen oder Dokumentationen mit Mitteln des multimedialen Storytellings umgesetzt wurden. Eines der berühmtesten ist **„Snowfall"** von der New York Times, die Rekonstruktion eines Lawinenunglücks, bei der einige amerikanische Skifahrer ums Leben gekommen sind. Snowfall wurde außerhalb des Redaktionssystems der New York Times programmiert. So entstand ein opulentes Format, in dem alle Elemente, egal ob Text, Augenzeugen-Videos, Bildergalerien, interaktive Grafiken, Karten oder Töne bildschirmfüllend präsentiert wurden (man spricht auch von Fullpanel-Format). Neu war daran, dass viele Multimedia-Inhalte nicht in den Text eingestreut, sondern zentral in den linearen Erzählstrang eingebunden waren. Weil sich die Redaktion für eine Navigation per Scrollen entschied, standen Text und Multimedia nicht nebeneinander, sondern nacheinander. Wenn man nach der Lektüre eines Absatzes weiterscrollt, kommt zum Beispiel eine opulente Geländeanimation. Wenn man diese betrachtet hat und weiterscrollt, kommt wieder ein Textabsatz und so weiter.

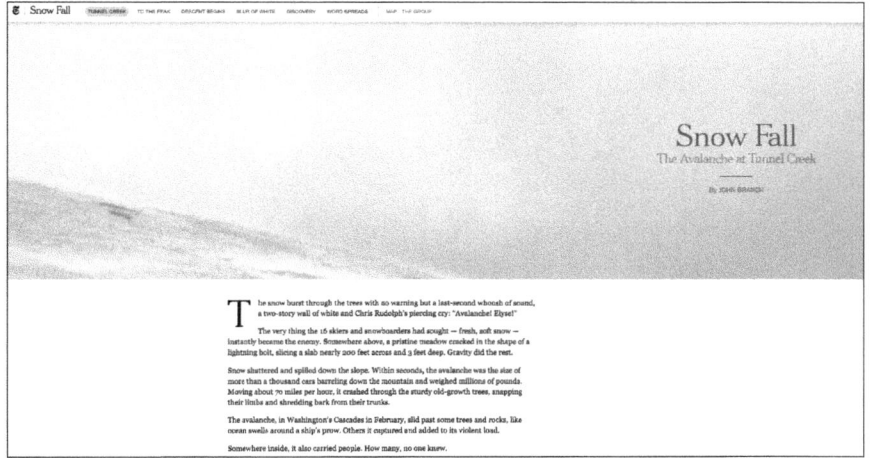

Mit „Snowfall" begründete die New York Times 2012 das Scrollytelling-Format.

Die New York Times ging also nicht nur bei der multimedialen Anreicherung ihrer Reportagen neue Wege, sondern auch bei der Nutzerführung. Für diese Art der Präsentation hat sich der Begriff **„Scrollytelling"** eingeprägt, ein Kofferwort aus Scrollen und Storytelling. Scrollytelling ist inzwischen ein etabliertes Multimedia-Format. Neben den vertikalen Scrollgeschichten gibt es auch horizontale, die auch als seitliche Panelscroller bekannt sind. Dieses Navigationsprinzip ist für allem für die Betrachtung auf einem Smartphone sinnvoll. Jenseits der Navigationsfrage gibt es beim Scrollytelling große Unterschiede, was den Medienmix betrifft. Es gibt viele textbasierte Scrollytelling-Geschichten, in denen ab und an Videos, Bilder und Grafiken eingestreut werden. Ein Großteil der Information wird aber über den Text präsentiert. Wenig überraschend ist dieser Typus vor allem in den Online-Redaktionen von Zeitungen und Zeitschriften anzutreffen.

Auf der anderen Seite gibt es Scrollytelling-Geschichten, die in erster Linie über Audios, Bilder und Videos funktionieren und bei denen dem Text eher eine moderierende Rolle zukommt. Solche Beispiele stammen oft aus Online-Redaktionen von Fernsehsendern. Der *WDR* hat dafür eigens eins Scrollytelling-Tool gebaut, das ich später noch genauer vorstellen werde.

Diese linear erzählten Geschichten dominieren den Multimedia-Storytelling-Markt. Eine kleine Nische bilden non-lineare Multimedia-Geschichten, bei denen der Nutzer an verschiedenen Punkten entscheiden kann, welchen Pfad der Geschichte er weiterverfolgen will. Dieser Ansatz ist der Welt der Computerspiele entlehnt und sehr aufwendig zu produzieren. Beispiel: *Die Geschichte des Südwestens vom SWR.*

In der Pest-Episode der Geschichte des Südwestens wird der Zuschauer zum Akteur, der immer wieder Entscheidungen treffen muss. Hier schlüpft der Zuschauer in die Rolle der Mutter, die von ihrem Kind gefragt wird, ob es sterben muss.

Multimediales Storytelling planen
Multimediales Storytelling erfordert eine sorgfältige Konzeption. Hier gilt es ganz ähnliche Fragen zu beantworten wie bei der Planung eines Videos (siehe Kapitel 3.3), nur mit etwas unterschiedlicher Schwerpunktsetzung:

- Was ist meine Geschichte: Was ist spannend, ungewöhnlich, aufregend?
- Wer ist mein Held, Hauptdarsteller oder Protagonist? Wer gibt meiner Geschichte ein Gesicht? Themen lassen sich am besten über Menschen transportieren. Hat mein Held etwas Spannendes, Kurioses, Aufregendes, Emotionales erlebt, hat er etwas bewältigt, erfunden? Welche Veränderung hat er durchgemacht? Brauche ich neben dem Betroffenen noch weitere Personen? Etwa einen Experten? Bringt ein Gegenspieler noch mehr Pep in meine Geschichte? Bin ich am Ende selbst der Held, mache ich einen Selbstversuch oder schildere ich ein eigenes Erlebnis?

- Welche Erzählstimme wähle ich? Diese Frage geht Hand in Hand mit der Frage nach dem Hauptdarsteller. Wenn dieser flüssig, anschaulich, emotional, authentisch erzählen kann, kann ich viel Inhalt über seine Protagonistenstimme transportieren. Kann er das nicht, ist der auktoriale oder allwissende Erzähler vielleicht die bessere Wahl. Damit ist ein Off-Sprecher gemeint, der mit sachlich-seriöser Stimme Fakten erzählt, die zum Verständnis der Geschichte bzw. bestimmter Szenen notwendig sind. Natürlich ist auch eine Kombination verschiedener Erzählstimmen möglich. Viele Scrollytelling-Reportagen arbeiten im Fließtext mit einem allwissenden Erzähler, während die Protagonisten in einem Audio oder Video zu Wort kommen. Eine dritte, weniger verbreitete Sprecherstimme ist der Ich-Erzähler, der zum Beispiel bei einem Selbstversuch zum Einsatz kommt.
- Welche Aktionen, Handlungen, Szenen sind für meine Geschichte wichtig?
- Wo recherchiere ich, welche Orte, Gebäude, Räume sind optisch und/oder akustisch spannend bzw. vermitteln die Atmosphäre meiner Geschichte am besten?
- Wie lange soll meine Story in etwa werden? Welches Material benötige ich dafür? Auch hierfür hilft ein Drehplan.

Am stärksten sind multimediale Storys dann, wenn sie für jeden Aspekt der Geschichte das Medium auswählen, das am besten dafür passt. (Zu den Stärken der einzelnen Medienarten siehe Kapitel 3.1.) Die Schweizer Journalistenschule hat ein *Multimedia-Storytelling-Tool* entwickelt, das in Form eines Flussdiagramms bei der Entscheidung hilft, welcher Teil der Story besser als Text, mit Bildern, Videos, Karten, Infografiken oder Diagrammen erzählt wird.

Wenn klar ist, was in die Geschichte gehört, geht es los mit Recherche und Dreh. So gut wie nie klappt alles genau so, wie man es sich in der Planung vorgestellt hat: Gesprächspartner wollen nicht reden oder sagen etwas anderes als erwartet. Man konnte einen bestimmten Ort oder eine bestimmte Einstellung nicht fotografieren oder aufnehmen. Bestimmte Daten liegen nicht vor. Darum ist es sinnvoll, sein Konzept nach der Recherche entsprechend anzupassen.

Dramaturgie
Jede Multimedia-Geschichte braucht einen guten und abwechslungsreichen Spannungsbogen, der die Betrachter fesselt. Da sich Storytelling ja immer um eine Hauptperson dreht, wird häufig das Konzept der Heldenreise verwendet. Dieses Konzept stammt aus der Welt des Films und existiert in verschiedenen Variationen und Abstufungen. Am bekanntesten ist die Version des amerikanischen Drehbuchautors Christopher Vogler, der die Heldenreise in 12 Stufen unterteilt. Natürlich lässt sich nicht jede Geschichte in so ein Schema packen. Die meisten Geschichten lassen sich aber zumindest in drei dramaturgische Phasen unterteilen:

1. Exposition: Der „Held" hat ein Problem; er möchte etwas in seinem Leben verändern. Es wird die unbefriedigende Ausgangssituation geschildert.
2. Hauptteil: Der Held versucht sein Ziel zu erreichen, doch der Weg dahin ist steinig. Er muss Hindernisse überwinden, die ihn an seinem Tun zweifeln lassen. Ein wichtiger Baustein der Dramaturgie (nicht nur in der Heldenreise) ist der Höhepunkt bzw. der Wendepunkt. Schafft es der Held, sein Ziel zu erreichen oder scheitert er daran?
3. Schluss: Egal, wie die (Helden-)Reise ausgegangen ist. Der Held hat viel erlebt, an Erfahrung gewonnen, er ist nicht mehr derselbe wie vorher.

Wie genau die Unterteilung ausfällt, hängt natürlich von der konkreten Geschichte, vom Protagonisten und auch vom Format ab.

Struktur per Storyboard
Neben dem unsichtbaren Spannungsbogen gibt es noch eine sichtbare Gliederung der Story durch einzelne Abschnitte oder Kapitel. Diese Gliederung kann chronologisch oder thematisch sein. Oft ist es für den Betrachter spannender, wenn die reine Chronologie zumindest teilweise durchbrochen wird: etwa, indem der Einstieg mit der Gegenwart beginnt und erst dann erzählt wird, wie es dazu gekommen ist. Gerade der Einstieg sollte inhaltlich und optisch spannend sein. Am besten macht er den Zuschauer neugierig, damit er bis zur Auflösung, die aber erst gegen Ende der Story kommt, dranbleibt.

Bei der Gliederung der Geschichte ist ein Storyboard hilfreich, das mit dem Video-Schnittplan aus Kapitel 3.4. verwandt ist. Im Storyboard notiert man Medientyp (Text, Bild, Video etc.) und zugehörigen (Sprecher-)Text. Das hilft dabei, inhaltliche Dopplungen zwischen verschiedenen Story-Elementen zu vermeiden. Der Nutzer sollte also in einem Webreportagen-Video nicht die gleichen Informationen bekommen, die er im vorangegangenen Textabsatz gerade gelesen hat. Die einzelnen Story-Elemente sollten sich sinnvoll ergänzen: Jedes Element sollte die Geschichte ein Stück weiterbringen. Gerade multimediale Elemente sollten so eingesetzt werden, dass die dem Betrachter einen Mehrwert bringen: Ein Diagramm zeigt einen Trend – eine Karte, wo sich das Geschehen abspielt, eine Grafik unterschiedlicher Größenverhältnisse. Ein Video transportiert die Atmosphäre eines Ortes. Ein Foto kann einen emotionalen Gesichtsausdruck festhalten. Der Text wiederum kann vielleicht besser einen inhaltlichen Zusammenhang erklären. Auf diese Weise baut man sich Schritt für Schritt seine Story zusammen.

Darüber hinaus spielt die Anordnung der einzelnen Story-Elemente eine wichtige Rolle, speziell der Wechsel zwischen Text und multimedialen Inhalten. In normalen CMS sind z. B. Videos oft in den Fließtext eingeblockt. Das heißt, der Text läuft um das Video herum. Der Nutzer muss sich also entscheiden, ob er zuerst den Text liest und dann erneut zum Video zurückspringt, oder ob er die Lektüre des Textes unterbricht, um das Video anzusehen, und danach wieder weiterliest. So oder so ist das für den Nutzer umständlich und beeinträchtigt seine User Experience. Viele Scrollytelling-Geschichten lösen dieses Problem, indem sie die Multimedia-Elemente nicht nebeneinander, sondern untereinander anordnen. Erst wenn man ein Element betrachtet hat, scrollt man zum nächsten weiter.

Firestorm: Dramaturgisch gut umgesetztes Drama
Schauen wir uns den multimedialen Story-Aufbau an einem Beispiel an, das international viel Beachtung gefunden hat: „*Firestorm*". In dieser Multimedia-Reportage erzählt der Guardian, wie eine australische Familie ihr Haus durch ein riesiges Buschfeuer verlor und überlebte, indem sie Zuflucht in einem kleinen See suchte. Die Geschichte ist in sechs Kapitel unterteilt, und jedes Kapitel besteht aus mehreren Szenen.

Startseite zur Web-Reportage Firestrom. Auf einen Blick sieht man die Kapitelstruktur. Icons zeigen zudem an, welcher Medientyp eingesetzt wurde.

Kapitel 1 „Distant smoke" wird von sechs kurzen Textabsätzen eingeleitet, die die Ausgangslage beschreiben: Ein Buschfeuer breitet sich in der Nähe der tasmanischen Stadt Dunalley aus. In der zweiten Szene kommt dann das Ehepaar Holmes zu Wort. In einem Video erzählen Tim und Tammy Holmes, wie sie das Buschfeuer in der Umgebung registrierten, aber noch keinen Grund zur Panik sahen. Das Videointerview ist ein komplett eigenständiges Element und wird bildschirmfüllend angezeigt. Zum nächsten Textabschnitt gelangt man erst, indem man weiterscrollt.

Tim Holmes erzählt im ersten Kapitel der Web-Reportage Firestrom, wie er das 20 Kilometer entfernte Buschfeuer einschätzte.

Firestorm fesselt den Nutzer nicht nur wegen der ergreifenden Geschichte der Familie Holmes, sondern auch durch sehr geschicktes audiovisuelles Storytelling. Die Reportage arbeitet fast durchgängig mit Hintergrundmotiven, seien es Bilder oder kurze Videosequenzen, die in einer Dauerschleife ablaufen, zum Beispiel Vogelgezwitscher, brennende Sträucher oder ein Löschhubschrauber in Aktion, manchmal noch mit Musik unterlegt. Der Text läuft im Vordergrund, man scrollt so lange, bis man eine neue Szene erreicht, die durch ein neues Hintergrundelement auch optisch eingeleitet wird. Durch diese geschickte Kombination von Text, Bild und Ton entsteht eine durchgängig dichte Atmosphäre. Insofern ist Firestorm ein gutes Beispiel für immersiven Journalismus, der den Nutzer mit allen Sinnen in eine dramatische Geschichte eintauchen lässt.

Jetzt kann man natürlich einwenden: Das hätte man ebenso als Video machen können. Ja, aber nicht so gut. Die Umsetzung als Web-Reportage bietet einige Vorteile im Vergleich zum Video: Jede Reportage lebt auch von Fakten. Im Video muss die Sprecherstimme diese Aufgabe übernehmen, Gesagtes lässt sich tendenziell schlechter merken als Geschriebenes. In Firestorm werden viele Fakten und Hintergründe über den Text transportiert. Der Nutzer kann jederzeit noch einmal nachlesen. Ein weiterer großer Vorteil der Web-Reportage liegt in der Interaktivität. Der Nutzer bestimmt das Tempo selbst, in dem er die Geschichte erlebt. Praktisch ist dabei auch die mit einem Klick aufrufbare Sitemap: Der Nutzer sieht mit einem Klick die Gliederung der Geschichte und kann jederzeit punktgenau an eine gewünschte Stelle springen. Er kann also sehr viel besser navigieren als in einem Video. Die Sitemap macht darüber hinaus auf einen Blick klar, dass man es hier mit einer größeren, tiefschürfenden Geschichte zu tun hat. Dass die Guardian-Redaktion mit der Umsetzung des Buschfeuer-Themas als Web-Reportage beim Publikum einen Nerv getroffen hat, zeigen auch die Nutzerzahlen: Die Nutzer verbrachten durchschnittlich 17 Minuten auf Firestorm. Zum Vergleich: Die wenigsten Guardian-Videos werden länger als fünf Minuten angeschaut.

Storytelling-Tools: Die Qual der Wahl
Natürlich muss man sich auch Gedanken darüber machen, womit die multimediale Geschichte produziert wird. Grundsätzlich erlauben es die meisten handelsüblichen Content-Management-Systeme, verschiedene Medien wie Text, Foto, Video, Audio oder Karten zu einer durchgängigen Geschichte zusammenzubauen. Der Teufel liegt aber oft im Detail:

- **Navigation**: Kann ich nur horizontal scrollen oder nur vertikal oder sogar beides?
- **Gliederung**: Kann ich (größere Geschichten) gut sichtbar in Kapitel und eventuell auch Unterkapitel bzw. einzelne Seiten unterteilen?
- **Usability**: Wie funktioniert die Einbindung von multimedialen Inhalten (Foto, Video, Zeitleiste, Karte, Diagramm, externe Links, Social-Media-Content)? Wie flüssig sind die einzelnen (multimedialen) Elemente verzahnt: Starten Videos automatisch (Auto-Play-Funktion) oder manuell? (Welche Variante gefällt den Nutzern bessern?)
- **Dateiverwaltung**: Wie verarbeitet das CMS Foto-, Audio- und Videodateien (Größe, Auflösung, Dateiformate, Metadaten, Copyright-Angaben)?
- **Flexibilität**: Wie leicht kann ich den Aufbau meiner Story nachträglich verändern?
- **Darstellung auf Mobilgeräten**: Lässt sich die Geschichte auch mobil einwandfrei nutzen (Ladezeit, Navigation, Einbindung von Multimedia-Elementen, speziell Videos)?

Die gute Nachricht: Der Storytelling- bzw. Scrollytelling-Boom hat dazu geführt, dass einige Programme auf den Markt gekommen sind, mit denen man auch ohne Programmierkenntnisse schön anzuschauende multimediale Geschichten produzieren kann. Allerdings hat jedes Programm seine Eigenheiten und jeder Journalist wird früher oder später mal in die Situation kommen, in der er die Präsentation seiner Geschichte zumindest punktuell an das Tool anpassen muss (idealerweise wäre es ja umgekehrt).

Außerdem ist immer die Preisfrage zu klären. Viele Tools sind in ihren Basisfunktionen kostenlos, verlangen aber Geld für erweiterte Funktionen, technischen Support und gegebenenfalls das Hosting der Multimedia-Storys.

In Deutschland ist *Pageflow* ziemlich weit verbreitet, ein Scrollytelling-Tool, das vor allem für (bewegt-)bildbasierte Geschichten gedacht ist. Pageflow wurde im Auftrag des WDR entwickelt, der ein eigenes CMS für audiovisuelle Geschichten à la Firestorm haben wollte. Pageflow funktioniert wie ein Baukasten: Jede Geschichte besteht aus übergeordneten Kapiteln, die wiederum beliebig viele Seiten enthalten können.

Pageflow-Backend: Jede Geschichte ist in Kapitel und Seiten unterteilt. Für die Seiten kann man verschiedene Typen auswählen, die per Icon gekennzeichnet sind.

Für den Look&Feel der Reportage sind die Seiten entscheidend. Man kann zwischen 14 verschiedenen Seiten-Typen auswählen, die in sechs Kategorien eingeteilt sind:

- Basic (Text, Hintergrund-Bild)
- Video (eigenes, externes)
- Audio
- Externe Verweise
- Interaktive Elemente (z. B. 360-Grad-Fotos)
- Daten und Diagramme

Das Scrollen von Seite zu Seite geht sehr flüssig und mit einem Klick bekommt man jederzeit eine Übersicht über die Struktur der gesamten Geschichte.
Der WDR sammelt seine mit Pageflow produzierten *Multimedia-Reportagen auf einer eigenen Seite*. Aber auch andere Medien und Unternehmen nutzen Pageflow. Wer das verfolgen will, sucht einfach auf Twitter nach #pageflow.

Pageflow ist eine Open-Source-Software, die also prinzipiell jeder installieren kann. In der Praxis sind aber Kenntnisse in der Programmiersprache Ruby und im Webframework Rails nötig, die die wenigsten Journalisten haben. Deswegen bietet Pageflow auf seiner Website eine gehostete Version an, die bei 8,50 Euro pro Monat startet.

Es gibt natürlich noch viele weitere Storytelling-Programme, viele davon browserbasiert. Hier eine kleine Übersicht von gängigen Tools:

- *Aesop*: Plugin für die sehr weit verbreitete Blog-Plattform Wordpress, das sich für die Produktion von vertikalen Scrollgeschichten eignet. 13 verschiedene Multimedia-Elemente können teilweise bildschirmfüllend eingebunden werden – wenn man ein dafür passendes Wordpress-Theme hat.
- *Atavist*: Mehr als ein Dutzend Multimedia-Elemente lassen sich per Drag-and-Drop in eine Story einbauen und leicht mit Textabsätzen verknüpfen. Für lange Stücke bietet sich die Gliederung in Kapitel an, das erinnert an Pageflow. Atavist bietet verschiedene Themes und Templates an, auch auf mobilen Geräten sehen Atavist-Storys gut aus. Nachteil: Atavist-Storys laufen ausschließlich auf den Atavist-Servern und lassen sich nicht ins eigene CMS einbetten.
- *Klynt*: Das Desktop-Programm aus Frankreich funktioniert wie eine Leinwand, auf der man seine Multimedia-Elemente anordnet und per Mausklick miteinander verknüpft. Für den Feinschliff gibt es eine praktische Timeline, in der man u. a. die Länge der einzelnen Elemente festlegen kann. Die Veröffentlichung ist nicht ganz trivial: Am Ende bekommt man einen Ordner, den man auf seinen Webspace hochladen muss.

Multimedia-Journalist Matthias Eberl hat in seinem Blog Rufposten einen sehr praktischen – noch weitere Programme umfassenden – *Storytelling-Tool-Test*, den er immer wieder aktualisiert.

Natürlich nutzt das schickste Storytelling-Tool nichts, wenn die Geschichte schwach ist. Oder wenn es gar keine Geschichte gibt, sondern einfach nur Fakten, Grafiken und (Video-)Statements zusammenhangslos aneinandergereiht werden. „Eine gute Geschichte ist eine gute Geschichte", lautet eine alte journalistische Weisheit. Das gilt für alle Mediengattungen, besonders aber für Web-Reportagen. Achten Sie darauf, dass Sie zuallererst eine gute Geschichte haben: einen spannenden Protagonisten, der eine Entwicklung durchmacht. Oder veranschaulichen Sie einen Befund oder einen Trend anhand von betroffenen Menschen. Liefern Sie Zusammenhänge und Hintergründe. Wechseln Sie zwischen konkreter und allgemeiner Perspektive. Unterfüttern Sie Ihre Geschichte mit aussagekräftigen Zahlen. Mit multimedialen Formaten ist das so zielgenau möglich wie nie zuvor.

3.8 Soziale Netzwerke: Storytelling mit Storys

Wenn man über multimediales Erzählen spricht, spricht man heute automatisch auch vom Erzählen in den sozialen Netzwerken. Facebook, Twitter, Snapchat und Instagram – um nur die großen Anbieter zu nennen – sind zu eigenen multimedialen Erzählplattformen für Milliarden Menschen geworden. Sie werden heute ganz überwiegend über die zugehörigen Apps genutzt. In den Apps nicht nur dieser Netzwerke verschmelzen Aufnahme, Produktion, Publikation und die Interaktion mit den eigenen Followern. Natürlich im jeweils angesagten Look and Feel, der nicht viel mit klassischem Foto- oder Videojournalismus zu tun hat. Was aber nicht heißt, dass diese Plattformen nicht auch von Journalisten genutzt werden könnten. Das Geschichtenerzählen oder neudeutsch: Storytelling gehört ja zur journalistischen Kernkompetenz. Die Kunst ist es, seine Themen richtig zu portionieren und unterhaltsam zu präsentieren. Die Apps von sozialen Netzwerken sind ein guter Ort für **Infotainment**.

Nun kann man natürlich die Frage stellen: Warum soll ich als Journalist in sozialen Netzwerken veröffentlichen? Im Kapitel 4 gehe ich genauer auf diese Frage ein. Hier nur die Kurzform: Weil da die Leute sind! Und Journalisten müssen heute mehr als je zuvor dahin gehen, wo die Leute sind: eben in die sozialen Netzwerke. Die Loyalität zu klassischen Medienmarken nimmt ab, das Abonnement gibt es zwar auch im digitalen Journalismus, es funktioniert aber bei weitem nicht so gut wie bei gedruckten Zeitungen und Zeitschriften (und dort sind die Abonnentenzahlen meistens rückläufig). Deswegen muss sich eine Medienmarke die Nutzerbindung und -loyalität in den sozialen Plattformen neu erarbeiten. Dahinter steckt die Hoffnung, dass die Nutzer dann auch den Weg auf die eigenen Angebote wie Website oder Apps finden und dort zu zahlenden Kunden oder sogar Abonnenten werden.

Wenn Journalisten die sozialen Netzwerke bespielen, dann am besten mit Inhalten, die der Stimmungslage und den Seh- bzw. Nutzungsgewohnheiten der oft jungen Nutzer entsprechen. Und die sind ganz anders, als wir sie von klassischen Foto-, Fernseh- oder Filmformaten her kennen. Zum Beispiel, was die Bildausrichtung betrifft: Die meisten Smartphone-Nutzer sind zu faul, ihr Gerät um 90 Grad zu drehen, um ein Video anzuschauen. Sie halten es lieber hochkant und wollen deswegen auch Hochkant-Videos haben.

Instagram setzt von Beginn an auf quadratische Fotos und Videos. So oder so: Das Querformat hat es in sozialen Netzwerken ziemlich schwer. Die Formatfrage ist also untrennbar mit dem Publikationskanal verbunden.

In den Social Networks sind die Ansprüche an die handwerkliche Qualität nicht ganz so groß: In professionellen Videos müssen das Bild scharf, die Ausleuchtung top und der Ton kristallklar sein. In sozialen Netzwerken ist das alles bei Weitem nicht so wichtig. Zu viel handwerkliche Professionalität kann sogar kontraproduktiv sein. Perfekt produzierte Beiträge wirken hier schnell inszeniert und aufgesetzt. Ein ganz großer Stellenwert kommt in sozialen Netzwerken authentischen Inhalten zu: das Foto vom Flugzeug, das im Hudson-River gelandet ist, das Live-Video von der Demonstration. Ob das alles hundertprozentig scharf ist, spielt eher eine untergeordnete Rolle. Authentizität gewinnt hier gegen handwerklichen Perfektionismus.

Storys eignen sich für Journalisten
Anfangs haben viele Journalisten und Redaktionen soziale Netzwerke als Abladeplatz für Links zum eigenen Angebot (miss-)verstanden. Eigene Inhalte speziell für die Netzwerke waren Mangelware. Das hat sich vor allem durch die inzwischen auf einigen Plattformen verbreitete „Storys"-Funktion geändert. Der Instant-Messaging-Dienst Snapchat hat die „Storys" 2016 erfunden: Eine Story ist eine Sammlung aller Fotos und Videos, die ein Nutzer innerhalb der letzten 24 Stunden erstellt hat. Die Nutzer garnieren die Fotos und Videos in ihrer Story oft kreativ mit Zeit- und Ortsangaben, Hashtags, Emojis, Filtern, Masken oder Zeichnungen. Storys sind aber immer nur 24 Stunden sichtbar und danach verschwunden. Dennoch (oder vielleicht sogar deswegen?) ist die Story-Funktion so beliebt, dass sie viele Nachahmer gefunden hat. Die Foto- und Video-App Instagram hat die Story-Features nahezu 1:1 kopiert, Facebook (der Eigentümer Instagrams) in etwas abgeschwächter Form ebenfalls. Besonders häufig werden Storys auf Snapchat und Instagram genutzt. Bei Facebook haben sie (noch) nicht so richtig abgehoben – und werden es vermutlich auch nicht, so lange die Möglichkeit besteht, seine Instagram Storys gleichzeitig auch als Facebook Story zu posten. Allen Storys gemein ist, dass die Inhalte hier fast ausschließlich vertikal produziert und konsumiert werden.

Snapchat ist 2011 als Instant-Messaging-Dienst gestartet. Es ist rein für die mobile Nutzung durch Smartphones und Tablets gedacht. Die Nutzer schicken sich gegenseitig Snaps genannte Nachrichten. Die Besonderheit: Ein

Snap verschwindet, nachdem der Adressat ihn angesehen hat. Man kann zwar auch reine Textnachrichten verschicken, Snapchat sieht sich aber selbst als „Unternehmen, bei dem sich alles um die Kamera dreht. Wir glauben, dass in der Neuerfindung der Kamera unsere größte Chance steckt, die Art und Weise zu verbessern, wie Menschen leben und kommunizieren." Zur Neuerfindung der Kamera zählen die vielen Filter, Masken und Effekte, mit denen die Nutzer ihre Fotos und Videos aufpeppen können. Diese Features sind vor allem bei jungen Nutzern um die 20 Jahre beliebt. Snapchat gilt als eine der „jüngsten" Plattformen.

Instagram ist ebenfalls eine App, die vor allem auf Fotos und Videos setzt. Anders als Snapchat ist Instagram aber kein Messenger, sondern ein Netzwerk, in dem man andere Accounts abonniert, um deren Inhalte in seinem Stream zu sehen. Instagram basiert darauf, mit der Smartphone-Kamera Fotos und Videos aufzunehmen, sie durch Einsatz von Filtern zu akzentuieren, mit einem erläuternden Text und thematisch passenden Hashtags zu versehen und dann in den eigenen Account hochzuladen. Fotos und Videos, die man mit der Smartphone-Kamera aufnimmt, sind dabei quadratisch. Instagram gilt als der Dienst mit den qualitativ hochwertigsten Aufnahmen. Speziell bei den Fotos wird viel Wert auf eine interessante Bildkomposition (Motiv, Perspektive) und starke Farben gelegt. Auf Instagram sind auch viele professionelle Fotografen aktiv. Manche Medien, wie das Zeit Magazin, engagieren regelmäßig Fotografen für sogenannte „Takeovers": Dann bespielen die Fotografen den Account mit ihren oft künstlerisch wertvollen Fotos.
Wie stark Instagram auf visuelle Inhalte setzt, zeigt sich auch daran, dass Nutzer im Beschreibungstext zu ihren Fotos und Videos keine Links setzen können. (Deep) Links sind im klassischen Instagram nur im Form von kostenpflichtigen Werbeanzeigen möglich. (Natürlich kann man auf seinem Profil einen Link setzen, der aber in den meisten Fällen auf die eigene Website bzw. Homepage verweisen wird.)

2016 führte Instagram die **Storys** ein – die sehr stark den Snapchat Storys nachempfunden sind. Die Instagram Storys sind seitdem das zweite Standbein der App und für Journalisten das interessantere. Hier gibt es mehr Möglichkeiten, eine zusammenhängende Geschichte zu erzählen. Accounts, die mehr als 10.000 Nutzer haben, können auch Links in ihre Stories einbauen. In der Regel verlinken Angebote wie die Süddeutsche Zeitung oder Bento dann auf weiterführende Artikel auf ihrer eigenen Website. Diese Links lassen sich durch Hochswipen öffnen, man bleibt dabei aber in der Instagram-App. Am oberen linken Bildschirmrand bleibt stets ein X zu sehen, mit dem man das geöffnete Link-Fenster wieder schließen und sich weiter durch die Instagram-Story klicken kann.

Da Instagram seit 2012 zum Social-Media-Giganten Facebook gehört, hat es eine größere Reichweite als Snapchat. Gerade für Journalisten ist es leichter, sich eine Followerschaft aufzubauen, weil viele Facebook-Nutzer auch auf Instagram sind. Inhalte, die man bei Instagram erstellt, lassen sich auch automatisch auch auf dem eigenen Facebook-Account veröffentlichen, wenn man ihn einmal verknüpft hat. Gerade bei den Instagram Storys nutzen das viele Journalisten. Das liegt unter anderem daran, dass die Instagram Storys mehr Gestaltungsmöglichkeiten bieten als die Facebook Storys. Nur wenige Redaktionen machen sich die Mühe, eigene Facebook Storys zu erstellen. Eines der seltenen, aber absolut gelungenen Beispiele ist ZDF heuteplus.

So gelingt das „Storytelling mit Storys"
Persönlichkeit: Wer als Journalist Storys auf Snapchat, Instagram oder Facebook veröffentlichen will, sollte nicht kamerascheu sein. Die Story-Funktion lebt stark von Personalisierung: Menschen melden sich von einem interessanten Ort und schildern aus ihrer ganz persönlichen Sichtweise heraus, was dort passiert. Und sie sind dabei oft selbst im Bild. Solche Videos sind im Netz sehr beliebt, weil die Nutzer sie als authentisch wahrnehmen. Gerade für Journalisten, die tief in ihren Themen stecken, kann das eine gute Profilierungsmöglichkeit sein.

Aber: Zu viel Selbstdarstellung ist auch nichts. Niemand will Storys anschauen, die nur aus Selfie-Monologen bestehen. (Wenn man nicht gerade ein Star ist.) Journalisten sollten nie mehr als drei Selfie-Elemente hintereinander setzen. Und Selfie ist nicht gleich Selfie: Klar kann man mal voll zu sehen sein, dann braucht es aber auch eine Einstellung, in der ein anderes Motiv im Mittelpunkt steht und man selbst nur am Rand zu sehen ist.

Gestaltungselemente mixen: Die Anreicherung der Story-Elemente durch Filter, Grafiken, Fingerzeichnungen, Grimassen und Masken erhöht den Fun-Faktor erheblich und ist ein Markenzeichen für die Storys. Verwenden Sie die Filter aber nicht, nur damit die Story ein bisschen bunter wird. Jedes Element sollte eine Funktion haben: Sei es eine Information (z. B. ein Fakt), eine Hervorherbung (z. B. durch einen Pfeil) oder eine Orientierung (Fahne). Sehr gekonnt mischen ZDF heuteplus (auf Facebook/Bürgerversicherung) und Eva Schulz auf Snapchat (Link zur Waffen-Story auf YouTube) die verschiedenen Storytelling-Elemente.

Drehbuch schreiben: Womit steige ich ein, was ist der Hauptteil, womit höre ich auf? Welche Aspekte hat meine Story? Formulieren Sie pro Element nur einen Gedanken. Auf Snapchat geht nicht mehr als zehn Sekunden, auf Instagram und Facebook bis zu 60, aber auch hier hilft die Devise: In der Kürze liegt die Würze. Dann werden die einzelnen Elemente automatisch prägnanter. Wichtig ist, dass die einzelnen Elemente inhaltlich aufeinander aufbauen.

An den Ort des Geschehens gehen: Storys aus dem Büro sind langweilig. Gehen Sie – wie bei einem klassischen Video auch – an einen Ort, an dem es etwas zu sehen und/oder zu hören gibt.

Follower einbinden: Rufen Sie sie – eventuell schon im Vorfeld – dazu auf, Fragen zu stellen. Versuchen Sie diese Fragen zu beantworten. In den Instagram-Storys kann man eine kleine Umfrage stellen.

Beschriften Sie Ihre Story-Elemente, damit die Story zur Not auch ohne Ton funktioniert und der Zuschauer schneller durchtappen kann. Besonders praktisch ist das, wenn Sie einen fremdsprachigen O-Ton übersetzen müssen.

Liefern Sie Hintergrund: Fakten, Zahlen, Zitate machen sich auch in einer Story gut. Bereiten Sie Ihre Hintergrund-Fakten am besten in einem externen Dokument vor und kopieren Sie sie dann in die einzelnen Elemente.

Gerade für Storys gilt: Probieren geht über studieren. Dann merken Sie schnell, was funktioniert und was nicht. Bei Storys muss nicht alles perfekt sein, und wenn Ihnen mal ein Fehler unterläuft, ist es nicht so tragisch, weil die Story nach 24 Stunden ohnehin wieder weg ist. Andererseits sollten Sie auch den Aufwand nicht unterschätzen. Eine gute Story macht man nicht mal eben im Vorbeigehen, eine gehaltvolle und zugleich unterhaltsame Geschichte braucht einen gut durchdachten Aufbau. Das gilt zum einen für den Spannungsbogen der Story. Zum anderen für die Frage, welcher inhaltliche Aspekt mit welchem Story-Feature am besten transportiert wird.

Anwendungsfelder für Storys

Es gibt viele Möglichkeiten, Storys auch im Journalismus einzusetzen. Schauen wir uns ein paar Story-Genres an, die Beispiele stammen von Instagram.

Ziemlich einfach ist ein **Blick hinter die Kulissen** umzusetzen. Das kann die eigene Redaktion sein: Zeigen Sie, wer bei und mit Ihnen arbeitet, wie es bei Ihnen aussieht. Zeigen Sie, wie es an einem bestimmten Arbeitsplatz, etwa im Newsroom, zu verschiedenen Zeiten aussieht: Wie viele Leute sind da, wie sieht die Titelkonferenz aus? Wenn die Redaktion in einem Hochhaus sitzt: Gibt es einen spannenden Ausblick auf die Stadt und ihre Umgebung? Wie verändert der sich zu verschiedenen Tages- und Jahreszeiten?

Auch über **Events** kann man per Instagram Story berichten. Allerdings geht es hier meistens eher um ein Stimmungsbild, um ein paar optische und/oder akustische Eindrücke als um einen detaillierten Bericht. Heise Online hat zum Beispiel sein Maskottchen Botti von der *letzten Cebit* berichten lassen.

Ratgeber, speziell Schritt-für-Schritt-Anleitungen, lassen sich gut als Story umsetzen: Für jeden Schritt ein eigenes Element. Durch die Stiftfunktion kann man ganz leicht den Punkt hervorheben, der gerade besonders wichtig ist.

Auch ein **Produkttest** eignet sich gut für eine Story. Man kann das Produkt in der Praxis ausprobieren, zeigen, wie es aussieht, demonstrieren, was es kann, eine Bewertung dazu abgeben, das Ganze mit Emojis garnieren. Auto Motor und Sport hat das auf Instagram zum Beispiel mit der *achten Generation des Porsche 911* gemacht.

Auch wenn es in Storys oft eher um Unterhaltung und visuelle Dokumentation geht: Man kann Storys auch verwenden, um über **aktuelle Ereignisse** zu berichten. Nicht nur rein nachrichtlich, sondern auch mit Hintergrund. Puls hat zum Beispiel das Thema Alpines Skifahren in Zeiten des Klimawandels in der Instagram-Story „*Wintersport adé*" umgesetzt. Die Story liefert einige Fakten, ehe sie die Nutzer fragt: „Denkt Ihr darüber nach, für die Umwelt weniger Wintersport zu machen?". Ein gutes Beispiel für Erklärjournalismus mit persönlicher Note ist die Instagram-Story „*Jerusalem*" von Eva Schulz, Journalistin und Moderatorin bei Deutschland 3000. Sie nimmt die Verlegung der US-Botschaft von Tel Aviv nach Jerusalem zum Anlass, um die Grundzüge des Nahost-Konflikts am Beispiel Jerusalems zu erklären. Besonders anschaulich wird das, wenn Schulz in Selfie-Videos von ihrer eigenen Zeit in Jerusalem berichtet und das in Kontext zu den aktuellen Ereignissen setzt.

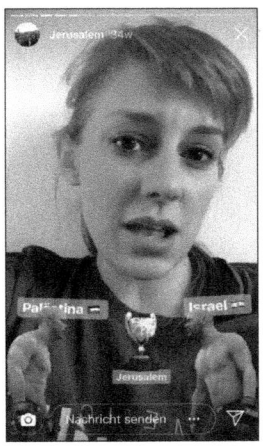

Eva Schulz erklärt in ihrer Instagram Story „Jerusalem" den Nahost-Konflikt aus ihrer persönlichen Perspektive.

Auch **Interviews** lassen sich mit Storys gut umsetzen, sowohl als Live-Stream, als auch in einzelnen Frage-Antwort-Sequenzen. Wichtig ist hier besonders ein guter Ton, speziell, was den Interviewpartner betrifft. Insofern ist hier ein externes Mikrofon gut. Falls gerade keines da ist, kann man dem Gesprächspartner das Smartphone direkt in die Hand geben.

Mit der Umfrage-Funktion der Instagram-Storys lassen sich auch sehr gut **Quizzes** erstellen. Der Guardian veröffentlicht regelmäßig *„Fake or real"* Storys, in denen ein Journalist eine Behauptung präsentiert. Im nächsten Schritt wird die Umfrage „Fake or For Real" eingeblendet, ehe die Antwort gegeben wird.

Kapitel 4

Vermarkten

Journalisten müssen heute mehr als je zuvor zwei zentrale Fragen beantworten: Für wen produziere ich? Und wo erreiche ich diese Leute? Denn die besten Inhalte nutzen nichts, wenn sie nicht wahrgenommen werden. Doch der Kampf um die Aufmerksamkeit des Publikums ist enorm schwierig, weil das Netz auch für alle Bereiche des Lebens genutzt wird. Journalismus ist nur ein kleiner Teil davon. Und dieser Journalismus findet darüber hinaus an mehr Stellen als früher statt.

4.1 Wie man Aufmerksamkeit gewinnt: Geh dahin, wo die Nutzer sind

Auch im Netz haben Medien Stammgäste und Gelegenheitsgäste. Zu den Stammlesern zählen die Abonnenten, die es auch online gibt, und die Nutzer, die regelmäßig vorbeischauen, sei es mehrmals monatlich, wöchentlich oder sogar täglich. Allen Stammlesern ist gemein, dass sie eine Website kennen und (als Marke) schätzen, also von sich aus auf die Seite gehen.

Die Gelegenheitsleser steuern nicht gezielt eine bestimmte Seite an, sondern gelangen über einen Link darauf: entweder von sozialen Netzwerken oder von einer Suchmaschine aus.

Im Wesentlichen gibt es also drei Wege, wie Journalisten ihre Nutzer erreichen:

1. Auf der eigenen Website
2. Über Suchmaschinen
3. In sozialen Netzwerken

Jede dieser Nutzergruppen hat unterschiedliche Bedürfnisse und eine unterschiedliche Loyalität zur Marke. Journalisten müssen diese Nutzergruppen „kanalgerecht" ansprechen.

1. Website-Nutzer

Gehen wir einmal von den Stammlesern aus, die eine journalistische Marke kennen und aktiv deren Homepage aufrufen. Dort finden sie Themen, die meist in einer Hierarchie von oben nach unten angeordnet sind, die wichtigsten Themen zuerst, dann die weniger wichtigen; immer mit Überschrift, manchmal mit zusätzlicher Dachzeile, meist mit einem Vorspann, oft mit einem Bild. Es ist die Kunst des Digitaljournalisten, den (Stamm-)Leser auf diesem knappen Raum zum Klicken zu animieren, am besten durch eine geschickte Kombination von Überschrift, Vorspann und Bild. Jedes Element soll eine eigene Information transportieren und den Reiz zu klicken erhöhen. Den ganzen Vorgang nennt man **Anteasern**. Wie der Teaser-Stil aussieht, hängt von verschiedenen Faktoren ab: vom inhaltlichen Schwerpunkt der Seite, von der Zielgruppe, am meisten aber vom Thema und der dafür gewählten Darstellungsform: Geht es um Hard oder um Soft News? Liegt der Schwerpunkt auf Information, Unterhaltung oder Service? Handelt es sich um einen Bericht, eine Analyse, ein Interview, einen Kommentar, einen Test oder einen Ratgeber? Wurde ein Text gewählt, eine Grafik, ein Audio oder ein Video? Selbst der tollste multimediale Inhalt braucht eine Überschrift.

Überschrift

Die Überschrift soll die **Kernaussage** der Geschichte transportieren. Ganz grob gesagt: WER hat WAS gemacht? Das gilt vor allem für Nachrichten. Bei den beliebten Service- und Ratgeber-Stücken stehen meist das WIE oder das WARUM im Vordergrund. Im wahrsten Sinne des Wortes. Immer häufiger lese ich Überschriften à la *„Warum Konfessionslose manchmal Kirchensteuer zahlen müssen"*. Indem der Journalist das Fragewort „Warum" gleich in der Überschrift verwendet, macht er ein **Versprechen** und baut beim Leser eine

Erwartungshaltung auf. Der Leser will die Antwort auf diese Frage haben und klickt deswegen den Text an.

In die gleiche Richtung gehen **Frage-Überschriften**, die im Online-Journalismus viel weiter verbreitet sind als in Print. Besonders Boulevard-Medien verwenden sie gerne, online wie offline. Eine Frage macht neugierig und verlangt nach einer Antwort. Die Antwort sollte dann allerdings auch gegeben werden – und wenn die Antwort auf eine Frage-Überschrift „Nein" ist, dann kann man sich als seriöser Journalist diesen Trick gleich sparen. Außerdem sind Journalisten ja dazu da, Fragen zu beantworten und nicht, um neue Fragen aufzuwerfen. Oft ist eine Frage-Überschrift auch das Mittel der Wahl bei einer unklaren Faktenlage, wie hier: „*Klärt Obduktion mysteriösen Todessturz?*" Verantwortungsvolle Journalisten sollten sich allerdings nicht zu sehr an Spekulationen beteiligen. Wenn man zu wenig weiß, ist es besser, noch mit der Veröffentlichung zu warten.

Gut funktionieren Titel, die **überraschen**. Die Überschrift „*Der Mann, dem ein Stück Trump gehört*" wirft gleich zwei spannende Fragen auf, auf die man gerne eine Antwort haben möchte: Wer ist der Mann, dem ein Stück Trump gehört? Und wieso „gehört" ihm ein Stück Donald Trump?

Eine gute Überschrift ist **prägnant**. Sie versucht, den Kern der Geschichte so kurz und eingängig wie möglich auf den Punkt zu bringen. Eine Geschichte in einer Überschrift zuzuspitzen, ohne dabei den inhaltlichen Kern zu verdrehen, ist die vielleicht größte Kunst beim Überschriftenschreiben. „*Terror macht Paranoia*", überschrieb FAZ.net einen Artikel über die russischen Reaktionen auf den Terroranschlag in St. Petersburg. In nur drei Worten transportiert die FAZ einen Ursache-Wirkung-Zusammenhang, die Botschaft ist eindeutig. Sehr prägnant war auch der Titel „*Copy, paste, delete*", nachdem Karl-Theodor zu Guttenberg im Zuge von massiven Plagiatsvorwürfen als Verteidigungsminister zurückgetreten war. „Copy" und „Paste" spielen auf die vielen Kopien in der Guttenbergschen Dissertation an, „Delete" spinnt diese Kette weiter und ist auf den Rücktritt gemünzt. All das in nur drei Wörtern.

Speziell bei Interviews werden oft prägnante Zitate als Überschrift gewählt. Journalisten wählen eine emotionale, wertende oder provokante Aussage aus, die sie oft sogar noch ein wenig verkürzen. Dadurch soll ein Klickreiz entstehen, wie bei diesem Beispiel: „*Ich habe gehofft, ich erleide einen Herzinfarkt oder ein Krieg beginnt*", überschreibt sz.de ein Interview mit dem Liedermacher Konstantin Wecker. Da will man natürlich wissen, warum sich Wecker eine so schlimme Krankheit oder eine Katastrophe wünscht.

All diese Überschriften-Spielarten haben gemeinsam, dass sie die Geschichte interessant machen und eine Erwartungshaltung wecken. Es handelt sich um kreative Zugänge – klassisches journalistisches Handwerk.

Die **Dachzeile**, die über der Überschrift steht, gibt eine erste Orientierung, in dem sie das Thema, den Ort oder einen Akteur nennt. Dadurch haben die Journalisten mehr Freiraum für die Formulierung der Überschrift. Hier ein Beispiel von Spiegel Online, das in der Dachzeile den Ort des Geschehens nennt, um in der Überschrift mit einem Zitat arbeiten zu können:

Die Dachzeile sollte nicht als zweite Überschrift missbraucht werden, das verwirrt den Leser eher. So wie in diesem Beispiel von *kicker.de*:

> Auch Sahin kritisiert Spielansetzung   12.04.2017, 23:12
> **Tuchel lobt: "Mut und Courage gezeigt"**

Hier geht es um das Fußball-Champions-League-Spiel zwischen Borussia Dortmund und dem AS Monaco, das nach einem Bombenanschlag auf den Dortmunder Mannschaftsbus um einen Tag verlegt wurde. Die Überschrift bringt ein Zitat des damaligen Dortmunder Trainers Thomas Tuchel. So weit, so gut. Die Dachzeile ist aber eine eigene Überschrift, die mit der Hauptüberschrift wenig zu tun hat. Es geht hier um eine Aussage des Dortmunder Spielers Nuri Sahin. Auch die beiden sich widersprechenden Verben „kritisiert" und „lobt" sorgen eher für Verwirrung.

Teaser
Nach der Überschrift haben die meisten Online-Texte einen kleinen Vorspann, in dem weitere Informationen zum Inhalt des folgenden Beitrags folgen. Es gibt eine wahnsinnig große Bandbreite, wie solche Vorspänne geschrieben werden, was Länge und Stil betrifft. Das hängt wieder einmal vom Stil der Seite, von der Darstellungsform und vom Thema ab. An dieser Stellte beschränke ich mich auf die Teaser im engeren Sinn. Vorhin war vom Anteasern die Rede. Damit ist das Zusammenspiel von Überschrift, Anreißertext und – so vorhanden – Dachzeile und Foto gemeint. Der Teaser im engeren Sinn ist der kurze Anreißertext, der im Gegensatz zu einem klassischen Vorspann, wie man ihn aus dem Nachrichtenjournalismus kennt, nicht möglichst viele Informationen verrät, sondern bewusst unvollständig ist. Das englische Verb „to tease" bedeutet jemanden ärgern, reizen. Und genau das will der journalistische Teaser, speziell der sogenannte „Cliffhanger-Teaser". Besonders wichtig ist der letzte Satz. Der soll eben den Cliffhanger liefern, indem er eine Information ankündigt, die erst im Text verraten wird. Wie in diesem *Beispiel der Welt*:

> **DEUTSCHLAND** CDU-MINISTERPRÄSIDENT GÜNTHER
>
> **„Wir sollten nicht andauernd in die Falle Migrationspolitik tappen"**
>
> Schleswig-Holsteins Regierungschef Günther stellt kurz vor der CDU-Vorsitzendenwahl einen zentralen Fehler der drei Kandidaten Merz, Kramp-Karrenbauer und Spahn fest. Und er sagt, was sich nach der Ära Merkel ändern müsse.

„Jetzt haben sie die Notbremse gezogen". Der Leser will wissen, worin diese Notbremse besteht. Der Klickreiz kann auch durch eine Frage aufgebaut werden, wie in diesem *Beispiel von dw.com*:

> ### Wild-West-Methoden im Online-Werbemarkt
> Der digitale Werbemarkt wächst zweistellig und lässt konventionelle TV-Werbung bald hinter sich. Das lädt aber auch Goldgräber, Gauner und Trittbrettfahrer ein. Was kann man gegen die tun?

Wenn Überschrift und Teaser verschmelzen
Neben dem klassischen Konzept von Überschrift und weiterführendem Teaser gibt es auch den Ansatz, beides zu verschmelzen. Es kommt dann eine Überschrift heraus, die schon eine kleine Geschichte erzählt. Idealerweise ist der Cliffhanger schon eingebaut. Gerade Seiten mit jüngeren Zielgruppen teasern ihre Beiträge häufig nach diesem Prinzip an. Zum Beispiel *watson. de*: „*Schornsteinfeger Tim verdient 386 Euro – und zahlt noch das Zimmer für die Berufsschule*". Auch *derwesten.de*, das Online-Portal der Westdeutschen Allgemeinen Zeitung (WAZ), titelt auf diese Art: „*Eigene Sauna, eigener Whirlpool und das alles für 20 Euro? Das geht jetzt in Essen*". Bei solchen Teaser-Überschriften ist allerdings der Grat zum offensichtlichen Clickbait sehr schmal, wie man an diesem Beispiel sieht: „*Prozess um Gruppenvergewaltigungen in Essen unterbrochen – weil ein Opfer ein wichtiges Anliegen hatte*". Der Klickreiz ist hier schon sehr gekünstelt eingebaut worden. Wenn die ganze Seite so tickt, kann das beim Leser zu genervten Reaktionen führen.

Bild
Ein Bild ist ein optischer Reiz, der eher wahrgenommen wird als ein Text. Das haben zahlreiche Nutzungsstudien erwiesen. Online-Redaktionen verwenden aus diesem Grund sehr häufig Bilder, auch wenn sie nicht immer gute Bilder haben. Was aber ist ein gutes Bild? Auf jeden Fall sollte es einen Informationswert haben, noch besser einen aktuellen Informationswert. Das ist am leichtesten bei aktuellen Ereignissen, von denen es auch Bilder gibt. Ein gutes Bild transportiert eine Emotion oder eine Interaktion zwischen zwei Menschen. Oder sogar beides. Wenn eine Person im Mittelpunkt der Geschichte steht, wird diese natürlich auch im Bild gezeigt, am besten mit einem Bild, das die Person mit einem interessanten Gesichtsausdruck oder einer prägnanten Geste oder beides zeigt, wie hier bei diesem Reuters-Bild des siegreichen Golfers Sergio Garcia.

Wenn man kein gutes Bild hat, ist es besser, ganz darauf zu verzichten, als ein schlechtes Bild auszuwählen. Leider greifen sehr viele Seiten zu Symbolbildern, nur um ein Bild zu haben. Was ist denn mit dem Bild eines Blaulichts gewonnen, wenn es um eine Polizeimeldung geht? Oder mit zwei Anzugträgern, die eine Bewerbungssituation darstellen sollen?

Nun kann man einwenden, dass ein Text mit Bild einfach stärker wahrgenommen wird als ein Text ganz ohne (Teaser-)Bild. Das stimmt sicher. In diesem Fall muss man abwägen, was einem wichtiger ist: der journalistische Anspruch oder die erhöhte Sichtbarkeit.

Keinen Mehrwert liefert auch ein Bild von einem Ort, mit dem etwas geschehen soll, aber noch nichts geschehen ist, etwa der Acker, der mit einem großen Supermarkt bebaut werden soll. Das Bild eines Ackers ist langweilig, besser wäre es in diesem Fall, mit einer Grafik oder einem Kartenausschnitt zu arbeiten, der eine Vorstellung gibt, a) wo die Fläche im Gemeindegebiet liegt und b) wie groß sie ist.

Wenn man sich für ein Bild entscheidet, sollt es nicht zu kleinteilig sein. Das gilt ganz besonders für Teaser-Bilder mit oft nicht viel mehr als je 100 Pixeln Breite und Höhe, auf denen der Nutzer dann kaum mehr etwas erkennen kann. Bei diesem Vorschaubild auf *kicker.de* sind sogar vier Fotos in eines gepackt, da kann der Nutzer beim besten Willen nichts mehr erkennen:

Das Teaserbild muss einen auf den ersten Blick erkennbaren Bezug zum Text, speziell zur Überschrift haben. Dabei sollte eine Text-Bild-Schere vermieden werden: Das Bild sollte nicht etwas komplett anderes zeigen als der Text transportiert.

Zusammenspiel Dachzeile, Titel, Teaser, Bild
Mit Dachzeile, Überschrift, Teaser und Bild hat ein Journalist bis zu vier Gestaltungselemente, mit denen er seine Informationen an den Leser bringen kann. Dabei ist es wichtig, dass diese vier Elemente – so man sie alle nutzt – gut aufeinander abgestimmt werden. Das gilt zuerst einmal für die Texte, bei denen Dopplungen vermieden werden sollten. Besonders groß ist die Wiederholungsgefahr bei Überschrift und Teaser. Der Teaser ist eben gerade nicht dazu da, einfach nur die Überschrift in einem ganzen Satz auszuformulieren. Für den Leser gibt es dabei so gut wie keinen Mehrwert. Er hat nur Zeit verschwendet. Und im schnelllebigen Netz zählt jede Sekunde. Auch wegen der zunehmenden mobilen Nutzung werden die Teaser im digitalen Journalismus immer kürzer, oft sind es nur noch um die 150 Zeichen. Da kann man sich als Journalist eine Wiederholung einfach nicht leisten. Die Teasersätze sollten die Geschichte ausgehend von der Überschrift weiterspinnen, neue Aspekte

reinbringen. Am Ende sollten sie wenn möglich einen Aspekt bewusst offen lassen, um einen Klickreiz zu erzeugen.

Schauen wir uns diese Empfehlungen an einem schlechten und an einem guten Beispiel an. Am 13. April 2017 stand auf *idowa.de*, Online-Auftritt von Straubinger Tagblatt und Landshuter Zeitung, folgende Meldung:

Die Dachzeile besteht aus der Ortsmarke „Dingolfing", das passt noch. Allerdings wird „Dingolfing" gleich zu Beginn der Überschrift wiederholt, eine unnötige und ärgerliche Dopplung. Die Überschrift ist rein nachrichtlich, nicht besonders spannend. Der Teaser ist schwach: Der Leser will nicht wissen, dass ein Sicherheitsgespräch stattgefunden hat, diesen Satz kann man sich komplett sparen. Spannender ist, was dabei herausgekommen ist. Nämlich, dass der Landrat über die Zunahme der Drogendelikte besorgt ist. Das steht aber schon in der Überschrift. Der Teaser liefert also keine neuen Informationen. Cliffhanger-Reiz: Null. Um es etwas spannender zu machen, hätten die Kollegen etwas in der Art schreiben können: „Wie Landrat Trapp und die Polizei dagegen vorgehen wollen."
Dazu gibt es ein Bild, das sechs stehende Personen zeigt. Vermutlich ist die dritte von links der Landrat, der heimische Leser wird ihn sicher erkennen.

Der Landrat und der neben ihm stehende Polizist lächeln freundlich in die Kamera, was nicht zur Überschrift passt, in der der Landrat ja „besorgt" ist.

Gut gelungen finde ich diesen taz-Teaser:

Die Dachzeile nennt das Thema: „Legalisierung von Cannabis". Versteht man auf Anhieb. Die Überschrift ist prägnant: „Gras riecht jetzt nach Geld" macht neugierig auf die Hintergründe. Der Teaser kommt mit zwei kurzen Sätzen aus. Der zweite Satz schafft einen kleinen Überraschungseffekt, weil ausgerechnet ein Minister der CDU, die lange gegen Cannabis gekämpft hat, der Hanfbranche einen Auftrieb beschert. Wie kommt das, frage ich mich als Leser – und klicke rein.

Das Bild passt sehr gut zur Überschrift, weil es einen Mann zeigt, der an einer Hanfpflanze riecht. Ok, das ist nicht der CDU-Minister, aber so viel Freiheit ist erlaubt.

Wie gut das Zusammenspiel von Dachzeile, Titel, Teaser und Bild Klar funktioniert, hängt immer ein bisschen von der Geschichte ab: Ist sie eher ernst oder eher unterhaltsam, wie viel Neuigkeiten stecken drin? Wenn es nur eine ist, ist das Teasern natürlich schwierig. Auch hat man nicht immer ein passendes Bild zur Verfügung. Im Zweifelsfall lieber kein Bild als ein schlechtes.

Multimedia-Formate brauchen auch einen Teaser

Die bisherigen Beispiele haben sich alle auf Texte bezogen. Aber natürlich brauchen auch multimediale Formate, ganz egal, ob Video, Bilderstrecke, Audioslideshow oder interaktive Grafik einen Teaser. Im Prinzip gelten dabei die gleichen Regeln wie für Textteaser. Der Cliffhanger besteht dabei oft in einem Hinweis auf den Mehrwert, den das Multimedia-Feature liefert. Schauen wir uns das am Beispiel eines Videos an. Auch im Video-Teaser gibt es in der Regel ein Vorschaubild, die Überschrift und der Teaser sind aber mindestens genau so wichtig. Sie sollten den Mehrwert des Videos hervorheben und eine Erwartungshaltung wecken. Ganz plastisch wird das in diesem *Beispiel von Focus Online* sichtbar:

2. Suchmaschinennutzer

Während die Stammleser oft die Homepage aufrufen, ist es bei den Suchmaschinennutzern ganz anders: Sie klicken auf ein Suchergebnis, also einen speziellen Artikel, einen sogenannten „deep link". Auf manchen Nachrichtenseiten beträgt der Anteil der Nutzer, die über Google auf die Seite gekommen sind, mehr als 70 Prozent. Selbst wenn der Prozentsatz niedriger ist: Wer mit den Grundzügen des suchmaschinenoptimierten Schreibens nicht vertraut ist, vergibt ein großes Leserpotenzial. Der gängige Begriff „suchmaschinenoptimiert" (SEO: search engine optimized) führt streng genommen ein bisschen in die Irre. Denn als Journalisten schreiben wir ja nicht für Suchmaschinen, sondern für Leser. Die Suchmaschine ist lediglich das Instrument, das Journalist und Leser oder Angebot und Nachfrage zusammenbringt. Das ist nämlich der zentrale Punkt beim redaktionellen SEO-Geschäft: Ein Leser hat ein Informationsbedürfnis, das er befriedigen will, indem er einen Begriff googelt. Er ist in diesem Fall in einer klassischen „On-Demand-Situation". Und jede journalistische Website will unter den ersten Google-Treffern sein, um mit einem guten Artikel das Informationsbedürfnis des Nutzers zu befriedigen.

Hier liegt der grundlegende Unterschied zwischen journalistischem und suchmaschinenoptimiertem Texten. Im ersten Fall will ich den Leser, der oft schon auf meiner Seite ist, neugierig machen, ihn mit kreativen Überschriften locken und unterhalten. Im zweiten Fall will ich den Leser überhaupt erst auf meine Seite locken und zwar, indem ich eine Lösung für sein Problem liefere. Hier geht es nicht um kreativ-spielerische Überschriften, sondern um sachliche und faktische. Als Journalist sollte ich möglichst genau die Stichworte verwenden, die der Nutzer in den Google-Suchschlitz tippt. Wenn es um Cyberkriminalität in Unternehmen geht, sind das die Suchbegriffe, aber niemand sucht nach einem *„diffusen Schreckgespenst"*, wie in diesem taz-Beispiel.

Ein Besucher, der über Google auf unsere Website kommt, ist ein wertvoller Nutzer, weil er an einem Thema interessiert ist. Wenn mein Artikel seine Erwartungen erfüllt, klickt er vielleicht weitere verlinkte Artikel dazu an. Noch besser ist es, wenn er sich den Namen der Seite merkt oder sogar bookmarkt. Im Idealfall abonniert er die Seite sogar, sei es per RSS, per Newsletter oder sogar als zahlender Premium-Abonnent.

SEO ist komplex
Eines vorweg: Suchmaschinenoptimierung (SEO) ist eine komplexe Angelegenheit, die wir hier nicht erschöpfend behandeln können. Der Google-Algorithmus ist sehr komplex und vor allem ein sehr gut gehütetes Geheimnis. Mehr als 200 Faktoren – Google selbst spricht von Signalen – beeinflussen das Ranking. Die Seite, die bei Auswertung dieser Faktoren die höchste Punktzahl erzielt, wird auf Platz 1 angezeigt. Diese 200 Faktoren unterscheiden sich in Offsite-Faktoren und Onsite-Faktoren. Zu den Offsite-Faktoren zählen externe Signale wie Links, die auf die eigene Domain mit all ihren Websites verweisen (Backlinks) oder wie oft die eigene Seite angeklickt wird, nachdem sie in einer Suchmaschine als Treffer ausgegeben wurde (Click-Through-Rate). Die Offsite-Faktoren kann man nur indirekt beeinflussen.

Zu den Onsite-Faktoren gehören zum Beispiel eine logische URL-Struktur, ein korrekter Code oder eine schnelle Seitenladezeit. Für diese technischen Faktoren sind die Progammierer zuständig.

Ein Unterpunkt der Onsite-SEO, die sich auf die gesamte Domain bezieht, ist die Onpage-SEO, die sich auf die einzelne Website bezieht. Hier geht es um eine möglichst treffende Beschreibung des Inhalts, sprich die Verwendung von geeigneten Keywords. An dieser Stelle kommen die Journalisten ins Spiel. Deswegen schauen wir uns die wichtigsten Onpage-Maßnahmen aus journalistischer Sicht an.

Metatags kennen
Die Begriffe, die ein Suchmaschinennutzer in das Suchfeld eingibt, werden als Keywords bezeichnet. Die Suchmaschinen durchsuchen ihren Index nach Seiten, in denen diese Keywords häufig und an prominenter Stelle vorkommen. Genauer gesagt an prominenter Stelle im Quelltext der Seite. Dazu gleich mehr.

Führen wir zuerst eine Suche durch und schauen uns die dahinterliegende Systematik an. Für die Suchbegriffe „Wahl Frankreich" ist der erste Treffer ein Wikipedia-Eintrag:

> Präsidentschaftswahl in Frankreich 2017 – Wikipedia
> https://de.wikipedia.org/wiki/Präsidentschaftswahl_in_Frankreich_2017 ▼
> Die französische Präsidentschaftswahl 2017 wird die elfte **Wahl** des Staatspräsidenten der Französischen Republik. Sie wird am 23. April 2017 (erster ...
> Emmanuel Macron · Marine Le Pen · Les Républicains · Benoît Hamon

Diese Vorschau wird „Snippet" genannt und besteht aus drei Teilen:

1. Der blaue Titel „Präsidentschaftswahl in Frankreich 2017 – Wikipedia" ist der sogenannte Title-Tag. Er besteht aus der Überschrift des Artikels und der Seitenkennung, in diesem Fall „Wikipedia".
2. In grüner Schrift wird die URL des Artikels angezeigt.
3. Die kurze Inhaltsbeschreibung in Schwarz heißt description.

Die vier Namen darunter sind Links zu weiteren Wikipedia-Artikeln, sogenannte „Sitelinks". Sitelinks sind Links zu weiteren thematisch verwandten Links auf der gleichen Website. Als Seitenbetreiber kann man allerdings nicht beeinflussen, ob Sitelinks im Suchergebnis angezeigt werden, das ist eine Entscheidung des Google-Algorithmus.

Title-Tag und description sind zwei von zahlreichen Meta-Daten, die im Quelltext jeder Website zu finden sind. Die Google-Robots sehen eine Website nicht so, wie wir sie sehen, sondern analysieren immer diesen Quelltext, also die Programmierung und Formatierung der Seite. Schauen wir uns die Wikipedia-Seite zur Präsidentschaftswahl in Frankreich mal aus der Sicht eines Google-Robots an. Dazu rufen wir die Seite auf, klicken auf die rechte Maustaste und wählen im Kontextmenü den Punkt „Seitenquelltext anzeigen auf". Voilá:

```
<!DOCTYPE html>
<html class="client-nojs" lang="de" dir="ltr">
<head>
<meta charset="UTF-8"/>
<title>Präsidentschaftswahl in Frankreich 2017 – Wikipedia</title>
<script>document.documentElement.className = document.documentElement.className.replace( /(^|\s)client-nojs(\s|$)/, "$1client-js$2" );</script>
<script>window.RLQ=window.RLQ||[]).push(function(){
(mw.config.set({"wgCanonicalNamespace":"","wgCanonicalSpecialPageName":false,"wgNamespaceNumber":0,"wgPageName":"Präsidentschaftswahl_in_Frankreich_2017","wgTitle":"Präsidentschaftswahl in Frankreich
2017","wgCurRevisionId":164738314,"wgRevisionId":164738314,"wgArticleId":9048641,"wgIsArticle":true,"wgIsRedirect":false,"wgAction":"view","wgUserName":null,"wgUserGroups":["*"],"wgCategories":["Präsidentschaftswahl in Frankreich","Präsidentschaftswahl 2017","Französische Geschichte (21. Jahrhundert)"],"wgBreakFrames":false,"wgPageContentLanguage":"de","wgPageContentModel":"wikitext","wgSeparatorTransformTable":
["",""],"wgDigitTransformTable":["",""],"wgDefaultDateFormat":"dmy","wgMonthNames":
["","Januar","Februar","März","April","Mai","Juni","Juli","August","September","Oktober","November","Dezember"],"wgMonthNamesShort":
["","Jan.","Feb.","Mär.","Apr.","Mai","Jun.","Jul.","Aug.","Sep.","Okt.","Nov.","Dez."],"wgRelevantPageName":"Präsidentschaftswahl_in_Frankreich_2017","wgRelevantArticleId":9048641,"wgRequested":"","wgProbablyEditable":true,"wgRestrictionEdit":[],"wgRestrictionMove":
[],"wgFlaggedRevsParams":{"tags":{"accuracy":{"levels":1,"quality":2,"pristine":4}},"wgStableRevisionId":164738314,"wgWikiEditorEnabledModules":
{"toolbar":true,"dialogs":true,"preview":false,"publish":false},"wgBetaFeaturesFeatures":
[],"wgMediaViewerOnClick":true,"wgMediaViewerEnabledByDefault":true,"wgPopupsShouldSendModuleToUser":false,"wgPopupsConflictsWithNavPopupGadget":false,"wgVisualEditor":
{"pageLanguageCode":"de","pageLanguageDir":"ltr","usePageImages":true,"usePageDescriptions":true},"wgPreferredVariant":"de","wgHFDisplayWikibaseDescriptions":
{"search":true,"nearby":true,"watchlist":true,"tagline":true},"wgRelatedArticles":null,"wgRelatedArticlesUseCirrusSearch":true,"wgRelatedArticlesOnlyUseCirrusSearch":false,"wgULSCurrentAutonym":"Deutsch","wgWikibaseItemId":"Q7020997","wgCentralAuthMobileDomain":false,"wgVisualEditorToolbarScrollOffset":0,"wgEditSubmitButtonLabelPublish":false});mw.loader.state({"ext.globalCssJs.user.styles":"ready","ext.globalCssJs.site.styles":"ready","site.styles":"ready","noscript":"ready","user.styles":"ready","user":"ready","user.options":"loading","user.tokens":"loading","ext.cite.styles":"ready","wikibase.client.init":"ready","ext.visualEditor.desktopArticleTarget.noscript":"ready","ext.wikimediaBadges":"ready","ext.flaggedRevs.basic":"ready","mediawiki.legacy.shared":"ready","mediawiki.legacy.commonPrint":"ready","mediawiki.sectionAnchor":"ready","mediawiki.skinning.interface":"ready","skins.vector.styles":"ready"});mw.loader.implement("user.tokens@1dgfd7l",function($, jQuery, require, module ) {
mw.user.tokens.set({"editToken":"+\\","patrolToken":"+\\","watchToken":"+\\","csrfToken":"+\\"});/*@nomin*/;

});mw.loader.load(["ext.cite.ally","mediawiki.toc","site","mediawiki.page.startup","mediawiki.user","mediawiki.hidpi","mediawiki.page.ready","mediawiki.legacy.wikibits","mediawiki.searchSuggest","ext.gadget.WikiMiniAtlas","ext.gadget.OpenStreetMap","ext.gadget.CommonsDirekt","ext.centralauth.centralautologin","mmv.head","mmv.bootstrap.autostart","ext.visualEditor.desktopArticleTarget.init","ext.eventLogging","g.subscriber","ext.wikimediaEvents","ext.navigationTiming","ext.uls.eventlogger","ext.uls.init","ext.uls.interface","ext.centralNotice.geoIP","ext.centralNotice.startUp","ext.flaggedRevs.advanced","skins.vector.js"]);});</script>
<link rel="stylesheet" href="/w/load.php?debug=false&amp;lang=de&amp;modules=ext.cite.styles%7Cext.flaggedRevs.basic%7Cext.uls.interlanguage%7Cext.visualEditor.desktopArticleTarget.noscript%7Cext.wikimediaBadges%7Cext.flaggedRevs.basic%7Cmediawiki.legacy.commonPrint%2Cshared%7Cmediawiki.sectionAnchor%7Cmediawiki.skinning.interface%7Cskins.vector.styles%7Cwikibase.client.init&amp;only=styles&amp;skin=vector"/>
<script async="" src="/w/load.php?debug=false&amp;lang=de&amp;modules=startup&amp;only=scripts&amp;skin=vector"></script>
<meta name="ResourceLoaderDynamicStyles" content=""/>
<link rel="stylesheet" href="/w/load.php?debug=false&amp;lang=de&amp;modules=site.styles&amp;only=styles&amp;skin=vector"/>
<meta name="generator" content="MediaWiki 1.29.0-wmf.20"/>
```

Das sind jetzt nur die ersten 15 von insgesamt 664 Zeilen Quellcode. Wichtig sind die lila markierten Felder, die sogenannten Metadaten. Davon gibt es Dutzende, die wichtigsten Meta-Tags aus journalistischer Sicht sind:

- Title-Tag: Titel der Seite, oft faktisch gehalten
- h1: Hauptüberschrift des Artikels (h steht für headline, 1 für die wichtigste Kategorie)
- h2: zweitwichtigste Überschrift des Artikels, wird oft für die Dachzeile verwendet
- Description: Kurze Inhaltsangabe der Seite in ganzen Sätzen. Je kürzer, desto besser, denn ein Google-Snippet zeigt nur ca. 150 Zeichen der description an und schneidet danach mit … ab.

Bleiben wir zuerst beim **Title-Tag**, der das wichtigste Metadatum ist. Meist steht der Title-Tag in den ersten Zeilen des Quelltextes, in unserem Wikipedia-Beispiel in Zeile 5:

```
1 <!DOCTYPE html>
2 <html class="client-nojs" lang="de" dir="ltr">
3 <head>
4 <meta charset="UTF-8"/>
5 <title>Präsidentschaftswahl in Frankreich 2017 – Wikipedia</title>
```

Der Title-Tag setzt sich hier also zusammen aus der Überschrift „Präsidentschaftswahl in Frankreich" und der Seitenkennung „Wikipedia".

Der Title-Tag sollte auf jeden Fall die zentralsten Begriffe enthalten, die Begriffe, nach denen die Nutzer suchen: die Keywords. Je weiter vorne ein Keyword steht, desto besser. Eine kurze Überschrift ist auch für Google gut, denn dann nimmt das Keyword einen größeren prozentualen Anteil an der Überschrift ein.

Die **h1** ist die wichtigste Überschrift im Text und sollte nur ein einziges Mal vergeben werden. (Ein Formatierungs-Befehl besteht immer aus zwei Teilen: einem öffnen Tag, hier <h1 id="firstHeading" class="firstHeading" lang="de"> und einem schließenden Tag, hier </h1>.) Im Wikipedia-Artikel ist das „Präsidentschaftswahl in Frankreich". Was im Quelltext so aussieht,

```
<h1 id="firstHeading" class="firstHeading" lang="de">Präsidentschaftswahl in Frankreich 2017</h1>
```

sehen die Nutzer so:

Präsidentschaftswahl in Frankreich 2017

h2 ist die zweithöchste Überschriftenkategorie und wird meist für Zwischenüberschriften gewählt. So auch hier:

Kandidatinnen und Kandidaten

Für jeden Meta-Tag kann der Webmaster Schriftart und -größe festlegen. In der Regel hat die h1 die größte Schriftgröße, die dann von h2 zu h3 oder noch weiteren Überschriftenformatierungen immer kleiner wird.

Die **Description** schließlich sollte kurz den Inhalt der Seite zusammenfassen, damit sich der Google-Nutzer ein Bild machen kann, was ihn in dem Artikel erwartet. Die Description hat daher eine wichtige Aufgabe dabei, den Leser auch tatsächlich zum Klicken zu animieren. Es gibt meistens ein eigenes Meta-Daten-Feld für die Description. Falls das Meta-Daten-Feld nicht ausgefüllt ist oder es – wie bei Wikipedia – doch keines gibt, dann zeigt Google meistens die ersten 150 Zeichen des Fließtextes an. Der erste Satz des Wikipedia-Eintrages

> Die französische Präsidentschaftswahl 2017 wird die elfte Wahl des Staatspräsidenten der Französischen Republik. Sie wird am 23. April 2017 (erster Wahlgang) und am 7. Mai 2017 (Stichwahl) stattfinden.[1]

wird auch im Google-Snippet angezeigt:

> Präsidentschaftswahl in Frankreich 2017 – Wikipedia
> https://de.wikipedia.org/wiki/Präsidentschaftswahl_in_Frankreich_2017 ▼
> Die französische Präsidentschaftswahl 2017 wird die elfte **Wahl** des Staatspräsidenten der Französischen Republik. Sie wird am 23. April 2017 (erster ...
> Emmanuel Macron · Marine Le Pen · Les Républicains · Benoît Hamon

Ein Journalist schreibt aber ja keinen Quelltext, sondern arbeitet mit einem Content Management System. Dort gibt es in der Regel ein Feld für die Hauptüberschrift und für eine Art Dachzeile. Für einen Journalisten ist es wichtig zu wissen, wie diese Überschriftenfelder im Quelltext formatiert sind und woraus der Title-Tag generiert wird. Aus der h1, aus der h2 oder aus einer Kombination von beiden?

Denn mit den Überschriften muss der Journalist zwei unterschiedliche Zielgruppen erreichen: die Stammleser und die Suchmaschinen-Nutzer. Das sind zwei verschiedene Paar Stiefel. Die Stammleser, die oft auf direktem Weg auf die Website kommen und sich dort auch mehrere Artikel oder zumindest Überschriften anschauen, gewinnt man eher mit kreativen, neugierig machenden Überschriften. Ein Google-Nutzer hat hingegen ein Interesse, er sucht nach einer Sache, indem er einen oder mehrere faktische Suchbegriffe, die sogenannten Keywords, in den Suchschlitz eingibt. Dann erhält er seine Trefferliste und klickt den Treffer an, der seinen Erwartungen am meisten entspricht.

Wenn sich ein Nutzer für die Außenpolitik von US-Präsident Trump interessiert, wird er vermutlich „Trump Außenpolitik" ins Suchfeld eingeben. Am 20. April 2017 waren das bei meiner Google-Suche die ersten beiden Treffer:

> Trumps Außenpolitik-Pläne - Europa stehen harte Jahre bevor
> www.deutschlandfunk.de/trumps-aussenpolitik-plaene-europa-stehen-harte-jahre-bevor....
> 19.01.2017 - Donald **Trump** schickt sich an, der internationalen Politik kräftig in die Speichen zu greifen. Er will nicht nur sein eigenes Land verändern, ...
>
> Donald Trump: So viel (und so wenig) weiß man über seine Außenpolitik
> www.spiegel.de › Politik › Ausland › Donald Trump
> vor 4 Stunden - Er provoziert, befiehlt, verwirrt: In der Außen- und Sicherheitspolitik zeigt sich Donald **Trump** unberechenbar. Welche Ziele verfolgt der ...

Der Title-Tag des ersten Treffers beginnt mit den beiden Keywords, was mit ein Grund ist, warum der Deutschlandfunk-Artikel auf Platz eins steht. Beim Spiegel-Artikel kommen auch beide Keywords im Title-Tag vor, stehen aber auseinander. Wenn man allerdings den Spiegel-Artikel anklickt, springt dem Leser eine ganz andere Überschrift ins Auge:

> Nachrichten > Politik > Ausland > Donald Trump > Donald Trump: So viel (und so wenig) weiß man über seine Außenpolitik
>
> **Trumps Außenpolitik**
> # Auf Konfusionskurs
>
> Er provoziert, befiehlt, verwirrt: In der Außen- und Sicherheitspolitik zeigt sich Donald Trump unberechenbar. Welche Ziele verfolgt der US-Präsident in Krisenregionen - und hat er überhaupt eine Strategie?

Hier ist Donald Trump „auf Konfusionskurs". Das ist eine klassische, prägnante, neugierig machende Überschrift, so wie Journalisten es gelernt haben. Diese Überschrift soll vor allem Leser ansprechen, die direkt auf der Seite sind. Ein Google-Nutzer würde im Zusammenhang mit Trumps Außenpolitik aber niemals nach „Konfusionskurs" suchen, sondern eben nach „Trump" und „Außenpolitik". Des Rätsels Lösung ergibt sich auf den zweiten Blick: Der Title-Tag, den wir im Google-Snippet gesehen haben, steht oben in der kleinen blassen grauen Überschrift: „Donald Trump: So viel (und so wenig) weiß man über seine Außenpolitik". Dieser Text ist im Quelltext als h1 formatiert,

```
<h1 class="so-hdln">Donald Trump: So viel (und so wenig) weiß man über seine Außenpolitik</h1>
```

während die knallige rote Überschrift eine h2 ist:

```
<h2 class="article-title lp-article-title ">
        <span class="headline-intro">Trumps Außenpolitik</span>
        <span class="headline">Auf Konfusionskurs</span>
</h2>
```

Die h2 ist in diesem Fall also größer formatiert als die h1. Wie das genau aussieht, ist eine reine Programmierungssache, der Journalist sollte nur die Systematik kennen. Die Spiegel-Online-Redaktion verwendet die h1 also für das Suchmaschinen-Publikum (der Title-Tag generiert sich aus der h1), während die h2 ganz für kreative Überschriften gedacht ist.

Passende Keywords finden
Nachdem das Suchmaschinen-Publikum bei vielen Websites einen großen Teil ausmacht, ist es wichtig, faktische und auf Anhieb verständliche Title-Tag-Überschriften zu schreiben. Dazu hilft es, sich in die Nutzer-Perspektive zu versetzen: Mit welchen Begriffen werden die meisten Nutzer zu dem Text suchen, den ich gerade schreibe? Die Nutzer sind bequem, suchen meistens nur nach einem Keyword, seltener nach zwei und noch seltener nach drei oder vier Begriffen gleichzeitig. Meist sind das eher Substantive als Verben. Was genau die wichtigsten Keywords sind, hängt vom Thema und natürlich vom Vorwissen und dem konkreten Interesse des Suchenden ab. In der Regel bieten sich aber folgende Wörter als Keywords an:

- Personen, z. B. „Angela Merkel" oder nur „Merkel"
- Orte, z. B. „Berlin"
- Institutionen, z. B. „Bundestag"
- Organisationen, z. B. „Amnesty International"
- Das Thema, um das es geht, ganz allgemein, z. B. „Gesundheitspolitik"
- Eine konkrete Handlung, z. B. „Beförderung"

Oft wird auch in einer Kombination gesucht wie in unserem Beispiel bei „Trump Außenpolitik" oder „Merkel Podcast" oder „Amnesty Todesstrafe Statistik". Die Auswahl der Keywords kann man im journalistischen Alltag ganz oft einfach mit dem gesunden Menschenverstand machen. Eine einfache Möglichkeit, zusätzliche Anregungen zu bekommen, ist die Autocomplete-Funktion von Google. Dazu tippt man einfach einen Suchbegriff bei Google ein und beobachtet, welche Vorschläge für Keyword-Kombinationen die Suchmaschine macht. Hier am Beispiel der Suchbegriffe „Google" und „Suche":

Mit den Pfeiltasten kann man zur gewünschten Kombination navigieren und dann auf Return drücken. Anschließend erhält man die zugehörigen Treffer. Um noch weitergehende Anregungen zu erhalten, braucht man nur ans Ende der ersten Suchergebnisseite scrollen und erhält dann eine Auflistung ähnlicher Suchanfragen:

```
Ähnliche Suchanfragen zu google suche

google suchen tipps                    google suche app
google suche bilder                    google suche auf homepage
google-suche als startseite einrichten google suche funktioniert nicht
google suche einbinden                 google suche hilfe
```

Jede Kombination ist verlinkt und liefert weitere Treffer. Was eigentlich für die Recherche gedacht ist, kann man auch als Anregung für Keywords verwenden. Oder als Anregung für einen neuen Beitrag zu einem spezifischen Aspekt.

Womit wir schon bei der Themenfindung wären. Normalerweise veröffentlichen Journalisten Beiträge zu Themen, von denen sie denken, dass sie wichtig sind. Wegen der Nutzungsgewohnheiten der User ist es immer häufiger so, dass Journalisten schauen, welche Themen im Netz gerade beliebt sind und ihre Themenauswahl danach richten. Das können Journalisten auch speziell mit Blick auf Google machen. *Google Trends* liefert eine Reihenfolge der am häufigsten gesuchten Themen, mit Filterungsmöglichkeit nach Kategorien und Ländern. Ein Klick auf ein Thema liefert weitere Details, wie relevante Artikel dazu, das Interesse zu dem Thema im zeitlichen Verlauf oder angesagte Suchanfragen.

Manche Redaktionen haben eine sogenannte „Editorial SEO"-Abteilung: Journalisten, die die beliebtesten Suchanfragen ermitteln und checken, ob es dazu auf der eigenen Seite schon Beiträge gibt – und wenn ja, ob die betreffenden Keywords an den richtigen Stellen verwendet sind, damit der eigene Artikel auch möglichst prominent bei Google rankt.

Natürlich gibt es noch eine große Anzahl an Keyword-Tools, mit denen man noch feinere Ergebnisse erhält, die aber auch Zeit kostet. Eine aufwendige Keyword-Recherche lohnt sich vor allem für Websites, die über einen längeren Zeitraum relevant sind, sogenannte „Landing Pages": Das können zum Beispiel automatisierte Themenseiten sein, Specials zu Großereignissen oder Ratgeber-Seiten. Im journalistischen Alltag sollte die Zwei-Minuten-Keyword-Recherche mit den oben genannten Hinweisen in der Regel reichen.

Keyword-Relevanz
Google versucht zunehmend semantischer zu arbeiten, das heißt zu erfassen, wie stark es in einem Text um das gesuchte Keyword geht. Neben dem oder den Hauptkeywords spielen dabei auch die Nebenkeywords eine Rolle: Begriffe, die im Zusammenhang mit den Hauptkeywords stehen. Wenn Sie einen Artikel zum Hauptkeyword Elektromobilität schreiben, sind Elektroautos, E-Autos, Hybrid, Batterie, Akku, Reichweite, Ladestation zugehörige Nebenkeywords. Je nachdem, wie der Journalist den thematischen Schwerpunkt legt, wird er diese Nebenkeywords ganz automatisch verwenden.

Besonders gut ranken Artikel, die einen klaren inhaltlichen Fokus haben, in Bezug auf das Keyword also besonders relevant sind. Um beim Beispiel Elektromobilität zu bleiben: Wenn es Ihnen vor allem um die Ladesäulen-Infrastruktur geht, dann konzentrieren Sie sich in Ihrem Text darauf. Erklären Sie genau, was die Probleme und Lösungsmöglichkeiten beim Aufbau eines Ladesäulen-Netzes in Deutschland sind. Lassen Sie dagegen andere Aspekte wie die Akku-Kapazität außen vor und schreiben Sie dafür lieber einen eigenen Artikel. Klar fokussierte Artikel werden von den Nutzern und auch von Google honoriert. Es ist unmöglich, eine pauschale Längenempfehlung in Wörtern bzw. Zeichen zu geben. Tendenziell sind längere Texte natürlich relevanter als kürzere, weil sie ein Thema ausführlicher erklären können. Gerade, wenn andere Seiten solche Texte zum gleichen Thema nicht haben, spricht man von „Unique Content". Und Google rankt Unique Content besonders gut.

Länger heißt aber nicht automatisch besser. Es geht eben immer um den Fokus eines Textes. Ein Text, der die Ladesäulen-Problematik auf 4000 Zeichen gut erklärt, rankt für die Keywords Elektromobilität und Ladesäulen besser als ein 25.000-Zeichen-Text, in dem es um Elektromobilität, Elektroautos, Fördergelder, Akku-Techniken und irgendwo auch noch um die Ladesäulen geht. Es kommt eben immer auf die (Anzahl der) Suchbegriffe an, die die Nutzer eingeben. Gute Anregungen, wonach und in welcher Kombination die Nutzer suchen, liefert die Website *answerthepublic.com*. Hier gibt man einfach ein Keyword ein und erhält dann verschiedene optische Auswertungen, die zeigen, in welchen Kombinationen das Keyword gesucht wird. Hier sehen wir das am Beispiel des Keywords „Elektromobilität":

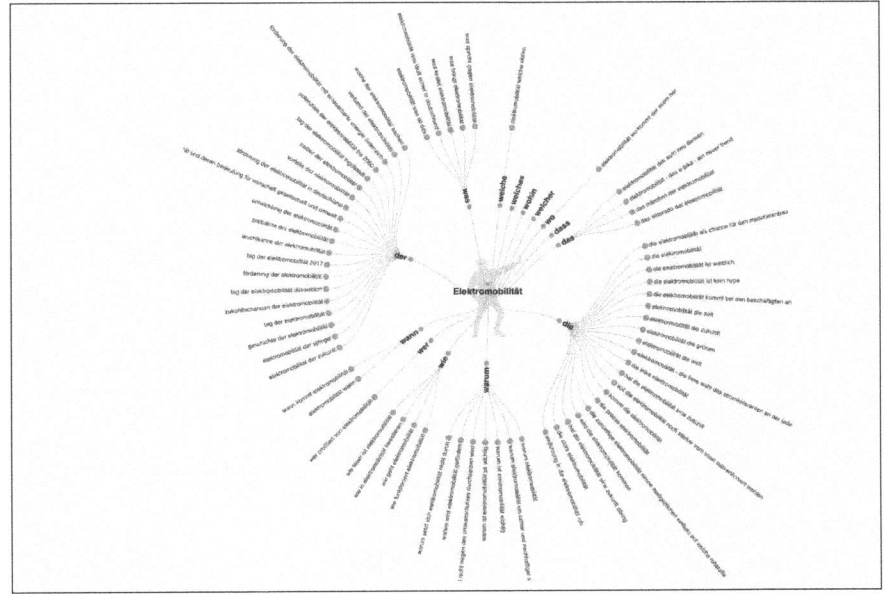

YouTube – die Video-Suchmaschine
Im vorherigen Kapitel haben wir über die zunehmende Bedeutung von Videos gesprochen. Vertriebskanal Nummer eins für Videos ist YouTube, das seit 2005

ebenfalls zu Google gehört. Wenn man so will, kann man YouTube als eigene Suchmaschine ansehen. Jede Minute werden auf YouTube 300 Stunden Videomaterial hochgeladen. Natürlich ist nur ein winziger Bruchteil davon von Journalisten produziert. Umso wichtiger ist es, dass ihre Videos zu den zugehörigen Begriffen gefunden werden. Auch ein Video hat Metadaten, die man mit Keywords ausfüllen sollte. Dazu zählt unter anderem der Title Tag.
Auch YouTube ist ein klassisches Beispiel für eine On-Demand-Situation: Ein Nutzer interessiert sich für ein bestimmtes Thema und sucht auf YouTube danach. Sehr beliebt sind zum Beispiel How-To-Videos, verfilmte Bedienungsanleitungen, wenn man so will. Wer auf YouTube „Auto Reifenwechsel" sucht, bekommt zahlreiche journalistische Servicevideos, die diesen Vorgang im Bewegtbild erklären. Natürlich müssen die beiden Keywords im Titel des Videos vorkommen.

Auf Google und auf YouTube erreicht man also meistens Leute, die man nicht kennt und die einen umgekehrt selbst auch oft nicht kennen, indem man Antworten auf ihre Fragen hat, sei es als Text oder als Video. Das ist die eine Gruppe von Gelegenheitslesern. Die zweite Gruppe von Gelegenheitslesern kennt die Marke, auch wenn sie nicht regelmäßig vorbei kommt. Die Rede ist von den sozialen Netzwerken. Der Videoexperte Michael Praetorius hat den Unterschied zwischen diesen beiden Nutzergruppen und ihren Bedürfnissen in einem Interview mit der Journalisten-Werkstatt sehr anschaulich erklärt: „Ich mache ein Video darüber, wie man am besten Schnürsenkel bindet, und poste das bei Facebook. All meine Freunde fänden das vielleicht ganz nett, aber ich würde nicht den erreichen, der seiner vierjährigen Tochter das Schnürsenkelbinden beibringen möchte. Bei Youtube würde ich wahrscheinlich keinen meiner Freunde erreichen – dafür aber sicherlich viele Fremde, die ihren Kindern das Schnürsenkelbinden beibingen wollen."

Vereinfacht gesagt: Für jeden Inhalt braucht es den richtigen Nutzungskontext.

3. Soziale Netzwerke
Soziale Netzwerke spielen eine zentrale Rolle im redaktionellen Marketing. Verlage wollen für ihre Inhalte eine möglichst große Reichweite im Netz erzielen. Das geht los mit Sharing-Buttons, die sich neben, unter oder sogar über den Artikeln befinden. Leser können einen Artikel mit wenigen Klicks in ihr Facebook-, Twitter- oder was auch immer für ein Netzwerk posten. Noch wichtiger sind natürlich die Profile der Medienmarken in den sozialen Netz-

werken. Die Redaktionen wollen möglichst viele Follower gewinnen, die die geposteten Links anklicken sollen. Somit kommen sie vom Netzwerk zurück auf die eigene Website und erhöhen die Zugriffszahlen. Idealerweise finden sie den verlinkten Beitrag interessant und teilen ihn im sozialen Netzwerk ein weiteres Mal, so dass er in der Timeline von ihren Freunden angezeigt wird. So kann ein Schneeballeffekt entstehen oder wie man neudeutsch sagt: Ein Inhalt geht viral.

Jede Redaktion sollte sich gut überlegen, in welchen Netzwerken sie einen Account anlegt. Das hängt ab von Faktoren wie Zielgruppe, Ziele, Funktionen des Netzwerks und Betreuungsaufwand. Lieber wenige Netzwerke konsequent bespielen als viele halbherzig.

Im 1. Kapitel haben wir soziale Netzwerke unter dem Gesichtspunkt der Recherche betrachtet. Nun schauen wir sie uns ihr Potenzial für die Reichweitensteigerung an – und zwar unter folgenden Gesichtspunkten:

1. Warum ist das Netzwerk für Journalisten relevant?
2. Welche Themen funktionieren dort?
3. Wie spreche ich meine Zielgruppe dort an?

3.1 Facebook
1. Warum ist Facebook für Journalisten relevant?
An Facebook führt allein wegen seiner Größe kein Weg vorbei. Im zweiten Quartal 2018 waren es 2,2 Milliarden monatlich aktive Nutzer, 1,47 Milliarden davon sind sogar täglich auf Facebook aktiv. In Deutschland sind es 32 bzw. 24 Millionen. Es gibt kaum eine journalistische Website, bei der Facebook nicht der größte Nutzerlieferant unter den sozialen Netzwerken oder sogar insgesamt ist.

2. Welche Themen funktionieren auf Facebook?
Soziale Netzwerke sollten keinesfalls als reine Abwurfplätze für Artikel missverstanden werden, schon gar nicht für alle Artikel, die eine Redaktion erstellt. Bei Facebook würde das ganz besonders wenig Sinn machen, weil der Facebook-Algorithmus stark filternd eingreift. Wenn die Redaktion von ZEIT Online auf Facebook an einem Tag 40 Artikel postet, bekomme ich als Fan der Zeit-Facebook-Seite vielleicht nur drei oder vier in meiner Timeline

angezeigt. Wie der Algorithmus genau funktioniert, weiß nur Facebook selbst. Es hat sich aber gezeigt, dass es vor allem Inhalte, die viel Interaktion im Sinne von Likes, Shares und Kommentaren auslösen, in die Timelines anderer Facebook-Nutzer schaffen. Das gelingt vor allem mit emotionalen Themen, die sich um Gewalt, Kriminalität, Konflikt, Sex, (Mit-)Gefühl, Humor oder Empörung drehen. Ja, das kann man auch als Boulevardisierung bezeichnen. Natürlich kommt es auf die Mischung an. Jeder Facebook-Administrator sollte auch ernsthaftere, sachlichere Stücke von der eigenen Website verlinken. Dennoch wird das Verhältnis von emotionalen und sachlichen Beiträgen auf Facebook meist ein anderes sein als im eigenen Angebot, weil Facebook und seine Nutzer eben anders ticken.

Bilder und Videos lösen mehr Interaktion aus als reine Statusmeldungen, egal ob mit oder ohne Link. Natürlich sollten die Bilder einigermaßen originell oder emotional sein. Auch hier greift dann oft der Schneeballeffekt. Wenn ein Bild erste Reaktionen hervorgerufen hat, wird es in der Timeline von mehreren Fans angezeigt. Hier ein Beispiel von SWR3:

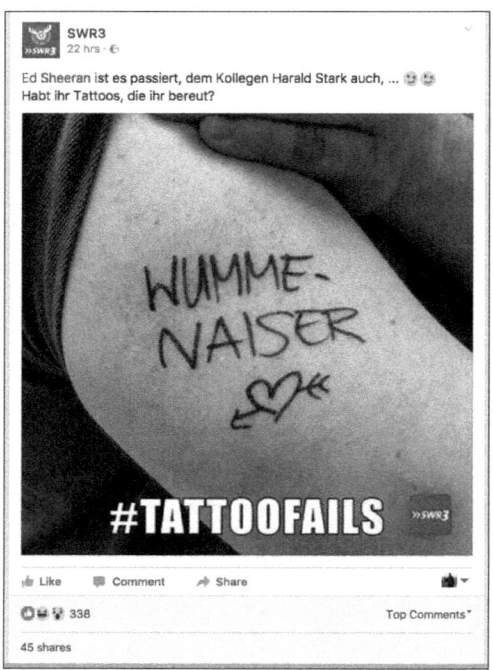

SWR3 hat hier übrigens den Musiker Ed Sheeran getagged, was auch eine gute Methode ist, um mehr Aufmerksamkeit für seine Posts zu bekommen.

3. Wie spreche ich meine Nutzer auf Facebook an?
Auf jeden Fall sollte jeder Journalist, der einen Link zu einem Artikel auf Facebook postet, eine eigene Anmoderation bzw. einen Teaser verfassen. Und zwar einen, der sich von dem Teaser unterscheidet, der in der Vorschau angezeigt wird (auch wenn man diesen mit einem Klick löschen kann). Facebook hat zwar keine so strikte Zeichenbegrenzung wie Twitter, dennoch empfiehlt es sich, sehr kurze Teaser zu schreiben. Keine große Einleitung, sondern gleich auf den Punkt kommen. Oder die eigene Sichtweise dazu in kurze Worte fassen, so wie hier beim Tagesspiegel:

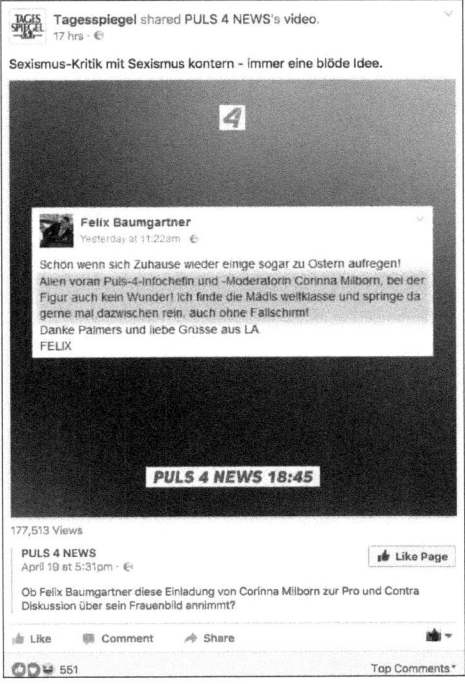

Dieser Post ist auch ein gutes Beispiel dafür, dass man nicht immer nur Links zur eigenen Website posten muss, sondern auch mal Inhalte von anderen verlinken oder teilen kann.

Sehr verbreitet sind auf Facebook auch sogenannte Call-to-action-Teaser, in denen die Journalisten die Facebook-Nutzer zu einer Aktion auffordern. So wie hier die 11 Freunde:

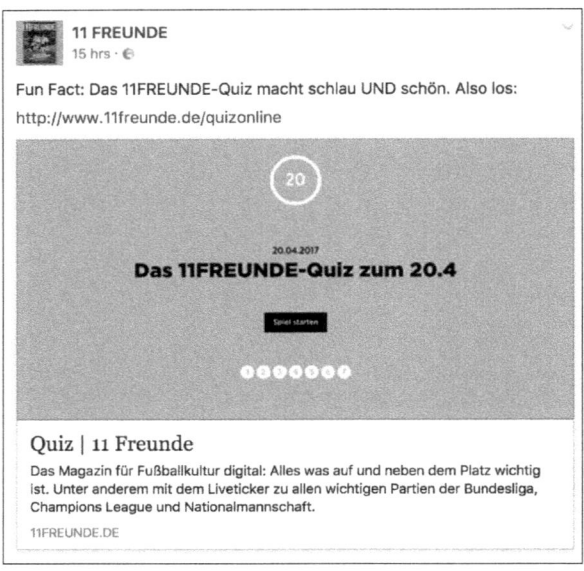

Welchen Ton man auf Facebook anschlägt, hängt vom Selbstbild und von der Zielgruppe ab. Darum kann man nicht pauschal sagen, ob bei der Nutzeransprache das „Du" oder das „Sie" richtig ist. Um den Community-Gedanken zu betonen, greifen viele Administratoren von Facebook-Seiten zum „Ihr". Tendenziell ist der Tonfall auf Facebook schon deutlich salopper als auf der eigenen Website.

Die Erfolgskontrolle ist auf Facebook-Seiten ziemlich einfach. Unter dem Reiter „Insights" sieht man für jeden einzelnen Post, wie viele Leute ihn gesehen und wie viele mit dem Post interagiert haben. Daraus kann man sehr gute Rückschlüsse für die künftige Auswahl von Themen ziehen.

3.2 Twitter
1. Warum ist Twitter für Journalisten relevant?
Auch Twitter ist eines der größten sozialen Netzwerke. Twitter selbst sprach 2017 von 328 Millionen monatlichen Nutzern. Allerdings ist der Reichweiteneffekt bei Twitter deutlich schwächer ausgeprägt: Während Facebook bei vielen journalistischen Websites 25 Prozent und mehr der Nutzer liefert, sind es meist weniger als fünf Prozent, die über Twitter auf die Seite kommen. Die Click-Through-Rate ist bei Twitter also geringer als bei Facebook.
Auch wenn Twitter als Traffic-Lieferant nicht mit Facebook mithalten kann, hat es doch einen qualifizierten Reichweiteneffekt: Die meisten Tweets werden mit einem oder mehreren Hashtags versehen, einem oder mehreren Schlagworten zu einem Thema, einem Ereignis oder einer Person. Somit erreicht man stärker als bei Facebook ein interessiertes Publikum, das einen vielleicht gar nicht auf dem Radar hat, aber über einen bestimmten Hashtag auf einen Tweet aufmerksam wird. Dieser Effekt ist besonders stark ausgeprägt, wenn sich ein besonders prominenter Twitter-Nutzer in eine Diskussion einschaltet oder Tweets retweetet. Bei Konferenzen ist es üblich, dass der Veranstalter vorher ein Hashtag festlegt, dass dann die meisten anwesenden Twitterer auch verwenden. Die weltbekannte Berliner Digitalkonferenz re:publica hat das Hashtag rp, ergänzt um die Jahreszahl, in diesem Jahr also #rp18.

Schließlich werden Tweets von Medien häufiger in die eigene Website eingebunden als Facebook-Posts, besonders wenn es um aktuelle Ereignisse und Events geht. Das mag an der Kürze liegen: Während ein Facebook-Post bis zu 10.000 Zeichen lang sein kann, sind es bei Twitter nur 280 – und das auch erst seit Ende 2017, davor war es gar nur die Hälfte.

2. Welche Themen funktionieren auf Twitter?
Twitter ist viel stärker als Facebook ein Kanal, auf dem Nachrichten funktionieren. Das können sowohl Weltnachrichten als auch branchenspezifische Nachrichten sein. Wenn es eine Neuigkeit zu vermelden gibt, twittern viele Journalisten und Redaktionen zuerst, bevor sie die Nachricht auch auf Facebook stellen, wenn überhaupt. Das hat unter anderem mit dem Facebook-Algorithmus zu tun, der viele Meldungen ja gar nicht in der Timeline der Nutzer anzeigt. 2016 hat zwar auch Twitter einen Algorithmus eingeführt, der allerdings bei Weitem nicht so viele Themen „frisst" wie Facebook. Unter „Einstellungen und Datenschutz" kann man im Menü „Inhaltsvorlieben" für den Punkt Timeline die Option „Zeige mir die besten Tweets zuerst an"

aktivieren. Damit sind Tweets gemeint, die „Dich wahrscheinlich am meisten interessieren". Aus eigener Erfahrung kann ich sagen, dass in meiner Timeline ganz überwiegend relevante Tweets stehen, aus denen ich viel Erkenntnisgewinn ziehe. Bei jedem Start der Twitter-App werden Tweets, von denen Twitter glaubt, dass sie mich interessieren, unter dem Titel „Falls Du es verpasst hast" angezeigt. Das finde ich sehr nützlich. Umgekehrt ist es für die (journalistischen) Absender von Tweets wichtig zu wissen, dass ihre Tweets besonders den Leuten angezeigt werden, die sich vermutlich dafür interessieren – sogar mit Zeitverzögerung.

Besonders gut funktionieren Tweets, in denen man einen Nutzwert liefert, sei es mit einem Produkttest, sei es mit einem Erklärstück oder einem Tutorial, sei es mit dem Hinweis, dass es irgendwo ein Sonderangebot gibt.

Neben (Breaking) News und Nutzwert-Tweets gibt es natürlich gibt es auch auf Twitter humorvolle oder emotionalen Themen. US-Präsident Trump macht über Twitter auf sehr emotionale und polemische Weise Stimmung für seine Politik. Trotzdem habe ich das Gefühl, dass der Themenmix auf Twitter nicht so reißerisch ist wie auf Facebook. In meiner Timeline finde ich sehr viel sachliche, relevante Tweets, die viel häufiger als auf Facebook mit einem nützlichen Link garniert sind.

3. Wie spreche ich mein Publikum auf Twitter an?
Auf jeden Fall sollten Sie Ihre Tweets selbst schreiben. Sie wissen am besten, welcher Tonfall gerade angebracht ist, welcher Hashtag passt und welchen Link sie einbauen. Automatisierte Twitter-Accounts, die jede Meldung von der eigenen Homepage posten, sind ziemlich unsexy. Oft sind die Texte abgeschnitten und Hashtags Fehlanzeige. Viele automatisierte Accounts posten die gleichen Meldungen in identischer Form sowohl nach Facebook als auch nach Twitter. Das macht wenig Sinn, weil beide Netzwerke unterschiedlich ticken und unterschiedliche Nutzer ansprechen. Ein automatisierter Account hat logischerweise auch kein Gespür für das Timing. Und das ist in sozialen Netzwerken sehr wichtig, sowohl im Vorfeld von absehbaren Ereignissen als auch in der Reaktion darauf. Da ist oft Fingerspitzengefühl gefragt, gerade bei Negativnachrichten.

Aufmerksamkeit kann man auch dadurch herstellen, dass man andere Twitter-Nutzer erwähnt, indem man ein @ und dann den Namen des Accounts eintippt, ohne Leerzeichen dazwischen. In diesem Fall erwähnt der Top-News-Twitter-Account der Süddeutschen Zeitung die beiden Tennis-Profis Novak Djokovic (@DjokerNole) und Roger Federer (@rogerfederer) und macht gleichzeitig Werbung für den Autoren des Stückes: SZ-Sportredakteur Gerald Kleffmann alias @doublebackhand.

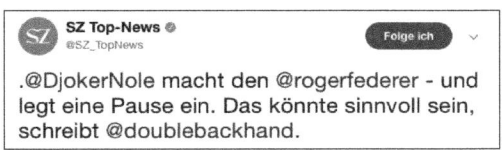

Und weil wir gerade bei Beispielen sind: Hier ein weiteres, das die Punkte Reichweite, Themenauswahl und Nutzeransprache gut demonstriert. Am 13. Februar 2017 habe ich folgenden Tweet geschrieben:

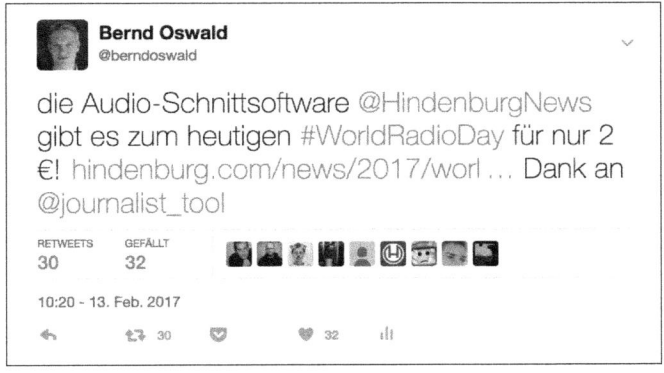

Zu den ersten Retweetern zählte Richard Gutjahr, einer der bekanntesten und versiertesten Digitaljournalisten in Deutschland. Auf Twitter hat er 113.000 Follower (Stand: April 2017). Sein Retweet löste eine richtige Retweet-Welle aus. Als Hashtag hatte ich #WorldRadioDay ausgewählt, der eben am 13. Februar war. Allein dadurch hat auch der eine oder andere Nutzer meinen Tweet mitbekommen, der diesen Hashtag beobachtete. Retweets bekommt man oft von Leuten, die einem gar nicht folgen, aber über einen Hashtag auf einen interessanten Tweet aufmerksam geworden sind, in diesem Fall auch ein internationales, englischsprachiges Publikum. Die Wahl des richtigen Hashtags ist also eminent wichtig.

Dass der Tweet 30 Retweets bekam, hängt auch damit zusammen, dass es hier um ein Schnäppchen ging. Eine Software, die normalerweise etwa 60 Euro kostet, gab es an diesem Tag für nur zwei Euro. Viele Leute haben das als nützlichen Hinweis empfunden.

Als kleinen Dank habe ich sowohl den Hersteller der Software @hindenburgNews erwähnt als auch Bastian Brinkmann (@journalist_tool), über dessen Blog ich auf die Aktion aufmerksam geworden war.

Messenger
Gerade bei jüngeren Zielgruppen sind Messenger-Apps sehr beliebt. Messenger sind zwar in erster Line für die direkte Kommunikation zwischen Freunden gedacht, dennoch versuchen auch einige Medien, hier einen Fuß in die Tür zu bekommen. Große Reichweiteneffekte wird man damit nicht erzielen, trotzdem kann eine Aktivität in Messengern wie WhatsApp oder Snapchat nützlich sein, wenn Journalisten erfahren wollen, wie die jüngeren Zielgruppen ticken und was sie interessiert.

WhatsApp
Bei WhatsApp gibt es einige Beispiele, in denen Redaktionen Geschichten in kleine Häppchen verpackt und über einen vorher festgelegten Zeitraum veröffentlicht haben. Die Heilbronner Stimme wählte am 4. Dezember 2015 WhatsApp als Kanal für ein Re-Live der Bombardierung Heilbronns 70 Jahre zuvor. Von 16.14 Uhr bis 21.11 Uhr veröffentlichte die Redaktion kurze Texte und Bilder, die so gehalten waren, als hätte sich die Bombardierung gerade eben ereignet. Zuvor hatte die Redaktion Interessierte dazu aufgerufen, sich mit ihrer Handy-Nummer für diese Art des Storytelling zu registrieren. Der NDR ging 2015 sogar noch einen Schritt weiter und erzählte die Flucht des Syrers Rami über sechs Monate, davon drei mit höherer Schlagzahl. Beides sind gelungene Beispiele, in denen Journalisten ihr Storytelling an Zielgruppe und Plattform angepasst haben. Weniger originell, aber viel weiter verbreitet sind Angebote von Redaktionen, bei denen sich Nutzer für Nachrichten zu speziellen Themen, etwa zu einem Fußballverein, registrieren lassen können. Hier spielen die Redaktionen aber nur ohnehin vorhandene Inhalte in einen weiteren Kanal aus.

Snapchat
Snapchat ist speziell bei Teenagern beliebt, die sich „Snap" genannte Kurznachrichten hin und her schicken. Chat-Nachrichten löschen sich nach ein-

maligem Betrachten. In der Story-Funktion werden zwar alle Snaps der vergangenen 24 Stunden gespeichert, aber auch hier ist es schwer, eine Reichweite aufzubauen. Medienmarken zahlen viel Geld dafür, dass sie mit einem eigenen Kanal im Entdecken-Menü von Snapchat vertreten sind. Ursprünglich waren das nur US-Medien, seit April 2017 sind auch die deutschen Titel Bild, Spiegel Online sowie die deutschsprachigen Ausgaben von Sky Sport und Vice vertreten. Im Gegensatz zu normalen Snapchat-Usern können die Medien in ihren Storys auch Links zu klassischen Artikeln setzen. Zu den klassischen multimedialen Snapchat-Storys voller Videos, Bilder, Gifs, Stickern und Filtern greifen Medienmarken nur noch selten.

Instagram
Ganz ähnlich nutzen Journalisten Instagram, das Snapchat den Rang unter den multimediabasierten Netzwerken abgelaufen hat. Bei Instagram Storys binden Medienmarken wie die Süddeutsche Zeitung, GEO, ZDF heuteplus, bento oder der Kicker inzwischen häufig Links zu ihrer Website ein. Das ist besonders interessant, weil es im klassischen Instagram-Post keine Möglichkeit gibt, Links zu setzen. Ein neues Werkzeug, zu dem auch Medienhäuser sehr gerne greifen, hat Instagram im Juni 2018 eingeführt: Die Video-Funktion IGTV ermöglicht es, bis zu 60minütige Videos zu produzieren, die sich die Nutzer im Vollbildmodus anschauen können. Hier entwickeln Redaktionen wie der Kicker, ZDF heute eigene Video-Formate speziell für IGTV. Auch hier lassen sich Links zur eigenen Website einbinden.

Newsletter
Die Newsletter haben wir schon im ersten Kapitel unter „Themen finden" angesprochen. Als wichtiges Instrument für die Leser-Marken-Bindung spielen sie aber auch im Vertrieb eine wichtige Rolle. So gut wie alle großen journalistischen Websites bieten Newsletter an, in denen sie ihre Themen bewerben. Die meisten erscheinen täglich, manche wöchentlich, einige monatlich. Ein Newsletter sollte nicht automatisiert sein und einfach nur ein paar Links zur eigenen Website umfassen. Denn auch für einen Newsletter gilt, dass er beim Leser einen Mehrwert stiften sollte. Sei es durch eine sinnvolle Auswahl der präsentierten Themen (nach Wichtigkeit, am häufigsten geteilte/ kommentierte Stücke, Nutzwert-Artikel), sei es durch eine persönliche Einordnung eines Mitarbeiters, der erklärt, warum die ausgewählten Artikel wichtig sind. Oft übernehmen leitende Angestellte diese Aufgabe, gerade bei den Newslettern von Regionalzeitungen. Tagesspiegel-Chefredakteur Lorenz

Maroldt schreibt im *Checkpoint* persönlich-pointiert, was in Berlin los ist. 2015 ist Checkpoint mit dem Grimme-Online-Award ausgezeichnet worden und wird auch durch Anzeigen im Newsletter vermarktet. Andere Beispiele: die *Stimme des Westens* von Rheinische-Post-Chefredakteur Michael Bröcker oder *Tagesanbruch* von T-Online-Chefredakteur Florian Harms.
Newsletter müssen sich natürlich nicht auf einen Nachrichtenüberblick beschränken. Sie können – und sollten – auch auf Innovationen im eigenen Haus hinweisen: neues Layout, neue Funktionen, neues Videoformat, eine neue Rubrik für den Leserdialog. Die Abendversion des SZ-Espresso endet zum Beispiel mit der Rubrik „SZ-Leser diskutieren". Hier präsentiert der immer namentlich genannte Newsletter-Autor eine Auswahl von Leserkommentaren zu einem aktuellen Thema. Insgesamt sollte der Newsletter die Leser natürlich nicht erschlagen, sondern schon noch übersichtlich sein.

Ein Newsletter ist nur die Mühe wert, wenn er auch geöffnet wird. Er steht in Konkurrenz zu Dutzenden E-Mails, die die meisten von uns täglich bekommen. Darum ist schon die Betreffzeile eminent wichtig. Sie sollte nicht einfach nur die Nummer und das Datum enthalten, sondern auf jeden Fall spannende Inhalte erwähnen, die im Newsletter besprochen werden, am besten noch so formuliert, dass der Leser neugierig wird.

Auch für **freie Journalisten** kann der Newsletter ein wichtiges und nützliches Werkzeug sein, um mehr Leute auf die Seite zu bekommen. Christina Quast fasst einmal im Monat zusammen, welche Programme sie auf *journalisten-tools.de* besprochen hat. Das tun auch Daniela Späth und Michel Penke in ihrem *bleiwüsten.de*-Newsletter, abgerundet durch aktuelle Veranstaltungshinweise. Ihr Newsletter ist nur einer von sechs Distributionskanälen. Neben den obligatorischen Facebook- und Twitter-Profilen betreibt das Duo zwei Chat-Bots auf Telegram und dem Facebook-Messenger und einen RSS-Feed gibt es auch noch.

Noch mehr Nutzen können Journalisten aus den sozialen Netzwerken ziehen, wenn sie dort selbst aktiv sind. Wer seine Web2.0-Präsenzen regelmäßig mit fachlich qualifizierten Beiträgen und Links füttert, kann sich als Experte positionieren, was vor allem für Freiberufler wichtig ist. Natürlich kann man auf Facebook und Twitter Links zu eigenen Blogbeiträgen oder zur Website des Arbeitgebers posten. Die Eigenwerbung sollte aber hinter (deep) Links zu weiterführenden Artikeln, Studien oder Diskussionsbeiträge zurückstehen.

Kommunikation ist gerade im Web 2.0 ein ständiges Geben und Nehmen. Wer so agiert, erwirbt sich Reputation, die in Form von Retweets, Backlinks und Aufnahme in die Listen anderer Nutzer öffentlich sichtbar ist.

Jede Redaktion und jeder freie Journalist wird manche dieser Distributionskanäle nutzen, andere (noch) nicht. Aber die Frage, wo man mit welchem Inhalt welches Publikum erreichen will, geht nicht mehr weg. Das redaktionelle Marketing ist eine zentrale Kompetenz für Journalisten im 21. Jahrhundert. Und wenn der Inhalt verbreitet ist, kann er viel stärker als früher auch kommentiert werden. Welche Folgen das für den Journalismus hat, schauen wir uns im nächsten Kapitel an.

4.2 Moderieren, kommunizieren, ansprechbar sein: Wie man eine Community aufbaut

Im vorherigen Kapitel haben wir uns angeschaut, wie man Leser auf die eigene Website bekommt. Nach dem Klick folgt der Blick: Die Nutzer lesen, hören oder sehen sich unsere Inhalte an. Je nachdem, wie sehr die Inhalte den Erwartungen der Nutzer entsprechen (die wir mit unseren Teaser-Texten geweckt haben), unterschiedlich lange. Im Idealfall konsumieren die Nutzer nicht nur einen Beitrag, sondern mehrere. Im Gegensatz zu früher haben sie auch viel mehr Möglichkeiten, mit unserem journalistischen Angebot zu interagieren. Was früher der Leserbrief war, ist heute der Kommentar unter dem Artikel oder auf Facebook. Die Hürde, Kommentare zu Artikeln zu hinterlassen, ist massiv gesunken – und die Hemmschwelle offenbar auch. Fast jeder Journalist wird von unsachlichen, unflätigen oder sogar beleidigenden Kommentaren zu seinen Beiträgen erzählen können. Manchmal steht die journalistische Leistung als solche im Mittelpunkt der Kritik, manchmal der Gegenstand der Berichterstattung. Jede Redaktion wird eine Reihe von Themen nennen können, die zu einer polarisierenden Diskussion führen. Sei es der Nahost-Konflikt, Flüchtlinge oder Themen, die sich um eine gesellschaftliche Minderheit drehen.

Deswegen muss sich jedes größere Medium überlegen, wie es diese Kommentare kanalisiert. Dabei sind drei grundlegende Fragen zu klären:

1. Wer kann kommentieren?
2. Was kann kommentiert werden?
3. Wie wird moderiert?

1. Wer kann kommentieren?
- Jeder, also ohne Registrierung und das anonym
- Jeder, der eine E-Mail-Adresse und einen Namen angibt
- Per Social Login (etwa Facebook) angemeldete Nutzer
- Nur auf der Website registrierte Nutzer nach erfolgter Anmeldung

Gerade die Frage, ob Nutzer anonym oder nur mit Klarnamen kommentieren dürfen, wird immer wieder heftig diskutiert. Einerseits haben viele Redaktionen die Erfahrung gemacht, dass die Anonymität die Hemmschwellen sinken lässt, was zu vielen unflätigen Kommentaren führt. Andererseits hebt auch der Klarnamenzwang das Diskussionsniveau nicht automatisch, wie man am Beispiel Facebook sieht, mal abgesehen davon, dass es sehr schwer ist, eingegebene Namen zu überprüfen. Hier gibt es also kein generelles Richtig oder Falsch.

2. Was kann kommentiert werden?
- Jeder Beitrag
- Prinzipiell jeder Beitrag, aber mit der Möglichkeit, die Kommentarfunktion punktuell abzuschalten
- Nur ausgewählte Beiträge
- Nur in von der Redaktion eingerichteten Diskussionsforen. Diesen Weg ist die Süddeutsche Zeitung mit ihrem Angebot *Leserdiskussion* gegangen. Die Leser können per E-Mail Vorschläge für Themen machen, die sie gerne diskutieren würden.
- Zeitliche Beschränkung: Beiträge oder Diskussionsforen stehen nur für einen bestimmten Zeitraum, etwa eine Woche, für Diskussionen offen.
- Gar nichts: Manche Medien haben sich für die komplette Schließung ihrer Kommentar- und Diskussionsangebote entschieden. Doch es wird immer ein Ventil geben, auf dem sich die Nutzer Luft machen können, Facebook ist nur eines davon.

3. Wie wird moderiert?
- Kommentare gehen ohne Hürde online. Die Redaktion schreibt nur dann ein, wenn ihr etwas besonders Deplatziertes auffällt – etwa, wenn andere Nutzer darauf hinweisen. (Zeit Online hat eine entsprechende Melden-Funktion.)
- Ein Kommentar geht erst online, wenn er freigeschaltet ist. Das bedeutet einen hohen Aufwand. Außerdem hat es den Nachteil, dass Diskussionen – die ja auch sachlich sein können – so nur schwer in Gang kommen.

Diskussionskultur verbessern

Die Antworten auf diese drei Fragen, speziell auf die Frage „Wie wird moderiert?" An das Wie schließt sich direkt die Frage an, wie man eine vernünftige Diskussionskultur hinbekommt. Ein erster Schritt sind klare Spielregeln. Egal, ob man sie Richtlinien, Guidelines oder Netiquette nennt: Sie sollten auf der Website gut sichtbar sein und über Do's and Dont's informieren. Meistens geht es in Kommentarrichtlinien um diese Punkte:

- Umgangston
- Meinungsfreiheit (aber ohne Beleidigung, Verunglimpfung, sexistische, rassistische oder anderweitig diskriminierende Äußerungen)
- Themenbezug (Wie wird mit Kommentaren verfahren, die vollkommen vom Thema abweichen?)
- Unerwünschte Werbung
- Politische Aufrufe

Damit ist auch der Rahmen abgesteckt, in dem die Moderatoren arbeiten. Sie können sich darauf beziehen, wenn sie Beiträge löschen, die gegen diese Richtlinien verstoßen. Der Moderationsaufwand hängt davon ab, wie groß die Website ist und wie viel darauf kommentiert wird. Dazu bedarf es Personal, das eingehende Kommentare moderiert und Beiträge aussortiert, die gegen die Netiquette verstoßen. Manche Redaktionen greifen dabei auf die Unterstützung durch spezielle Software zurück, die unsachliche oder beleidigende Kommentare herausfiltert. Die Rheinische Post verwendet *Conversario*, die New York Times ein Tool namens *Perspective*. Die übrig gebliebenen Kommentare werden dann von der eigenen Community-Redaktion gesichtet.

Je früher eine geschulte Community-Redaktion eingreift und je transparenter ihre Entscheidungsmaßstäbe sind, desto sachlicher und konstruktiver wird eine Debatte in der Regel verlaufen.

Jeder Community-Manager kann ein Lied von einer besonders unangenehmen Spezies singen: den Trollen. Trolle sind Leute, die an einer sachlichen Diskussion nicht interessiert sind und fürs Leben gern andere Menschen provozieren. Was also als Moderator tun, wenn sich Trolle auf der eigenen Seite herumtreiben?

Optionen zum Umgang mit Trollen:
1. Ignorieren: „Don't feed the troll", heißt es in einer alten Internet-Weisheit. Ein Troll zieht einen großen Teil seiner Befriedigung daraus, dass andere Menschen auf seine Provokationen anspringen und er eine Auseinandersetzung entfacht. „Don't feed the troll" richtet sich eher an die anderen Nutzer eines Kommentarbereichs. Zwar kann ich als Redaktion den Störer ignorieren, aber wenn die anderen Nutzer auf seine Provokationen anspringen, ist es schon wieder vorbei – und dann entsteht möglicherweise eine Menge Moderationsarbeit.
2. Mit Ironie reagieren: Das kann helfen, den eigenen Unmut über Trolle abzubauen, verhärtet die Fronten aber eher.
3. Diskutieren: Kann man versuchen, in der Regel haben Trolle aber eine sehr festgefahrene Meinung und sind anderen Argumenten nicht zugänglich.
4. Verwarnen: Den Troll darauf hinweisen, dass der nächste Kommentar in dieser Form ohne weitere Rückmeldung gelöscht und der Benutzer gesperrt wird.
5. Konsequent löschen: die härteste Entscheidung. Man hat zwar einerseits ein „sauberes" Forum ohne geschmacklose Troll-Kommentare. Andererseits macht das viel Aufwand und man handelt sich in Nullkommanichts den Zensur-Vorwurf ein.
6. Persönlich Kontakt aufnehmen: Für das geschriebene Wort gelten meist niedrigere Hemmschwellen als für das gesprochene Wort. Darum kann es Wunder wirken, wenn man sich die Arbeit macht, die Telefonnummer eines Trolls herauszubekommen und ihn persönlich anzurufen. Wenn man Trolle fragt, warum sie sich so destruktiv verhalten, kann es sehr gut sein, dass sie sich einsichtig zeigen. Die persönliche Kontaktaufnahme ist sicher ein unorthodoxer Ansatz, kann aber einen Versuch wert sein.

Wer mit einem Troll in Kontakt tritt, sollte stets höflich und sachlich bleiben
– auch wenn es schwerfällt. Wichtig ist es, dem Troll klarzumachen, dass die
Redaktion zwar an einer Diskussion und an Meinungsvielfalt interessiert ist,
es aber auch vom Gesetz her Grenzen der Meinungsfreiheit gibt, die eingehalten werden (müssen).

Nicht nur im Umgang mit Trollen und Störern braucht ein guter Community-Manager viel Fingerspitzengefühl, aber auch Persönlichkeit. Im Blog des
Bundesverbands Community Management gibt es einen *praktischen Leitfaden*.

Allerdings scheuen viele Redaktionen Investitionen in das notwendige Moderationspersonal. Eigene Community-Redaktionen gibt es nicht allzu viele.
Manche Redaktionen arbeiten mit sogenannten **Ombudsleuten** oder **Leseranwälten**. Das sind Journalisten, an die sich Leser mit Fragen und Kritik wenden können. Die Ombudsleute leiten das dann an die Redaktion weiter und
versuchen zu vermitteln, mal öffentlich, mal nicht-öffentlich. Wo es weder
Community-Manager noch Ombudsleute gibt, sollten Journalisten selbst
einen Blick auf die Kommentare zu ihren Beiträgen werfen und sich konstruktiv in die Diskussion einschalten, wenn es ihnen möglich ist.

Journalisten, die von Lesern angegriffen werden, sollten sich die Mühe machen,
zu erklären, warum sie den Beitrag so und nicht anders verfasst haben. Welche
Fragen im Zentrum der Recherche standen (und welche nicht), welche Fakten
sie als relevant erachtet haben (und welche nicht), nach welchen Regeln Journalisten arbeiten. Und natürlich zeugt es von Rückgrat, wenn ein Journalist
auch mal einen Fehler eingesteht. Wenn er das öffentlich macht und seinen
Fehler richtigstellt, stärkt das seine Glaubwürdigkeit sogar.

Ein gutes Beispiel für die Transparenz der eigenen Arbeit ist die Zeit. Bei
vielen größeren Geschichten gibt es einen Kasten „Hinter der Geschichte", in
dem Hintergründe zur Recherche erklärt werden, zum Beispiel die Leitfrage
und die Quellen bzw. Gesprächspartner. Manchmal schildern die Redakteure
hier auch die Schwierigkeiten, die sie bei der Recherche hatten.

Konstruktive Kommentare hervorheben
Noch immer ist es auf den meisten Websites so, dass Leserkommentare unter
den Texten stehen. Weil sie ganz am Ende kommen und von vielen Journalisten gar nicht beachtet werden, sprechen Kritiker von „Kommentar-Fried-

höfen". Eine Alternative ist es, das Kommentieren direkt im Text zu erlauben, wie es zum Beispiel die Krautreporter, *Medium* oder Quartz tun. Das ermöglicht es Nutzern, sich genau auf den Aspekt zu beziehen, zu dem sie etwas zu sagen haben. Solche Kommentare sind sowohl für den Autor als auch für andere Leser viel besser nachzuvollziehen – und meistens sind sie auch konstruktiver.

Um die Diskussionen zumindest fokussierter zu halten, sollte ein Kommentarbereich die Möglichkeit bieten, direkt auf einen anderen Kommentar antworten zu können. Sonst entstehen unzählige Mikro-Monologe, die niemand mehr zuordnen kann.

Das Ziel, konstruktivere Kommentare zu bekommen, steckt auch hinter der Idee, mit Bewertungen zu arbeiten. Entweder empfiehlt die Redaktion Kommentare oder die Leser tun das selbst. Bei Zeit Online ebenso wie bei *faz.net* können die Nutzer Kommentare anderer Nutzer empfehlen. Wie oft ein Kommentar empfohlen wurde, zeigt die Zahl neben einem Stern an. So wird ein kleiner Wettbewerb um konstruktive Gedanken bzw. gute Argumente ausgelöst. Der Kommentarbereich von *zeit.de* gilt als vorbildlich.

Noch einen Schritt weiter geht die Social-News-Plattform Reddit. Hier können die Nutzer Kommentare von anderen mit positiv oder negativ bewerten. Die Beiträge, die die meisten positiven Kommentare haben, stehen ganz oben – ein hilfreiches System, um die wirklich interessanten und nützlichen Beiträge aus dem Reddit-Wust hervorzuheben.

Eine Patentlösung, die für jede Website trägt, gibt es nicht. Jeder (freie) Journalist und jede Redaktion muss für sich selbst herausfinden, welche der oben genannten Vorschläge für sie am besten funktionieren. Dazu gehört aber in jedem Fall die Bereitschaft, sich für seine Nutzer zu interessieren.

Im Prinzip gelten die oben genannten Grundsätze auch auf Facebook. Allerdings hat man dort weniger Kontrollmöglichkeiten: Jeder Nutzer kann prinzipiell alles kommentieren. Allerdings können unerwünschte Kommentare verborgen werden. Natürlich kann man sich als Redaktion auch mal in eine Diskussion einschalten, wenn es die Zeit erlaubt. Gerade, wenn ein Journalist merkt, dass es hoch her geht, sollte er das auch tun und versuchen, die Diskussion in sachlichere Bahnen zu lenken.

Community-Gedanken entwickeln

Gerade haben wir von Community-Managern gesprochen. Community heißt ja nichts anderes als Gemeinschaft, und genau das wünscht sich eine Redaktion: eine Gemeinschaft von Journalisten und Lesern bzw. Nutzern. Gemeinsam ist das Interesse an bestimmten Themen und wie sie aufbereitet werden. In einer Gemeinschaft herrscht auch eine gewisse Höflichkeit. Und von dieser Gemeinschaft können beide profitieren. Die Leser von den Informationen, die ihnen die Journalisten bieten und von der Möglichkeit, diese kommentieren bzw. hinterfragen zu können. Umgekehrt können aber auch die Journalisten vom Feedback ihrer Leser profitieren, und das umso besser, je genauere Vorstellungen sie davon haben, wofür diese Gemeinschaft gut sein soll. Deswegen sollte sich jede Redaktion fragen:

Was will ich von meiner Community?

Oft wird die erste Antwort sein: „Dass sie meine Artikel teilen und weiterverbreiten." Klar, das ist wünschenswert, der Community-Gedanke geht aber über diese reine Multiplikatorenfunktion hinaus. Journalisten sollten daran interessiert sein, „User Generated Content" gewinnbringend in die eigene Berichterstattung einzubinden. Ein paar Beispiele gefällig?

Meinungsbild widerspiegeln, Diskussionen dokumentieren

Smartphones und Tablets spielen eine große Rolle als „Second Screen". Man sieht auf dem Fernseher eine Sendung und kommentiert sie parallel auf dem mobilen Gerät. Besonders verbreitet ist das zum Beispiel beim „Tatort", zu dem pro Folge Hunderte Tweets geschrieben werden, oft witzig und kreativ. Viele Medien wie etwa Spiegel Online machen eine Art Twitterschau daraus oder lassen die besten Tatort-Tweets in ihre eigene Rezension einfließen. Die Embed-Funktion macht es möglich und sorgt zugleich für Transparenz, weil man den Tweet so im Original sehen kann.

Auch Diskussionen im Netz kann man anhand von Posts aus sozialen Netzwerken gut nachzeichnen.

Leser an einem Interview beteiligen

Im Vorfeld eines geplanten Interviews mit einer prominenten Person rufen viele Redaktionen ihre Nutzer auf, Fragen einzureichen, die sie selbst dem Interviewpartner stellen würden. Dieser Aufruf kann auf der eigenen Website erfolgen oder auch im Social Web. Das ZDF-Sportstudio etwa ruft unter dem Hashtag #frag… auf Twitter dazu auf. Ist Tennisspielerin Angelique Kerber zu Gast, reichen Nutzer unter dem Hashtag #fragkerber Fragen ein. Ehre, wem Ehre gebührt: Journalisten sollten es dann im Interview transparent machen, wenn sie die Frage eines Nutzers stellen. Der- oder diejenige freut sich dann darüber und wird wahrscheinlich das Interview teilen.

Hinweise bekommen und ihnen nachgehen
Journalisten sind im Idealfall Experten in dem Bereich, in dem sie veröffentlichen. Das ist aber leider nicht immer der Fall. Oft sind auch Generalisten am Werk oder noch unerfahrene Kollegen. Beide sind dann nicht so tief im Thema drin, wie es wünschenswert wäre. Es kann vorkommen, dass es unter den Lesern Experten gibt, die sich mit einem Thema besser auskennen als der Journalist. Wenn diese Leser nützliche Hinweise auf falsche, irreführende oder unvollständige Informationen geben, sollte der Journalist dafür dankbar sein. Die Frage ist natürlich, in welchem Ton das geschieht. Kein Journalist will beleidigt werden, wenn er einen Fehler gemacht hat, schon gar nicht, wenn das in Form von Kommentaren (auf der Website oder auf sozialen Netzwerken) öffentlich sichtbar ist.

Konstruktive Leserkommentare – egal ob öffentlich oder nicht-öffentlich per E-Mail – können willkommene Anregungen liefern:

- Für weitere Gesprächspartner,
- Für weiterführende Quellen, Websites
- Für den nächsten Dreh der Geschichte

So wäre die medienkritische Arbeit des Bildblogs ohne die zahlreichen Hinweise seiner Nutzer auf mediale Fehlleistungen nicht denkbar. Wenn das Bildblog solche Hinweise aufgegriffen hat, bedankt sich der jeweilige Autor unter dem Artikel öffentlich bei den Hinweisgebern. Das ist eine einfache und kluge Form der Anerkennung, die dazu führt, dass es vermutlich auch in Zukunft weitere Hinweise geben wird. Ein Journalist sollte ausstrahlen, dass er solche Hinweise wünscht und auf verschiedenen Kanälen empfangsbereit dafür ist.

Protagonisten finden
Diese Situation kennt jeder Journalist: Die Redaktionskonferenz hat ein Thema beschlossen, nun braucht man einen passenden Protagonisten, zum Beispiel die alleinerziehende Mutter, die sich mit drei Teilzeitjobs über Wasser halten muss. Was tun, wenn man niemanden im persönlichen Umfeld kennt und auch Sozialverbände sich bedeckt halten? Auch dann kann möglicherweise die Community helfen. Viele Journalisten starten Aufrufe in sozialen Netzwerken und setzen dabei auf die #followerpower. Je zielgerichteter man sein Anliegen postet, desto höher sind die Chancen, fündig zu werden. Spezielle (Selbsthilfe-)Gruppen können hier besonders ergiebig sein.

Crowdsourcing
Gerade in Zeiten von Arbeitsverdichtung kann es eine gute Idee sein, das Publikum sogar zu Komplizen bei der Recherche zu machen. Die Sternstunde des journalistischen Crowdsourcings schlug im Februar 2011, als der Verdacht aufkam, Verteidigungsminister Karl-Theodor zu Guttenberg habe große Teile seiner Doktorarbeit abgeschrieben. Einen Tag, nachdem die Süddeutsche Zeitung als erste über diese Vorwürfe berichtet hatte, war das „GuttenPlag Wiki" an den Start gegangen, in dem mehr als Tausend Internetnutzer den Beweis führten, dass die Dissertation des damaligen Verteidigungsministers Karl-Theodor zu Guttenberg voller ganz oder teilweise abgeschriebener Textfragmente steckte. Binnen weniger Tage im Februar 2011 lieferten die „GuttenPlag Wiki" -Nutzer eine beispiellose kollaborative Rechercheleistung ab. Dieses Wiki ist ein Paradebeispiel für Crowdsourcing: Eine große Aufgabe wird von einer großen Zahl Internet-Nutzer gemeinsam erledigt, ihre Ergebnisse werden an einem zentralen, öffentlich einsehbaren Ort dokumentiert.

Die Causa Guttenplag führte klar vor Augen, wie gut sich klassische Medien und die Schwarmintelligenz des Internets ergänzen können: Printmedien und TV-Sender nahmen die Plagiats-Befunde aus dem Netz auf, versuchten das Crowdsourcing-Werk auf ihren eigenen Webseiten zu visualisieren. Sie fanden Ansatzpunkte für neue Drehs zu der Geschichte – etwa, dass Guttenberg auch Gutachten des wissenschaftlichen Dienstes des Bundestages verwendete, seinen Doktortitel zu früh führte und mehrere Stationen seines Lebenslaufs beschönigend beschrieben hatte. All das verbreitete sich wieder im Netz und fachte die Diskussion um Guttenberg an.

Doch es gibt noch eine Reihe weiterer guter Beispiele für Nutzerpartizipation:

- Beim Gefahrenatlas der Süddeutschen Zeitung konnten die Nutzer auf einer interaktiven Karte die Punkte markieren, die sie im Verkehr als besonders gefährlich erachten. Die mehr als 1.000 Rückmeldungen legten die neuralgischen Punkte offen und lieferten der SZ Ansatzpunkte für viele Geschichten.
- Das ZDF lud zur Bundestagswahl 2013 erfahrene Wikipedia-Autoren zum kollektiven Fact-Check von Politiker-Aussagen ein. Gemeinsam sammelte man Material, um die Wahlversprechen überprüfen zu können.
- Die Zeit biss bei einigen Banken auf Granit, als sie die Höhe der Dispo-Zinsen recherchieren wollte. Also setzte die Redaktion ein simples Google-Formular auf, in das Nutzer den Namen ihrer Bank, ihre Postleitzahl und eben die Höhe des Dispo-Zinses eintragen konnten. Heraus kam eine Geschichte, die zeigte, wie groß die Bandbreite der Dispo-Zinsen in Deutschland ist und dass Banken auf dem Land mit Monopolstellung hier tendenziell stärker hinlangen.
- Auch die Recherche-Plattform Correctiv hat sich für einen Banken-Recherche der Followerpower bedient. Für eine Analyse der Geschäftsberichte von 414 Sparkassen setzte Correctiv einen so gennanten „Crowdnewsroom" auf.

Bei den Krautreportern gehört die Leserbeteiligung schon zur DNA. Das Online-Magazin für Politik, Wirtschaft und Gesellschaft finanziert sich ausschließlich über die Beiträge seiner Mitglieder und räumt ihnen dafür auch eine große Mitsprache ein: zum einen bei der Themenauswahl, manchmal auch bei der Recherche. Bei seiner *Reportage über die Störfälle in einer Kölner Ölraffinerie* stützte sich Reporter Rico Grimm auch auf die Einschätzungen von mehreren Krautreporter-Mitgliedern, die sich in Geologie, Chemie und Industriesicherheit auskennen. Auf Facebook pflegen die Krautreporter einige geschlossene Gruppen, in denen Autoren und Mitglieder für Recherchen zusammenarbeiten.

Lisa Altmeier und Steffi Fetz sind seit 2013 als „Crowd-Korrespondenten" unterwegs. Auf ihrer Website *crowdspondent.de* sowie auf Twitter, Facebook und Youtube rufen sie ihre Community auf, ihnen zu sagen, „was wir für euch recherchieren, wen wir für euch treffen und was wir die Menschen fragen sollen." Nicht nur in Deutschland, sondern auf der ganzen Welt. So waren

Altmeier und Fetz in Brasilien, Japan oder Griechenland. Um diese aufwendigen Recherchereisen finanzieren zu können, starten sie beiden auf speziellen Plattformen wie *startnext.de* immer wieder Crowdfunding-Aufrufe.

Whistleblowing
Am Ende der Skala steht schließlich das Whistleblowing: Ein Informant wendet sich sich mit einer Insiderinformation über einen Missstand an eine Redaktion. Im Extremfall übermittelt er sogar eine Festplatte mit einer großen oder gigantischen Datenmenge. Wikileaks hat mit seinen Enthüllungen über die US-Kriege im Irak und in Afghanistan den Boden für das Leaking-Prinzip bereitet, das viele Nachahmer auf regionaler, nationaler oder internationaler Ebene gefunden hat. Inzwischen haben auch einige deutsche Medien eigene anonyme Upload-Portale eröffnet. In Deutschland zählt Der Westen zu den Pionieren. Auf dem anonymen Server landen Hinweise oder Dokumente, die die Rechercheredaktion überprüft. Manchmal ergeben sich eigene Geschichten daraus, manchmal lassen sich schon aufgedeckte Missstände mit Datenmaterial unterfüttern. Zu den Medien, die solche anonyme digitale Briefkästen unterhalten, gehörten die Zeit, der Tagesspiegel, die Welt, die taz und das schon angesprochene Rechercheportal Correctiv.

Das bisher größte Leak gab es 2016 mit den Panama Papers rund um die dubiosen Geschäfte von Offshore-Firmen. Hunderte Journalisten aus 'zig Ländern arbeiteten monatelang an der Auswertung und der folgenden Recherche. In Deutschland waren die Süddeutsche Zeitung, NDR und WDR führend. Solch große Datenleaks sind sicher der Ausnahmefall. Journalisten, die solche Informationen zugespielt bekommen, haben sich in aller Regel ein Standing als Investigativreporter erarbeitet.

Community auf anderen Plattformen
Natürlich ist es aus journalistischer Sicht am erstrebenswertesten, eine Community rund um die eigene(n) Website(n) aufzubauen. Allein schon, weil Sie hier die volle Gestaltungshoheit haben, inhaltlich wie rechtlich. Die Community kann aber noch viel größer werden, wenn sie darüber hinaus auch in sozialen Netzwerken gepflegt wird. Die oben erwähnte Einbindung von „User Generated Content" ist nur ein Beispiel von vielen, neben Facebook und Twitter auch Instagram oder Xing, um nur ein paar Beispiele zu nennen.

Ob und welche Plattformen man als Journalist bzw. Redaktion bespielt, hängt davon ab,

- ob dort eine signifikante Zielgruppe vorhanden ist
- ob man ein Strategie dafür entwickelt
- ob man die Manpower für eine kontinuierliche Betreuung hat.

Im Zweifelsfall gilt aber: Weniger ist mehr. Lieber nur wenige Social-Media-Auftritte und die dafür gut! Gut heißt in diesem Fall, dass man Themen, Formate und Intonation an die Gepflogenheiten der Plattform anpasst.

Journalisten müssen ansprechbar sein
Es gibt immer noch eine große Zahl an Journalisten, die es fremdelt bei dem Gedanken, die Leser derart stark in das eigene Tun einzubinden. Doch daran wird in Zukunft kein Weg mehr vorbeiführen. Das Sender-Empfänger-Modell von einst hat noch einen Platz in der Geschichte der Kommunikationswissenschaft, aber nicht mehr in der Medienwirklichkeit von heute. Mehr als je zuvor müssen Journalisten ihre Eigenschaft als aufmerksame Gesprächspartner beweisen. Wer seine Community – auf der eigenen Website und in den sozialen Netzwerken – pflegt, wird wertvolle Hinweise bekommen.

Kapitel 5

Ausblick

Die Umwälzung der Medienlandschaft durch die Digitalisierung ist noch lange nicht abgeschlossen. Konkret werden meines Erachtens vor allem die **Automatisierung** und damit verbunden die **Personalisierung** weiter an Bedeutung gewinnen. Im Journalismus wird die Automatisierung den Journalisten einige Arbeit abnehmen, sei es durch **automatisch generierte Artikel**, die jetzt schon möglich sind, aber sicher noch weiter entwickelt werden. Umso mehr, je mehr Informationen strukturiert vorliegen. Sei es durch Algorithmen, die Journalisten bei der **Moderation von Kommentaren** viel Arbeit abnehmen. Sei es durch **Datenbanken**, die **Fact-Checking** in Echtzeit betreiben. Sei es durch **Drohnen**, die den Journalisten ganz neue Perspektiven ermöglichen, speziell, wenn sie nicht nur mit Kameras, sondern auch mit **Sensoren** ausgestattet sind. Sei es durch immer ausgefeiltere Programme zum **Abgreifen (Scrapen) von riesigen Datenmengen (Big Data)** auf Webseiten samt zugehöriger Auswertung.

Schon jetzt gibt es eine Schnittstelle von Automatisierung und Personalisierung: **Chat-Bots** werden mit strukturierten Informationen in verschiedener Tiefe gefüttert. Der Nutzer kann entscheiden, wie tief er in einzelne Themenbereiche einsteigen will, und Präferenzen für bestimmte Themen angeben; der Bot schlägt ihm dann nur noch Themen vor, die ihn interessieren (ja, ich weiß: Filterblasen-Gefahr).

Diese Personalisierung wird auch journalistische Websites und Apps erobern: Nutzer werden bestimmen können (und wollen), welche Themen und Formate ihnen angezeigt werden, vermutlich sogar angepasst an Nutzungsgerät, Uhrzeit und persönliche Stimmungslage. Diese Präferenzen müssen sie nicht mehr per Mausklick eingeben, sondern mit ihrer eigenen Stimme. Die **Sprachsteuerung** wird zum zentralen Bedienelement fast aller Geräte werden. Die Ansätze dafür sind mit den Sprachassistenten wie Siri, Cortana oder Alexa schon jetzt da.

Was heißt das nun für den Journalismus der Zukunft? Folgende Kompetenzen werden im nächsten Jahrzehnt (noch stärker) gefragt sein:

- **Konzipieren**: Journalistische Inhalte müssen in Zukunft noch stärker als bisher maßgeschneidert werden: für unterschiedliche Kanäle und die Vorlieben der Nutzer. Von der kurzen Nachricht, die sich der Nutzer vorlesen lässt, bis zur multimedialen Dokumentation, deren Verlauf der Nutzer durch Entscheidungen selbst bestimmen kann.
- **Experimentieren**: Um die passenden Formate zu finden, müssen Journalisten mit neuen Ideen experimentieren. Seien es neue Zugänge zu einem Thema, eine neue Aufbereitung oder eine neue Steuerung.
- **Programmieren**: Wenn die Automatisierung so stark zunimmt, sind Journalisten gut beraten, Programmierkenntnisse zu erwerben. Sei es, um Bots zu programmieren, sei es, um große Datenmengen erfassen und auswerten zu können. Ich glaube allerdings nicht, dass der Beruf des Journalisten und der des Programmierers verschmelzen werden. Womit ich bei der letzten Zukunftskompetenz wäre:
- **Zusammenarbeiten**: Natürlich muss nicht jeder Journalist die eierlegende Wollmilchsau aus Rechercheur, Autor, Kameramann, Statistiker, Designer, Programmierer und Software-Entwickler sein. Auch in Zukunft nicht. Aber diese Bereiche werden enger zusammenrücken. Journalisten müssen sich stärker als bisher in die anderen Disziplinen hineindenken und ihre Anforderungen kommunizieren können. Teamwork und interdisziplinäres Arbeiten kommt eine zentrale Bedeutung zu, Einzelkämpfer werden es zunehmend schwerer haben.

Bei allem, was neu wird: Einige journalistische Kardinaltugenden werden weiter gefragt sein: neugierig sein, gründlich recherchieren, Geschichten erzählen können, den Blick für den Menschen und seine Emotionen zu haben.

In Zukunft werden die Journalisten besonders erfolgreich sein, die diese bewährten Tugenden besitzen und sich die neuen Anforderungen – so gut wie möglich – aneignen. Daraus kann etwas Großartiges entstehen: der beste Journalismus, den wir je hatten.

Danksagung

Dieses Buch wäre niemals möglich gewesen ohne die wertvollen Hinweise von Matthias Eberl, Markus Kaiser, Julia Köberlein, Roman Mischel, Michael Netsch, Marc Schürmann, Jan Tissler, Johanna Wild und Vanessa Wormer. Herzlichen Dank dafür!

Der Autor

Bernd Oswald ist freier Journalist für Themen an der Schnittstelle von Politik, Medien und Technik. Er ist Freier Mitarbeiter bei BR24, dem trimedialen Nachrichtenangebot des Bayerischen Rundfunks, wo er sich auf Fact-Checking und Verifikation spezialisiert hat. Eine Auswahl seiner Arbeitsproben präsentiert er auf seinem *Torial-Profil*.

Darüber hinaus arbeitet Oswald als Trainer für digitalen Journalismus. Er bietet vor allem Seminare zu Online-Recherche, Schreiben fürs Netz und Datenjournalismus an. Über neue Trends im digitalen Journalismus bloggt er auf *journalisten-training.de* und twittert als *@berndoswald*.

Bevor er sich 2009 selbstständig gemacht hat, war der gebürtige Münchner acht Jahre in der Online-Redaktion der Süddeutschen Zeitung tätig: erst als Politik-Redakteur, zuletzt als Ressortleiter Nachrichten.

Bernd Oswald wurde an der Deutschen Journalistenschule zum Redakteur ausgebildet und hat an der Universität München Journalistik, Politikwissenschaft, Soziologie sowie Sozial- und Wirtschaftsgeschichte studiert.

Literatur- und Quellenverzeichnis

Bücher

Bradshaw, Paul: The Online Journalism Handbook. Skills to Survive and Thrive in the Digital Age. Second Edition. Routledge, Milton Park 2018

Bradshaw, Paul: *Finding Stories with Spreadsheets*. 2016

Bradshaw, Paul; Hill, Steve: Mobile-First Journalism. Producing News for Social and Interactive Media. Routledge, Milton Park 2018

Bradshaw, Paul: *Snapchat for Journalists*. How to tell great stories, use the tools, and measure the results. 2016

Deutscher Fachjournalisten-Verband (Hrsg.): Journalistische Genres. UVK, Konstanz, München 2016

Kaiser, Markus (Herausgeber): Innovation in den Medien. Crossmedia. Storywelten. Change Management. 2. Aktualisierte und erweiterte Ausgabe. Verlag Dr. Gabriele Hooffacker, München 2015

Kramp, Leif; Novy, Leonard; Ballwieser, Dennis; Wenzlaff, Karsten (Hrsg.): Journalismus in der digitalen Moderne. Einsichten – Ansichten – Aussichten. Springer VS, Wiesbaden 2013

Seibt, Constantin: Deadline. Wie man besser schreibt. Kein & Aber, Zürich 2013

Staschen, Björn: Mobiler Journalismus. Springer VS, Wiesbaden 2017

Sturm, Simon: Digitales Storytelling. Eine Einführung in neue Formen des Qualitätsjournalismus. Springer VS, Wiesbaden 2013

UNESCO: *Journalism, Fake News & Desinformation. Handbook for Journalism Education and Training*. Paris 2018

Zeitschriften

Bayerischer Journalisten-Verband e.V. (Hrsg.): BJV Report. München

Deutscher Journalisten-Verband (Hrsg.): Journalist. New Business Verlag, Hamburg

medium magazin. Unabhängige Zeitschrift für Journalisten. Verlag und Medieninhaber Johann Oberauer GmbH, Salzburg

Journalisten Werkstatt Multimediales Storytelling. Beilage zum medium magazin 2/2018

Journalisten Werkstatt Mobile Reporting. Beilage zum medium magazin 4/2017

Journalisten Werkstatt Tipps & Tricks Webvideo. Beilage zum medium magazin 7/2016

Tissler, Jan (Hrsg.): Upload Magazin. Hamburg

Blogs/Websites

Albrand, Carolin, Bastian Matthias: Vrodo. Mixed Reality News: https://vrodo.de/

August Schwingenstein Stiftung gGmbH: https://www.torial.com

Bellingcat Investigation Team: bellingcat. the home of online investigations: https://www.bellingcat.com/

Bösch, Marcus: http://mobile-journalism.com/

Bradshaw, Paul: Online Journalism. A Conversation: https://onlinejournalismblog.com

Buzzell, Michael: https://inteltechniques.com

Columbia Journalism Review. The voice of journalism: *https://www.cjr.org/*

Debatin, Bernhard; Herczeg, Petra; Hooffacker, Gabriele; Pöttker, Horst; Schultz, Tanjev (Hrsg.): Journalistik Online. Zeitschrift für Journalismusforschung: *http://journalistik.online/*

Deutscher Fachjournalisten-Verband AG (Hrsg.): *https://fachjournalist.de*

Diverse Autoren: Journalism 360. An immersive News Initiative: *https://medium.com/journalism360*

Eberl, Matthias: *https://rufposten.de/blog/*

European Journalism Center: *https://medium.com/we-are-the-european-journalism-centre*

European Journalism Observatory: *https://de.ejo-online.eu/*

Fehrensen, Martin: *https://socialmediawatchblog.de/*

Fiene, Daniel: *https://www.danielfiene.com/*

Filloux, Frederic: *https://mondaynote.com/*

First Draft: Grundlegende Quelle zur Berichterstattung und Quellenprüfung für Journalisten: *https://de.firstdraftnews.org/*

Gutjahr, Richard: *http://www.gutjahr.biz/*

Heller, Martin: webvideoblog. Online-Videos im Journalismus. *https://webvideoblog.de*

Investigative Reporters & Editors: *https://www.ire.org*

Lill, Bernhard: Der Medientyp. Mobile Journalism. Storytelling. Multimedia: *https://www.dermedientyp.de/*

Matzat, Lorenz: *https://www.datenjournalist.de*

Mischel, Roman: *https://www.r73.net/*

Mousetrap Media Ltd: *https://www.journalism.co.uk*

Mrazek, Thomas; Eberl, Matthias; Mischel, Roman; Oswald, Bernd; Schröder, Oliver; Stegers, Fiete: *https://www.onlinejournalismus.de/*

Myers, Paul: *http://researchclinic.net/*

Nieman Journalism Lab: *http://www.niemanlab.org/*

Northeastern University's School of Journalism: Storybench. Tools, tips and takeaways on digital storytlleing *http://www.storybench.org/*

Penke, Michel; Späth, Daniela: Bleiwüsten: *http://xn--bleiwsten-u9a.de/*

Quast, Christina: Journalisten-Tools. Nützliche Werkzeuge für Journalisten. *https://journalisten-tools.de*

Seokratie GmbH: *https://www.seokratie.de/*

SEO united GmbH: *https://www.seo-united.de/*

Stegers, Fiete: *http://www.netzjournalismus.de/*

The Poynter Institute: *https://www.poynter.org*

Timcke, Marie-Louise; Zirai, Sakander: *https://journocode.com*

Mailing Liste

Investigative Reporters & Editors: Subscribe to NICAR-L: *https://www.ire.org/resource-center/listservs/subscribe-nicar-l/*

Stichwortverzeichnis

10.000 Flies 16
11 Freunde 182
360-Grad-Videos 127

A

Aggregatoren 16
API 69
Audio 90
Auflösung 114
Aufnahmegerät 91
Authentizität 100

B

Bayerischer Rundfunk 62
Berliner Morgenpost 62
Big Data 201
Bild 163
Bildaufbau 103
Bildblog 21
Bing 45
Blende 98

C

CameraFV5 98
Chrome 56
Cinema4K Android 98
Community 189
Correctiv 198
Crowdsourcing 197

D

Dachzeile 160
Darstellungsform 86
Daten
   analysieren 73
   recherchieren 66
   säubern 71
   verifizieren 70
   visualisieren 77
Datenbanken 201
Dateninterpretation 76
Datenjournalismus 61, 62
Datenjournalisten 77
Deep Web 46
Detektivarbeit 47
Deutscher Wetterdienst 59
Deutsche Welle 56
Diagramme 80, 90
Digitaljournalisten 185
Dramaturgie 107, 135
Drehplan 100
Drohnen 201
Duckduckgo 45

E

Eigenschaften suchen 31
Einstellung 102
EXIF 55
Experimentieren 202

F

Facebook 27, 136, 179, 181
Facebook Live 119
Facebook Messenger 17
Fact-Checking 48, 201
Fake News 47
Falsche Identitäten 51
Falsifizieren 55
Filmische Gestaltungselemente 103

Filter 28
filtern 42
Financial Times 62
Firefox 56
Flipboard 17, 23
Follower einbinden 153
Format 86, 87
Foto 90
Fragen
  Recherche 24
Frames pro Sekunde (fps) 95
Full HD 92

G
GEO 187
Google 37, 38, 42
Google Chrome 66
Google-Index 43
Google Maps 58
Google Tabellen 68
Google-Tipps 45
Grafiken 90

H
Hardware 130
Hashtag 33, 183
Homepage 41
Hootsuite 36

I
Instagram 151, 187
Interaktion 180
interaktive Karten 79

J
Journalismus, digitaler 12
Journalist 102
  Beruf 11
  Rolle 15

K
Kaiser, Prof. Markus 8
Kameraeinstellungen 104
Kanal 86
Karten 80
Keywords 174
Kicker 187
kommentieren 190
kommunizieren 189
Konzeption 85
Konzipieren 202
Krautreporter 198
Kuratieren 20, 22
  Tools 23

L
Leaks 69
Licht 92
Listen 33
Live Blog von Sourcefabric 126
Live-Journalismus 115
Live-Ticker 120

M
Mailchimp 36
Mailing-Liste 26
Manipulationen 54
Mavis 98
Medienart 87, 89
Medium 18, 86
Messenger 186
MetaGer 46
Meta-Suchmaschinen 46
Metatags 169
Mikrofon 95
Moderation 124, 189, 201
MoviePro 98
Multimedia-Formate 167

N
Narrativ 137
Navigieren 20
Netvibes 19
Newsletter 19, 187
Newstral 18
Nutzer erreichen 158
Nuzzel 17

O
Observation Challenge 58
Oeckl 26
Operatoren 29, 34, 37
  kombinieren 42
Ortsangaben überprüfen 57

P
Panama Papers 70, 199
Periscope 119
Personalisierung 201
Pinterest 23
Piqd 21
Produktion 13, 85–154
Profil durchsuchen 30
Programmieren 202
Promovie Recorder 98
ProShot 98
Protagonisten 197
Publikationskanal 25, 88

Q
Quellcode 170

R
Recherche 13, 23, 63
Recherchetechnik 61
Recherchieren 15–82, 202
Recht 120
Reddit 194
Regisseur 102
Rheinische Post 188
Rivva 16
Rohdaten 73
RSS-Feeds 18
RSS-Reader 18

S
Schnittprogramme 112
Scoop.It 23
Scrapen 66, 201
ScribbleLive 126
Scrollytelling 139
SEO 168
Smartphone 91
Snapchat 150, 186
Social-Graph-Suche 28
Social Media Dashboards 36
Sonnenverlauf.de 59
Soziale Netzwerke 26, 149, 178
Standardsuche 28
Startpage 45
Stativ 93
Stilform 87, 89
Story 137
Storyboard 142
Storytelling 91, 137
Storytelling-Tools 145
Storytile 126
Streaming 119
Suchansätze 29
Suchmaschinen 37, 45, 167
Suchmaschinenoptimierung 168
Süddeutsche Zeitung 187
Surface Web 46
Szene 102
Szenen 132

T

Tagesschau 51
Tagesspiegel 181, 199
Take 102
taz 199
Teaser 161, 167
Teilen 20
Text 82, 89
Thema 87
Themen finden 16
Ton 90
Tools 23
Troll 192
Tumblr 23
Tweetdeck 23, 35, 36
Twitter 32, 183
  Suche auf 33
Twitter Moments 23

U

überprüfen 47

V

verifizieren 47, 55
Vermarkten 14, 157–200
Versionen checken 60
Vice 56
Video 90
Video-Dreh 99
Video-Schnitt 107
Virtual Reality 128
Visuelle Effekte 111

W

Wahrheit 47
Web-Reportagen 136
Website 40
Weißabgleich 98
Welt 199
WhatsApp 186
Whistleblower 69
Whistleblowing 199
Wikipedia 60
WolframAlpha 45, 59
Workflow im Datenjournalismus 65

X

Xing 17

Y

Yahoo Search 45
YouTube 136, 177

Z

ZDF heute 187
ZDF heuteplus 187
Zeit 199
Zeit Online 61, 194
Zielgruppe 24, 87
Zusammenarbeiten 202